日本建築家山脈

現代へと導いた建築家たちの列伝

山口　廣

本書『日本建築家山脈』は、日本の近代建築史学を築いた著者・村松貞次郎（一九二四〜九七）が、彼の東大助教授時代（一九六一〜七四）、最も精力的に活動を展開していた中で一九六五年に生み出された。その執筆理由を、著者は序文の中で三つ挙げている。一つは、「建築家についての関心が、彼の建築に対すると同様に強くなったのは戦後の世界的傾向でもある。（そして）たくさんの伝記やポートレートが出版されてきた」ことにある。もう一つは、「建築家は、アトリエの中で一人で作品を完成することはできない。………差こそあれ多くの人々との協力が必要である。………いわば群の中にあって、はじめてその能力を発揮することができるし、またその能力を蓄え、次の世代に伝えることの可能な存在である」ことだ。だが、この建築家を取り巻く、あるいは建築家がその中にある「群」について「とりあげて総合的に彼らの人間関係と、その変遷の中に日本近代建築史の側面を浮き彫りした仕事は、ほとんど見られなかった」のが最後の理由である。それゆえ、この『建築家山脈』は、頼山陽著『日本外史』にならえば『日本近代建築外史』であり、G・ヴァザーリ著『芸術家列伝』にたとえれば、登場人物の多い『日本近代建築家列伝』である。

さて、著者・村松貞次郎について記しておく。ときに、「清水の材木屋の小倅（こせがれ）」と自ら言われたように、彼は木材の製材・流通の拠点・静岡県清水市の指導的業者を父と叔父に持ち、はじめ沼津工業学校に進むが、名古屋の旧制第八高等学校へ、そして東京大学第二工学部建築学科（現・生産技術研究所）へと進む。その育ちからか、恐らく学生時代より技術史に関心を寄せ、三枝博音らの技術史研究グループに属し、やがて『日本科学技術史大系　十七　建築技術』を担当、技術史から見た建築の文献史料を収集・解説する。そして官営富岡製紙所や長崎グラバー邸などの実測調査に参加し、やがて学位論文「日本建築近代化過程の技術史的研究」（一九五一）に明らかにする。ここですでに木造洋館での和小屋と洋小屋の併存という技術史的特徴を捉えている。さらに現地調査と文献発掘を重ね、その成果を『日本建築技術史――近代建築技術の成り立ち』（一九五九）として刊行する。この村松の著書と、稲垣栄三『日本の近代建築――その成立過程』（一九五九）と桐敷真次郎『明治の建築――建築百年の歩み』（一九六六）は、戦後本格的にはじまった日本近代建築史研究の〝技術〟と〝思想〟と〝様式〟の各面からの最初の到達点を示す三部作であった。

その後、村松貞次郎は建築技術史の研究と指導を続けるが、また幼年より身近に接していた大工道具の研究へと向かい、やがて名著『大工道具の歴史』（一九七三）を著す。さらに左官の「鏝絵（こてえ）」に関心を示すなど、より広く職人仕事とその道具に目を向け、これらへの探求は正・続『道具曼荼羅』刊行（一九七六、七八）にまとめられていく。

他方、東大教授として日本建築学会での活動にも精力を注いだ。恩師・関野克先生の副会長の一九六三年六月に、「近代日本建築学発達史委員会」(創立八十周年記念事業)が設けられるや、全体幹事として関野委員長を補佐し、全十二篇・二千百九十八頁の大著『近代日本建築学発達史』の刊行(一九七二)を果たす。また、一九六二年十二月に設置された「明治建築小委員会」の主査も務め、調査に約七年の歳月と全国の研究者の協力を得て、追加訂正を加え『全国明治洋風建築リスト』(第三次改訂版)を学会誌に発表する。時あたかも好景気の折、明治建築のみならず大正・昭和戦前の建築の取り壊しが烈しく進行しつつあり、これら戦前建築の緊急調査が求められた。幸い戦前を歴史として見る若手研究者も増え、全国調査は可能になった。だが、全体をまとめ、足らぬ調査・編修・連絡費を調達できるのは、これまでの実績経験からして村松貞次郎を置いてなかった。再び建築学会に「大正昭和戦前建築調査小委員会」が設置(一九七四)されるや村松は主査に推され、彼の指導に全国の建築史研究者が協力し、七年かけて膨大な調査情報を集め、『日本近代建築総覧——各地に遺る明治大正昭和の建物』が刊行(一九八〇)された。もう一つ、村松貞次郎が果たした大きな仕事に、彼が企画委員代表として筆者ら五名が召集されて案を練り、逐次刊行された『日本の建築[明治大正昭和]』全十巻(一九七九〜八二)がある。これについてはのちに改めて述べる。

一九九七年八月、村松貞次郎は惜しくも急逝される。弟子の藤森照信が最初に書いた追悼文の終わりに、次の一節がある。「たとえば、東京駅取り壊しの計画が発表されるや、反対に立ち、国会の文教委員会に出席して、歴史的遺産を保存し現在の都市づくりに活用することの重要性を訴え、この訴えに対し時の首相が保存を約束しました」（『新建築』同年十月号）。その後、学会誌に改めて藤森が書いた追悼文とともに掲載された村松の略歴に、「一九八〇　文化財保護審議会専門委員、一九八七　法務省旧庁舎再利用検討委員長、一九八八　迎賓館赤坂離宮顧問、一九九一　博物館明治村村長」といった役職が列記されている。村松貞次郎は研究室にこもる研究者ではなく、街に出、野を歩き、良い建物に出会えば大切に住み続けなさいと説き、自らも多くの文化財建造物の保存運動に参加し、保存修理事業の指導もした実践の人でもあった。

もともと村松貞次郎は、建築だけでなく〝建築をつくる人々〟に関心があったように思う。すでに「西洋館を建てた人々」（『室内』一九六一年六月～六二年十二月）、「ルポ・設計組織をさぐる」（『新建築』一九六一年十一月～六二年五月）、「夜明け・近代日本技術の先駆者」（『工業新聞技術ジャーナル』一九六二年六月～十二月）などを各誌に連載している。中でも「ルポ・設計組織をさぐる」は建築評論家浜口隆一と交互に執筆し、ゼネコン設計部の将来についての意見を異にし、村松・浜口の論争は建築界で広く注目を集めた。ついで、村松が同じ『新建築』誌上に連載をはじめたのがこの『建築家山脈』である。そのことは、この本の「あとがき」の最初に、「この〈建築家山脈〉は、昭和三十九年一月号から四十年六月号にかけて、月刊雑誌『新建築』に同じ名前で連載されたものに加筆し、一部を割愛し、現在の時点において再構成しなおしたものである」と記されている。

東大助教授であった村松は、建築界を見渡すに最も恵まれた立場にあった。加えて、『新建築』誌を一九二五年に創刊して以来ずっと建築界を外から見つめ続けてきた社主・吉岡保五郎が、様々な情報と便宜を与えてくれたようだ。それゆえ、「日本の建築ジャーナリズムの草分けである吉岡翁の蒔いて来られた種の収穫をして　いるような思いをしたことも再三ならずともあった」と、村松は「あとがき」で記している。ともあれ、分担執筆でなく、村松が一人で一気に書き上げたからこそ、近代日本の建築家山脈を誰もが一望できるはじめての本を、建築界は手にすることができた。

この本の内容は読んでいただくとする。ただ一つ述べたい。それは、終章「未来を語るために」の中に、「書き落とした山脈」という項がある。そこで、書き落とした山脈として、「一、外国人建築家・技術者」「二、大工出身の官庁営繕技術者」「三、民間棟梁で西洋館を建てた人々」「四、地方棟梁で地方に西洋館（擬洋風）を建てた人々、そして大正・昭和戦前で「総じていわゆる折衷主義の様式をもった建築の設計に、日本人らしい美的な感性の見事さを結果させた人々……など、従来の建築史では全く無視されてきた……人々」を挙げて記している。村松が心残りに思っていた人々を、きちんと歴史の舞台に招き入れたのが、前記の『日本の建築［明治大正昭和］』全十巻である。「一　開花のかたち」で二と三が取り上げられ、「七　ブルジョワジーの装飾」、「八　様式美の挽歌」で彼の思いは果たせた。序に記せば「五　商都のデザイン」「六　都市の精華」で、はじめて関西の建築家山脈を概観している。これも『建築家山脈』で書き落とした一つの山脈であった。

一九八五年に『建築家山脈』が一度復刻された折に、著者は「復刻の辞」になぜ加筆しないかを記している。それからさらに二十年が過ぎた。今回の著者の意思を尊重し原本のまま復刻する。しかし、建築家山脈はさらに変容し、その多くが山容を消している。それだけに、この本は近代建築を現代へと導いた先人たちの姿を知る貴重な史書となろう。

（建築史家／日本大学名誉教授）

本書は、当社刊行『日本建築家山脈』（一九六五年）を
復刻出版したものです。

日本建築家山脈

村松貞次郎著

鹿島出版会

復刻の辞

この『日本建築家山脈』は、今から二十年前、すなわち昭和四十年十月に第一刷が刊行されたものである。その後四十三年七月に第二刷が世に送られたが、それ以後は刊行が絶えていた。

一方、第一刷刊行のころから日本の近代建築に関する歴史的研究とその現存状態の調査もにわかに盛んになって、全国に若い優秀な研究者が輩出するようになった。その研究と調査の成果はまず昭和四十五年一月に「全国明治洋風建築リスト」(『建築雑誌』、収載約一、二〇〇件)として発表され、さらに五十五年三月には『日本近代建築総覧』(建築学会編、収載約一二、〇〇〇件)として世に送られ、近代建築とその保存・再利用および町並み景観に関する市民の関心をたかめることになった。博物館明治村の開村も昭和四十年三月のことである。また幕末・明治以降の近代建築を対象にした国の重要文化財の指定も、この間急速に数を増した。

このような気運の中で、その日本近代建築の建設にかかわった人びとにかかわる歴史的な研究も進んできて、幸いこの『日本建築家山脈』の再刊を希望する声が各方面でたかまってきた。だが、なにしろ二十年前の本である。再刊に当っては著者として大幅に手を入れる義務があることは百も承知であったが、当時直接お目にかかってお話しをうかがった人で既に鬼籍に入られている方々が改めて数えてみると驚くほど多い。内田祥三・内藤多仲・佐藤武夫・吉田五十八・下元連などの諸先生を始めとして、ちょっと指を折るだけでも五十名以上に達して、時の流れの早さと無情にがくぜんとするところがあった。

そこで生半可な修正を施すよりは、先人の在りし日の息吹きをそのままにと考え直し、この企画を担当して下さった鹿島出版会の大滝広治氏と相談のうえ、あえて「復刻」の方式を採ったのである。

私も本年三月に今までの人生の過半を送らせて頂いた東京大学を停年退官した。その大きな節目となる年に、私のいたらない若き日の仕事に再び陽を当てて下さった人びとの御好意を、いましみじみと味わっている。

村松貞次郎

昭和六十年仲秋

はじめに

建築家を知るにはその建築を見よ、と言われる。他の芸術についても共通する言葉であろう。たしかに一面の真理ではあるが、建築のように、実際にはかなり多くの人の手を必要とするものにおいては、かならずしも建築がそのまま、建築家を示しているとは言えない。

また、建築家についての関心が、彼の建築に対すると同様に強くなったのは戦後の世界的な傾向でもある。たくさんの伝記やポートレートが出版されてきた。思うに、十九世紀末以来の近代建築運動とその激しい主張が、第二次大戦を経過して、戦闘的な性格をやわらげ、特定のイズムに基づくものでなければ近代建築として認められぬという非寛容の態度が改められてきたことにまず起因している、と私は思う。機能主義とか合理主義とかが、その鮮烈な指導性を失うにしたがって、建築作品を見る眼も幅を増し、同時にその設計者に対する興味と関心も併行して増大してきたのではないだろうか。

これはまた、現代文明における人間疎外の問題にたち向う人類共通の姿勢や、第二次あるいは第三次産業革命といわれる今日の生産機構の大きな変革に際して、人間の精神の自由な働きや創造能力の発揮が強く待望されているという現代の時点とも、決して無縁な現象ではないだろう。

建築家は、アトリエの中で一人で作品を完成することはできない。その関与の仕方に軽重の差こそあれ多くの人びととの協力が必要である。そうしてその中で育ち、また後進を育てる。いわば群の中にあって、はじめてその能力を発揮することができるし、またその能力を蓄え、次の世代に伝えることの可能な存在である。その群には、師弟とか親分子分とかいうゲマインシャフト的な存在もあるし、もっと近代的な設計組織とか、団体・協会のようなゲゼルシャフト的なグループもあろう。

明治百年も間近な日本の建築界をふり返ってみると、近代化を強行してきた百年の歴史の中に、それぞれの時代を象徴する建築とともに多くの建築家の哀歓が、ぎっしりとこめられているのを知る。大ボスとして君臨した建築家にも、あるいは孤高を持した建築家にも、日本の近代化の複雑なかげりが投映している。やはりそれぞれの時代を脱け出ることはできなかったのである。

その日本の建築家たちの個々の作品や経歴については、ここ数年かなり多くの評伝が発表されてきたが、彼らのことを語っているなかにチラチラと出没する彼の師や弟子や、あるいは先輩・後輩も含めての、建築家群をとりあげて総合的に彼らの人間関係と、その変遷の中に日本近代建築史の側面を浮き彫りした仕事は、ほとんど見られなかった。この〈日本建築家山脈〉の仕事は、こうした私自身の不満を少しでも解消してゆこうとするところにまず出発点があった。

あの街角に、ここの敷地に、それぞれ建てられた建物は、めいめい別個のものではあるが、それを建てる技術や設計方法は人の頭の中に、手の中に連続し、発展してゆくものである。それと同じように、建築家の才能や技倆も、どうしても他人に伝えることのできぬものの多い反面、師から弟子へ、あるいは先輩から後輩へと伝えられ、改善され、一連の発展をとげるものも多いと考えられる。学問で言えば学風とか学派、芸能などでは芸風とでも言うものであろうか。そうしたものを、私は日本の近代建築史のなかにおいて見てゆきたかったのである。もちろん、もっと現実的な人間関係もからみ、問題は複雑であったが、まず試みてみた。なんでも見てやろう、聞いてやろう、という精神であった。至らなかった点も多いし、振り回されたところも、もちろん多いが、〝メクラ蛇におじず〟の意図だけは壮として下さって、読んでいただければ幸いである。

目次

斎藤平蔵　生田勉　幸田彰　松井貴太郎　笠原敏郎　岡田信一郎　本野精吾　渡辺節　田中実　徳大寺彬麿　曽禰達蔵　中条精一郎　保岡勝也　内藤多仲　伊部貞吉　野田俊彦　中山元晴　山内嘉兵衛　土岐達人　伊藤為吉　田辺平学　横河民輔　片岡安　山口半六　前田松韻　大江新太郎　内田祥文　石本喜久治　堀越三郎　清水幸重　柘植芳男　小野薫　内田祥哉　吉田貢　尾崎久助　碓井憲一　田中一彦　藤田金一郎　前川国男　浜口隆一　神代雄一郎　阿部公正　河合正一　徳永勇雄　温品鳳治　伊藤ていじ　長谷川房雄　松岡春樹　宮崎俊二　村井敬二　山本学治　有田和夫　伊藤要太郎　大高正人　河原一郎　佐々波秀彦　古川修　増沢洵　宮内嘉久　嶺岸泰夫　吉田秀雄　飯田喜四郎　桐敷真次郎　堀内清治　伊東豪夫　岩下秀男　釣谷利夫　北代礼一郎　芦原義信　橋本邦雄　中原暢子　佐々木宏　高橋靗一　小槻貫一　光吉健次　沖種郎　宮島春樹　足立光章　大谷幸夫　谷寛之　富安秀雄　八巻朗　木村俊彦　青木繁　山本和夫　堀口捨己　山田守　山口文象　蔵田周忠　佐藤功一　北村耕三　田中誠　吉村順三　崎谷小三郎　大江宏　大江新太郎　入江雄太郎　佐藤亮　本城和彦　柴岡亥佐雄　薬師寺厚　立原道造　谷口吉郎　市浦健　横山不学　清家清　篠原一男　坂倉準三　レイモンド　松村勝男　天野太郎　樋口清　吉田五十八　村野藤吾　森忠一　松田軍平　西村好時　前田健二郎　石原信之　中条精一郎　長野宇平治　野生司義章　佐野正一　徳永正三　武基雄　吉阪隆正　浅田孝　神谷宏治　長島正充　阿久井喜孝　磯崎新　西原清之　荘司孝衛　茂木計一郎　吉川健　渡辺定男　槇文彦　川上秀光　奥平耕造　冷牟田純二　野々村宗逸　鈴木成文　稲垣栄三　川添登　横山公男　栗原忠　小宮山雅夫　吉田桂二

武田五一　村田治郎　大倉三郎　元良勲　岡田孝男　西山夘三　片岡安　関野貞　伊東忠太　中条精一郎　古宇田実　大能喜邦　佐野利器　佐藤功一　天沼俊一　日比忠彦　東畑謙三　棚橋諒　浦辺鎮太郎　遠藤新　森田慶一　石本喜久治　藤原義一　福山敏男　本野精吾　村野藤吾　森忠一　矢崎高儀　設楽貞三　新名種夫　滝本義一　服部勝吉　野地修正　野村茂治　本多正道　新海悟郎　横山尊雄　鷲尾健三　野島安太郎　高橋寿男　鈴木義孝　荒木正己　和田登　中沢誠一郎　内藤亮一　中井新一郎　村井進　稗田治　元吉勇太郎　亀井幸次郎　高山英華　菅陸二　斎藤謙次　石原憲治　市浦健　森田茂介　中村伸　堀口捨己

I

概観——三つの建築家山脈とその他の山容

古事記、語りつぎ、いいつがれて

日本の近代建築史について東京大学史観ともいうべき建築史の見方があった。辰野金吾以来、中村達太郎・伊東忠太・佐野利器・内田祥三と連綿とつづき、さらにわたくしたちの直接の師たちを通じて、語りつぎ、いいつがれてきた日本近代建築史である。師は弟子に対して、まさにあの〝語り部〟であった。そうして日本近代建築の古事記が成立したのも、そう昔のことではなかった。文字をもってはじめて一貫した体系の〝古事記〟が書きあらわされたのは、おそらく関野克の「明治・大正・昭和の建築」（平凡社世界美術全集第二十四巻、昭和二十六年十一月初版）だろう。関野克は東京国立文化財研究所長で東大教授（生産技術研究所）を兼ねている。

関野の〝古事記〟は、彼の父で伊東忠太とならび称せられる建築史家であった関野貞や、昭和二十九年まで健在だった伊東忠太、あるいは関野の師の内田祥三、岸田日出刀・藤島亥治郎や大岡実・堀口捨己ら多くの先輩たちの伝承と、丹念な資料の蒐集とによってなったものである。生前の中村達太郎（昭和十七年死）からのインフォメーションもあった。さらに、彼自身若くして参加した日本工作文化連盟（昭和十一〜十五年）での体験と見聞も生きていよう。とにかく、明治以降の日本近代建築史が、関野によってはじめて体系化され叙述されたのである。いうまでもなく、関野は父子とも東京大学の出身であり、その教授の職についている。関野克の史観が東京大学史観ともいうべき形をとったのも当然であろう。また、少なくとも明治時代において大学に建築学科を置くものは東京大学だけで、ほかには早稲田大学の建築科が明治四十三年に発足したにすぎない。京都大学は大正九年である。だから、建築界の上部構造をたどって、しかも東京大学系の伝承にもとづいて歴史を構成すると、どうしても東京大学中心になりやすい。最初に大筋をとおさなければならない歴史としては、当然であり、その作業の上に学問はさらに進展するものである。だから関野の功績は大きいし、もちろんケチをつけるべき筋あいではない。むしろそれを発展させるべきわれわれ若い建築家の遅鈍こそ責められるべきであろう。

古事記のあら筋

この〝古事記〟のあら筋はどうか。わたくしなりの理解では、こうである。幕末・明治初期に西欧の建築技術が導入された。その担当者たちには清水喜助のような民間の棟梁、あるいは工部省などで活躍した林忠恕のごとき工匠出身の邦人技術者もいたが、主力は来日した外人建築家や建築関係の技術者だった。銀座レンガ街の建設を指導した英人ウォートルス（Waters）はその代表者である。ついで明治十年工部省に工部大学校が開かれ、建築学科（当時は造家学科といった）も置かれた。現在の東大建築学科の発祥である。その教師として招かれたのが、イギリスの青年建築家コンドル（J. Conder）。彼によって育てられ社会に送られた邦人建築家が、辰野金吾・片山東熊・曽禰達蔵らの第一世代たちである。明治十年代の半ばを過ぎるころから、彼らの建築活動が開始され、教育・学会の整備とあいまって近代日本の建築史も、ようやく軌道に乗るのである。一方、明治十九年に、国会議事堂など主要官衙を建設するため臨時建築局が設けられ、ドイツ系の建築技術が移植される。コンドルの教育によってイギリス一色であった建築界に、かなり異なった要素が入る。そのトレーガーが妻木頼黄・河合浩蔵・渡辺譲であるが、河合は司法裁判関係の分野に別な道を歩み、その剛毅・清廉の気性をもって関西に下ってしまう。渡辺は海軍の建築関係に、これまた分かれてしまい、その事績は追われない。ひとり妻木だけが中央にあって、大蔵省営繕課長として官公庁建築に絶大な官僚的権威を発揮する。泣く子もだまる、といわれた戦前の大蔵省営繕管財局の発祥である。アカデミーや民間建築界を代表する辰野金吾、曽禰達蔵らと真正面に激突する一大敵国の観があった。議院建築（国会議事堂）をコンペに出せ、出さないで激しい応酬があり、それはまた明治末の「我国将来の建築様式をいかにすべきか」の論争と、密接にからみあっている。営繕管財局の棹尾を飾る事業が、昭和十一年竣工の国会議事堂の建設である。すでに妻木は亡く、大熊喜邦が主宰していた。

一方、辰野のクラスメート片山東熊は早くから宮内省に入り、宮廷建築家として生涯を終始した。その内匠寮にはすぐれた技倆の人材を多数擁していたが、なにせ別世界での活躍、その山脈はどうしても孤立している。やはり〝古事記〟の本筋は辰野金吾と東京大学の道をたどってゆく。辰野は明治三十五年に東京大学を退官するが、大学と学会を強く牛耳っていた。辰野のつぎにあらわれて、日本建築界を大きく方向転換させた巨人は、みずから遅飛（チビ）と名乗るほど小柄な佐野利器であった。明治三十六年の東大卒業。ちょうど鉄筋コンクリートや鉄骨構造が、この国でも芽を吹こうとするときである。構造学者佐野利器の出現を、時代が待っていたようである。

佐野によって建築学はがぜん工学化する。彼の有名な「家屋耐震構造論」の発表された同じ年に、その教え子野田俊彦の卒業論文「建築非芸術論」がでて、この傾向に拍車をかけている。そして鉄筋・鉄骨の発達の上に東京駅前あたりに林立したオフィス・ビルが紹介される。しかし、大正九年の分離派建築会の誕生を契機に、視点は、にわかに変質する。いわゆる近代建築の運動とその作品と作者の系列を追って戦争に至るのである。歌舞伎座や軍人会館、あるいは上野の帝室博物館などの日本的様式の作品も作者も、分離派以後の近代建築の闘士の輝かしさを、よりいっそうひき立てるための陰影としてしか扱われない。なによりも建築家のプロフェッション（職能）を確立するため黙々と、しかも営々と努力していた人びとの存在が見失われてしまっている。日本資本主義の成長とともにその活躍分野を広め、戦前昭和十三、十四年ころにピークを印した建築活動の主体となった人びとの事績と作品である。おそらく戦前においては、ごく少数の、いわば特殊な事実がむしろ主体とされているのである。それまでの視点と比較すれば、たしかに大きな変質である。歴史の眼と評論の眼とが入れ替っているというか、歴史上の事実に対する評価の尺度が、急に変ってしまう。以上が〝古事記〟の追う日本近代建築史の大意である。

日本近代建築史の盲点

歴史は歴史家がつくるものだともいわれる。無数の事象の中から評価し選択して歴史が叙述されるものであるかぎり、それは真理であろう。しかし〝古事記〟が一連の歴史であるとしたら、その中間における評価の尺度の急変は、なんとしても是正されねばならないだろう。おそらくこれは、かつての〝近代建築〟という言葉のもっていた強い批判性、選択性に引かれたためだと思う。歴史が評論に屈折した現象である。

しかし、今日ようやく〝近代建築〟という言葉は、その魔力性を失った。われわれの体験からしても、同じ所に同じ時期に建ったふたつの建物を指して、こちらが近代建築で、隣りはそうでない、としたのはそう昔のことではなかったと思う。しかし今や〝現代建築〟という言葉が広く通用するようになった。かつて無批判・無原則の代名詞としていやしめられた言葉である。この今日の状況を喜ぶべきか悲しむべきかは別として、〝近代建築〟はその強いアクが抜けて、素直に現代以前のある歴史年代の建築すべてを指すことができるようになった。明治の赤レンガの建物も、分離派の人びとの作品も、いまやおしなべて、現代以前の近代建築であり、幕末・明治初年から日本の近代建築史を一貫することができるようになった。

こうなってくると、東京大学史観による〝古事記〟の後半、大正中期以後の叙述は、だいぶ再検討し、書き改め、あるいは書き加えられなければならない。それがまた学問の進歩となるのである。日本の近代建築史における〝国のあゆみ〟は、いまから編さんされるのである。しかしこれはたいへんな仕事だ。皇室中心の歴史から戦後の〝国のあゆみ〃への再編成が、それまで歴史編さんへの参加はタブーとされていた考古学の多くの発掘によって支えられたように、発掘作業をいたるところで行なわなければならない。そうしてかつての〃近代建築〃のナマの批判性と選択性のために見すごされ、無視されてきた建築家とその作品の厖大な遺跡を発掘する必要がある。それらは、おそらく量としては戦前の日本建築の実体を構成するものであり、その質においても再評価すべき多くのものをもっていると思う。

たくさんの古跡を発掘する場合、しばしば高所から観測して、その所在や規模をたしかめることがある。わたくしもこの方法にならって大正中期以後の日本建築家たちが、その学閥・主義・事業あるいは同志的結合や師弟関係をもって構成したグループの鳥瞰図を作成しよう。もちろん構成員個々が意識するとしないとにかかわらぬものである。それを古跡というにはあまり不穏当である。建築家山脈と呼ぼう。大きく山のいただきを揃えて伸びる大山脈あり、主峰だけがひとり屹立する山塊あり、小さいもの、大きいもの、短いもの、長いもの、平行に並ぶもの、あるいは交差するもの、おそらく千差万別だろう。そうして人生経験の浅い、世間の狭い、若い筆者には無謀な試みかもしれない。しかしすばらしい勉強になるのも事実だろう。これから多くの方がたのお世話になりながら、日本の建築家山脈の探検と発掘の旅に出よう。

四十年前に行なわれた〃踏み絵〃

大正十四年、日本の建築家の歴史に画期的なひとつの事件があった。結論からさきにいおう。それは建築家のプロフェッションに対する〃踏み絵〃が行なわれたのである。

この年三月十八日、日本建築士会は大正三年創設以来永年の宿願であった「建築士法案」を、第五十帝国議会に提出した。同時に建築に関係ある学校・学会・協会および建築学会正員（正会員）に対して、その賛否の回答を書状によって求めた。法案およびその主旨と提唱の理由書が添付され、日本建築士会理事長中条精一郎および同会の建築士法実行促進委員長の長野宇平治が署名していた。学校関係には六十通が送られたが、回答されたものは十一通だけ。〃御送附の主旨と同断〃といった当りさわりのない返事がすべてであったのも、学校当局としては当然だろう。学・協会あてのものは五通。建築学会・日本建築協会・朝鮮建築会・満州建築協会・建築業協会あてであり、前三会が回答をよせている。当時横河民輔が会長だった建築学会は法案の重大性にかんがみ、特別委員会を設けて検討すると態度を保留し、関西に本拠をおく日本建築協会は、会頭片岡安の名で〃未ダ其必要ノ時期ニ到達セザルモノトシテ否決〃されたと回答している。片岡個人は日本建築士会にも属し、ちょうどこのころ、その関西支部の幹事であると同時に、建築士法実行促進委員会の委員でもあった。朝鮮建築会だけが原則的に賛意を表しているが、法案中「第六条第一項ニ就イテハ多少ノ論議有之候」と追て書きを付している。

この第六条こそ、もっとも論議の中心になった建築士資格の制限である。それは今日でも依然中心的な問題であり、建築家のプロフェッションの根本にかかわるものである。すなわち、

第六条　建築士ハ左ノ業務ヲ営ムコトヲ得ス

一、土木建築ニ関スル請負業

二、建築材料ニ関スル商工業又ハ製造業。但シ建築士会ノ承認ヲ得タル者ハ此限リニ非ラス

建築学会正会員に対するアンケートの回答も、基本的にはこの第六条を肯定するか否かによって大きく分かれていた。回答に付記された賛否の理由は、これがまさに〃踏み絵〃だったことを物語っている。発送数九九一。回答数五七三の内訳は、賛五五一、否十二通、賛否不明のもの十通と、日本建築士会は分類報告しているが、この分類

はあやしい。賛と区分された人びとの理由書の中にも、第六条について疑義を抱き、あるいは削除を要求し、態度を保留しているものが、かなり多いからである。そうして、このことは建築士法案そのものの根本精神を疑っていることになるからである。清水組の代表清水釘吉はもちろん、佐野利器・内田祥三、警視庁技師永田悆郎らの構造畑の人、辰野・葛西事務所の滝沢真弓、関西の渡辺節らは、はっきりと否定している。

もっとも「建築士法案」は、これ以前にたびたび批判をうける機会があった。その代表的なものが、大正十二年十一月、震災直後の建築学会の時局に関する特別委員会に非公式に提案されたときである。意見をだした委員十二名のうち十名は、はっきりと否定するか、第六条の削除を要求している。帝都復興院理事および建築局長を兼任していた東大教授佐野利器をはじめとして内田祥三、大熊喜邦、佐野の教え子の笠原敏郎・野田俊彦・伊部貞吉・高橋貞太郎らが、この法案に対して猛烈な攻撃を加えている。「市街地建築物法」（大正八年公布）があるから、それで十分であるとか、震災復興に猫の手も借りたいときに、なにをいうか、といった具合である。日本建築士会を中心とする建築家の職能確立のための運動の前途に、大きな壁として立ちはだかってきたものが、佐野利器であったことが、おぼろ気ながら推察できる。ちなみに付け加えれば、この第五十帝国議会に提案された法案は、ついに流産してしまった。その後執拗に運動はつづけられたが、情勢はむしろ悪化した。第六条に対する疑義や反対が、あまりにも多いので、昭和二年には法案に但し書を付けて、建築士でない者が建築士と称して仕事をするのを禁ずるものであって、建築士でない者が建築士と称せずして建築士と同じ職務を行なうことは禁じない、とまったく珍妙な形での後退をしている。例によって長いあいだ検討をつづけてきた建築学会からは、「建築設計監督士」という名にせよという追い討ちがかけられた。他人の意見を頭ごなしに否定することを絶対にしなかったという紳士中条精一郎も、このときだけは髪を逆立てて「イカン」とどなったという。中条の先輩であり協同者でもあった曽禰達蔵も、隠居のような立場ではあったが、強い不満を表明している。三回にわたって建築学会会長の椅子についた佐野利器の第一回会長時代（昭和四～六年）のことである。しかし昭和六年の第五十九議会からは「建築士法」案は「建築設計監督士法」案と改めて上程されている。しかし戦前、ついに実を結ばなかったことはご承知のとおりである。

三つの大山脈

とにかく四十年前の大正十四年、「建築士法」案なる〃踏み絵〃を通して、いずれが踏んだか、踏まなかったかは別として、いくつかのグループの存在を日本の建築界に見るのである。

それは大きな山脈のように広く長く尾をひいている。もっとも目立つものは佐野利器を主峰とする山脈。構造派とよぶにはあまりにもその山容は広い。大正八年公布の「都市計画法」・「市街地建造物法」をテコとし、十二年の関東大震災を勢力展開の絶好の機会としてフルに利用した佐野の勢力は、その本拠の東京大学をはじめ日本大学、建築学会などのアカデミイ、東京市や帝都復興院、あるいは警視庁などの建築行政機構などに幅広い隆起をもって、一大山脈を形成している。

地表の摺曲作用のように、この佐野山脈と相対するもうひとつの山なみが、さきに述べた〃踏み絵〃の提出者、日本建築士会である。その中心が中条精一郎であった。日本建築士会は大正三年に設立されたものである（はじめ全国建築士会、翌大正四年このように改名した）。明治三十年代後半からわが国でも民間に建築事務所の開設されることが多くなり、その所長・所員、あるいは会社営繕などに所属する建築家たちは、あまりにも無原則的な建築学会にあきたらず〃本邦ニ於ケル建築士業務発展ト会員相互ノ親睦トヲ計ルヲ以テ目的トス〃（大正六年第一回総会決定の会則第一条）と、新しい組織を結成したのである。すでに民間に事務所を経営していた辰野金吾や曽禰達蔵も顔をだしているが、やがて理事長・会長を歴任して名実ともにこれを牛耳ったのが、曽禰・中条事務所の中条精一郎である。大正十四年当時、すでに恩師の辰野金吾（大正九年死）は亡く、コンドル（大正九年死）・片山東熊（大正六年死）・妻木頼黄（大正五年死）らの明治の第一代のチャンピオンたちも、ほとんどこの世から去っていた。曽禰達蔵（昭和十二年死、中条の死の約二年後）が元気で、中条はこの大先輩を十分に敬し、女房役をもって自任していたが、実質的には曽禰は顧問にすぎなかった。中条（明治三十一年東大卒）より数年先輩の長野宇平治（二十六年卒）が、日本建築士会で活躍していたが、どちらかというと中条のほうが力が強かった。事業家としての能力の差であろう。そうして中条を主峰とする日本建築士会の山脈は、佐野山脈ときびしく対立するのである。佐野の逆鱗にふれて東大を追放された秀才が中条の懐にとびこみ、また両者の激しい抗争の渦中にほんろうされて、あたら英才を萎ませてしまった者もある。

〃ふぞろいのまま　早蕨のひとつかね〃

昭和二十五年、彼のものした一句そのまま、佐野利器は、ときに脱線しながらも思う存分に生きた学者である。〃佐野鉄〃と学生の奉ったニックネームどおりの強固な意志を小柄な身体にひそめていた。四十九歳の若さで東大教授を投げだしたかと思えば、その足で清水組の副社長に就任したり、有名な日大騒動をまき起こしたり、彼の行くところ波静かなことはなかった。紳士ぞろい、いささか〃色男金と力はなかりけり〃といった感のする中条たち日本建築士会の意識は、佐野の奔放な動きを前にして、いよいよ自己防衛的な立場に立たざるを得なくなったようである。

「日本建築士会正員ハ建築請負業又ハ之ニ類似ノ業務ヲ営マズ……故ニ日本建築士会正員ノ業務ハ断ジテ請負業ニ非ズ」。いささかコッケイなほどひとりで力んでいるこの文句は、昭和三年に発表された宣言である。事態はけっして順調に推移していない。

もうひとつの大山脈があった。それは大阪に拠点をおく関西のプロフェッショナル・アーキテクトたちのそれである。

大正六年に大阪に設けられた日本建築協会を中心に、彼らは寄りそって関西の市民社会の中での建築家の職能確立に協力していた。片岡安（明治三十年東大卒）が、たびたび理事長や会長の要職を占めていた。大正後期におけるこの山脈に目だつ山やまは、片岡事務所の安井武雄・波江悌夫、住友の日高胖・長谷部鋭吉・竹腰健造をはじめ、渡辺節、横河大阪支店の松井貴太郎らである。渡辺の事務所には、大正七年早稲田を卒業した村野藤吾が腕を磨いていた。今日の大阪の建築界を築いた人びとである。

「建築士法」などに対しては、さきに述べたように協会として否決し、また個人的にも慎重な立場をとる人たちが多かった。東京と大阪の地域社会の差もあろうし、またある種の対抗意識があったのだろう。日本建築士会が、いわゆる頭にきている問題にたいして意外に冷たい態度である。同じ民間建築家のグループとしても、別な山脈を形成するものとして扱わねばなるまい。

もちろん上記の三つがすべてではない。佐藤功一の率いる早稲田、武田五一の京都帝大、大沢三之助・岡田信一郎・古宇田実らの東京美術学校、鈴木禎二の名古屋高工、中村順平の横浜高工などの学校に中核をおいて区分されるべき建築家グループもある。また妻木以来の伝統をもつ大蔵省営繕や臨時議院建築局の人びと、あるいは宮内省内匠寮の建築家たち、大正中期からその頭角をあらわしはじめる逓信省営繕のグループなども、それぞれ固有の山容を見せる山脈である。さらに上記の三大山脈にも多くの支脈の存在を認めないわけにはいかない。

ボ・ザール時代の東京大学

この複雑に交錯する山脈のパースペクティブを画く場合、なんといっても東京大学の筋をおさえることが肝心だ。明治後半から大正初年へかけての東京大学建築科の出身者たちの分散と、その後世への影響力はきわめて大きい。星雲の大爆発のように全国各地、各部署に散った、その有様は壮観だ。そうしてその契機になったのは佐野利器の強い個性だったように思われる。大正中期以降戦前にいたる日本の近代建築の盲点を正す作業にも、まずどうしてもこの時期の星雲の大爆発を記録する必要がある。

工部大学校の造家学科は、明治十九年帝国大学令の公布にともなって、帝国大学工科大学造家学科となった。コンドルは講師となって背後に退き、代って辰野金吾が教授として前面にでてくる。中村達太郎が助教授としてこれを助けた。辰野はどう見てもデザインはうまくなかった。それだけに逆に彼はデザインの重要性を強調したところがある。だが明治二十五年卒業の伊東忠太の回想（岸田日出刀著、『伊東忠太』）によれば、よりヨーロッパ的デザインがよいデザインで、よりイギリス的なことが、よりヨーロッパ的であるとされていたほどで、デザインの強調といっても程度は知れていたわけだ。だが全体として芸術教育の色彩が濃く、ボ・ザール的な雰囲気があったようだ。この傾向を本格化したものが卒業論文に「建築哲学」を書いた伊東忠太の参加である。彼は卒業と同時に大学院に入り、有名な法隆寺建築の研究を開始するとともに、美術学校の講師として、まずその種を播いた。彼が東大建築の講師になったのは明治三十年。三十二年に助教授となった。伊東忠太こそ、日本の建築学者のうちでもっとも西欧的な建築芸術の理想に燃え、建築家が芸術家でなければならぬことを最初に強調した張本人である。それまで技術的な関心の強かった造家という言葉を廃して、もっと、芸術性の強い建築という言葉に学会名（明治三十年）や学科名（三十一年）を改めさせたのも彼である。

こうしたボ・ザール的東京帝国大学から長野宇平治（明治二十六年卒・以下数字のみを示す）・塚本靖（二十六）・関野貞（二十八）がでる。そうして、野口孫市（二十七）・片岡安（三十）・日高胖（三十三）ら関西建築界の創始者たちが大阪に送られて、大きな山脈を形成しはじめる。武田五一（三十）は三十二年東大助教授となって数年間伊東の同僚として勤務するが、三十六年京都高等工芸の教授として京都に赴き、大正八年に京大建築学科創設委員となり、京大建築のボスとして定着する。同級の片岡安の代表する関西の民間建築家のグループとやや違って肌割れがある。中条精一郎の卒業は三十一年である。鈴木禎次（二十九）はやがて名古屋高工建築の首領となり、大沢三之助（二十七）・古宇田実（三十五）・岡田信一郎（三十九）らは東京美術学校に建築教育の芽を移植し、森井健介（四十四）もややおくれてそれに参加する。三十六年卒業の佐藤功一は四十三年早稲田の建築科を創設し、内藤多仲（四十三）がこれを援け、美校卒の今和次郎（四十五）も佐藤に引かれて、早稲田に参加する。すさまじい爆発力であった。造山作用が各所に起こった。

伊東忠太・中条精一郎と同郷（山形県米沢）の佐野利器が、二高から東大建築へ入学したのは明治三十三年である。辰野から伊東へその傾向をより強めていた建築芸術教育の巣の中に、鬼子がとびこんできたのである。

鬼子・佐野利器

佐野を迎えたのは、建築学科と名を改めたばかりの教室であり、辰野・中村の両教授と、武田五一・塚本靖・伊東忠太らのえらく芸術づいた若い助教授たちであった。中学時代には軍人志望、ついで造船か電気の技師になろうとした彼のいささか固い工学者的センスや、小さいときから質実剛健をモットーとして育てられた国士的な硬骨の精神には、かたちの良し悪し、色の美醜など、婦女子の考えることで、男子の口にすべきことではないと思えた。そうして建築学にはなんの科学的理論もないことに失望し、しきりに後悔して、転科を思いつめたという。

当時は建築界をあげて造家が建築と改められ、明治時代を通じてヨーロッパ建築の手法にやっと馴れて、しきりに芸術づいていた時である。しかしこのムードはやがて鉄骨や鉄筋コンクリートというきわめて技術的、工学的な（そのような受けとり方も、きわめて日本的ではあるが）新しい構造手法が怒濤のような勢いで導入され、それに応じて建築の工学的分野が急激に成長することによって、いっぺんに攪乱されてしまうのである。

しかもその先頭に立ったのが、ここに戸惑い、悶々としていた佐野である。大へんな時代に大へんな学生が入学したわけだ。彼にはすでに、歴史的な任務が宿命のように背負わされていたのである。

しかし佐野は辰野金吾教授の話からヒントをえて、耐震構造学におのれの進路を発見した。建築の教官からは勉強できなかった。土木の広井勇（橋梁工学）、物理の長岡半太郎・田中館愛橘、地震学の大森房吉ら、各教授の下で勉強したのである。明治三十六年卒業。同級に佐藤功一や大熊喜邦がいた。大学院に入るとまもなく講師としてわが国最初の鉄骨構造学の講義を開始した。内田祥三や内藤多仲が、この講義を聞いたわけだ。

明治三十九年サンフランシスコの大震火災の現地を視察。鉄骨や鉄筋コンクリート構造こそ、これからの時代の建築だ、と確信を固めて帰国。助教授となって東大建築科のムードは急激に変化しはじめた。そののちの佐野の目まぐるしい活躍は、たとえ教育、行政関係だけにしぼって追ってみても、とうてい残された紙面では無理だ。だからここでは明治四十年ころから、佐野という新しい惑星の影響を受けて、東大建築の爆発力が、これまでと違った様相を呈しはじめた姿を追ってみよう。

明治四十年に内田祥三が卒業する。彼は佐野の影響を強く受けたが、しかし昭和四年佐野が、いい気になって飛びだしてしまったあとの東大建築科を、苦虫を嚙みつぶしたような顔をして今日に連なる組織に再編成したのである。そうしてやがて東大総長への道を歩いた。

笠原敏郎（四十）・福田重義（四十一）・小野二郎（大正三、以下大正はTと略記）・野田俊彦（T四）と佐野の権勢を支える人物がしだいに輩出する。大正五年には佐野のいわゆる〃四天王〃北沢五郎・小林政一・伊部貞吉・高橋貞太郎が卒業。古茂田甲午郎（T八）、大正九年卒の分離派をつくった石本・滝沢・堀口・森田・山田・矢田らのクラスには中条の下におもむいた黒崎幹男がいたが、同時に、尾崎久助や阪東義三らの佐野の〃腹臣〃もいた。とにかく佐野を中心にして明治末から大正前半の卒業生たちが、明治神宮外苑計画・震災復興事業を足がかりに、雄大な佐野山脈を形成していった。

また一方、この時期に関西建築界への第二回の人材移出が見られる。渡辺節（四十一）を皮切りに長谷部鋭吉（四十二）・安井武雄（四十三）・波江悌夫（四十三）・置塩章（四十三）・竹腰健造（四十五）らがつづく。安井は卒業設計に木造住宅をとりあげ、佐野に叱られて銀時計を失ってしまったばかりか、一時満州まで下らなければならなかった。東大は佐野時代になっていたのである。だがアーキテクトを志す者のあとも絶えなかった。明治四十二年は後藤慶二・山崎静太郎・咲寿栄一・薬師寺主計らのロマン派の卒業の年であった。

中条の日本建築士会に参加する人びともあった。当時の会誌をみると中条の事務所に入って、建築家論の理想と理論をもって中条を援けた高松政雄（四十三）、佐野と合わず東大助教授を追われて、中条の下におもむいた堀越三郎（T二）をはじめ、芸大卒の和田順顕（四十五）、工手学校出身でアメリカで学んだ伊藤文四郎らの論客もいた。その他、渡辺仁・山下寿郎・西村好時（ともに四十五）がいる。またボ・ザール出身の中村順平の顔も見える。やがて彼は横浜高工建築の学燈をともすのである。堀越の同級に京大の藤井厚二がいた。また武富英一（四十五）は逓信省に入り、大島三郎（T六）や美校大正五年卒の前田健二郎を加え、やがて岩元禄（T七）・吉田鉄郎（T八）・山田守（T九）の参加を見て、逓信省建築のかなり大きな山脈を形成するのである。藤村朗（四十四）・石原信之（T三）・川元良一（T三）らは三菱地所に入って、今日の三菱地所山脈をつくる。しかし、この組織の基礎はコンドルや曽禰達蔵が丸の内レンガ街によって地均ししてあったものである。三菱銀行本店（大正十一年竣工）をデザインした桜井小太郎の力も大きい。桜井はコンドルや辰野の後援で、A・R・I・B・Aを独学で獲得して明治二十六年帰国し、しばらく海軍にいた偉材である。また、石原、川元のクラスからは、下元連やライトの作風をついだ遠藤新も卒業している。こうして、明治末・大正前半にかけて、東大建築の大きく揺れ動いた中から、今日の日本建築界の山脈がレイアウトされてきたのである。大きなもの、小さなもの、孤峰・山塊、その形は千差万別。

一連の近代建築運動

ともあれ、大正末期から昭和へかけての建築家三大山脈の起伏は壮観であると同時に、その山容、山なみの走った方向は、今日の建築界の岩盤を構成しているものである。

しかし一面、この三大山脈の谷間を縫い、ときにロマンチックなせせらぎとなり、ときに激しく岩を嚙み、あるいは繁みの中に潜む流れもあった。大正九年に始まる分離派建築会以後の、いわゆる近代建築運動の人びとの流れである。もちろんそれに先行して、さらにひそやかに黎明の詩をうたっていた後藤慶二ら一群の建築家が存続するが、やはり流れとなるものは分離派以後の一連の運動である。大正九年二月に発会宣言をして昭和三年九月に解散した分離派建築会、大正十二年十一月から昭和五年十月までつづいた創宇社、大正十三年のメテオール、ラトー、マヴォーと一群の運動、昭和二年七月〜昭和八年の日本インターナショナル建築会、昭和五年七月〜昭和八年の新興建築家連盟、昭和七年の青年建築家連盟、昭和七〜八年のデザム、昭和八年〜九年の青年建築家クラブ、昭和九年の火曜会、と変革の意識をいだく建築家の組織活動と思想闘争はつづけられてきた。その掲げる旗はかわり、満州侵略が開始された国内情勢の中で、激しく暗転していったが、昭和九年ころにおいて、近代建築運動の組織としての抵抗も、ついに断絶するのであった。二・二六事件がおき、日独防共協定締結のあった昭和十一年の暮には、伯爵・黒田清を会長に、堀口捨己を中心として日本工作文化連盟が結成された。ようやく根を下ろしかけていた産業工芸の分野も含めてはいたが、もとより以前の建築運動が掲げてきた変革の旗はなく、生産力増強の国策体制に順応する姿勢すらみられた。

これら一連の近代建築運動が、運動であるかぎり実作の少なかったのは当然である。少なくとも昭和十二年の建設部門の鋼材使用量一五八万トンと、戦後のピークを形成した建築活動の主役ではありえなかった。震災復興を契機として戦争に至る時代に建築活動をはなばなしく展開したのは、さきにふれた、三つの大山脈を形成する建築家たちであった。近代建築運動の若い闘士たちは、わずかに獲得した仕事にうち込み、建築生産機構の下積みとして、あるいは教壇に、あるいは研究者として暗い時代を送った。帝室博物館設計競技（昭和六年）にみられるような前川国男の個人的、近代主義的な闘いも、やはり闘いとしてだけ歴史に記録されるものであった。その闘いのはなばなしさにくらべて、彼らの作品は数えるほどしかなかった。

こうした中で、若い建築家たちのヨーロッパへの流出が目立つ。昭和へ入ってからの主な動きをみると、昭和三年前川国男がコルビュジエの許へ（昭五帰国）、昭和四年久米権九郎ドイツから帰国、村野藤吾、山田守渡欧（昭五帰国）、昭和五年山口文象グロピウスの許へ（昭八帰国）、蔵田周忠渡独、昭和六年坂倉準三コルビュジェの許へ、吉田鉄郎渡独、昭和八年図師嘉彦渡欧（昭九帰国）などがある。山口文象はベルリンでバウハウスに留学していた山脇巌夫妻や白井晟一にも会っている。山口はわずか一円五十銭をふところにして東京の土を踏んだ。その彼を待っていたのは日本歯科医専の校舎設計であった。しかしこの名作も尋常一様に設計できたものではなかった。あらゆる妨害と弾圧が待っていた。しかし、これはあながち山口だけの経験ではなかった。彼らは当時の日本建築界から飛び出して、文字通り雄飛に備えていたのである。戦前においてもその光彩を放ったいくつかの作品があるが、本格的な活躍は、むしろ戦後のものといえよう。

たしかにこれら近代建築運動の推進者たちの存在は、日本の近代建築史を彩るものであり、その戦前における活躍と受難の物語は今日においても、われわれに偉大な教訓と励ましになるものである。だが、その検討は今後の課題として残しておこう。ここでは、もうすこし別な分野に目を移そう。

逓信営繕と大蔵省営繕

さきにあげた三大山脈を形成するものと、それらの陣営に属さない、というよりは当時としてはむしろ鬼子の感のあった近代建築運動の推進者の若い建築家層。このほかにぜひ注目しなければならないのは、官庁建築家の一群と大学教師たちであろう。

大正から昭和、さらに戦前へかけての官庁建築家のグループで、もっとも目ざましい活躍のみられたのは、逓信省営繕課と、大蔵省営繕管財局であろう。逓信省には明治四十五年東大卒の武富英一、大正六年卒の大島三郎がおり、東京美術学校（現芸術大学）建築図案科大正五年卒の前田健二郎も加わっていたが、大正七年には岩元禄、翌八年には吉田鉄郎、九年には山田守をえて、戦前の日本近代建築のきわめて主要な山脈を形成してきた。山口文象もまた当時の〝職工学校〟すなわち蔵前高等工業の付属工芸実修学校を卒業し、山田守に引かれてここに入った。もちろん末席の製図工であったが、やがて分離派建築会の会員になり、さらに分離派のエリートたちのロマンティシズムにあきたらなくなり、同輩たちと創宇社を結成するのである。逓信省営繕において、分離派のかかげた近代建築運動の旗印は、うけつがれていったのである。分離派の山田から創宇社の山口へ、その思想性において深化の度を加え、また吉田鉄郎の哲学者的風貌もみられ、さらに小坂秀雄、薬師寺厚らの若手の参加があって、かならずしも統一された傾向をもっていたとはいえないが、逓信省営繕課の建築家たちは、戦前の日本建築史上に太い山脈を画いている。東京中央電信局（大正十四）・東京中央郵便局（昭和九）・逓信病院（昭和十二）・大阪中央郵便局（昭和十四）などの名作はそのいちじるしい軌跡である。

大蔵省営繕管財局は、この源流をたどれば明治十九年内閣直属機関として設けられた臨時建築局に端を発するものである。これは明治二十三年の国会開設に備え、日比谷練兵場跡に議事堂をはじめとする中央官衙を集中的に建設するためのものであった。憲法もプロシャに範をとった時代であるから、この日本最初の官公庁団地計画のためにドイツから建築家や技師が招かれ、また日本の青年建築家と建築職人がドイツへ留学した。その建築家は妻木頼黄（一八五九〜一九一六）・渡辺譲（一八五五〜一九三〇）・河合浩蔵（一八五六〜一九三四）の三人だった。この妻木がやがて大蔵省営繕の強大な機構をつくりあげるのである。

臨時建築局は、ついにその壮大な意図を果しえずに四年後の明治二十三年に廃止された。政治的な事情や、招聘したドイツ人たちの不手際や日比谷の土地の地盤がきわめて悪かったことなどもあったが、結局、当時の国力にはあまりにも大きな負担でありすぎたようだ。妻木はこの臨時建築局から事務を引きついだ内務省に移り、明治三十四年には大蔵省営繕課長として絶大な権力をふるうようになった。今日のように営繕が各官庁ごとに分散していなかった時代であるから、おそらくわが国の官庁営繕機構としては空前の大きさと権力を持っていたわけだ。またこの組織を事務機構として、明治三十年内務省に「議院建築計画調査委員会」が設置されたのを皮切りに、調査会・準備会の設置・改廃が繰り返された。国会議事堂の建設のためである。ここでの討論をきっかけに、明治末年、有名な「我国将来の建築様式」論争が闘わされ、やがて議院建築をコンペに出す出さぬで官側と民間アカデミイ側ではげしい応酬がかわされたのである。この官側を代表するものが妻木で、辰野金吾や若い伊東忠太らと攻防を繰り返した。コンペ不可論の妻木が、議院建築のデザインを託そうとした意中の人が、京都高等工芸学校教授をしていた武田五一であり、武田は明治四十一年に大蔵臨時建築部技師を兼任し、官庁建築および議院建築調査のために欧米へ派遣されている。

しかしやがて大正二年には妻木も退官して臨時建築部顧問となり、入れ替って大熊喜邦が次代のチャンピオンとして大熊時代を築きはじめるのである。彼は明治三十六年東大建築科の卒業。同級に佐野利器・佐藤功一・北村耕造・田辺淳吉・松井清足らがいて、クラス会「ドンブリ会」の仲のよい仲間たちであった。大熊は卒業後しばらく横河工務所に勤め、大正二年大蔵省に入ったのである。大正五年には妻木が世を去ったが、大正十四年には大蔵省営繕課は営繕管財局となり、戦前における官庁営繕にいぜんとして独裁的な権力を行使していたのである。昭和五年には「営繕統一に関する閣議決定」がなされ、神社・港湾・道路・陸海軍の建物・囚人を使役する刑務所・航空路設置・一件一万円以下の小新営および修理、その他特殊の事情があり大蔵大臣と協議了承をえたものを除いて、すべての営繕を大蔵省営繕管財局が掌握することになった。

大蔵省営繕管財局の大正後半から戦前昭和十二年に至る時期を担ったのは大熊喜邦である。彼は工学博士の建築家であると同時に、宿駅や本陣の歴史的研究をもって経済学博士号も授与された歴史学徒でもある。昭和十六年には芸術院会員にも推され、その清雅な才能と人柄とによってやはりひとつの大山脈の主峰たるにふさわしい人物であった。

戦前における大蔵省営繕の活動の頂点をなしたものは、いうまでもなく現在の国会議事堂（昭和十一年竣工）の建設である。これは臨時議院建築局の担当であるが、大蔵省営繕が実際活動の主体であったことは明らかである。大熊喜邦はその中心人物として〃議事堂を建てた人〃の栄誉を担っている。彼の大蔵省入り以来二十四年間の成果である。

プロフェッサーたち

今日の用語でいうプロフェッサー・アーキテクトの活躍も大正から昭和へかけて目ざましかった。今日でもなかなか盛んであるが、この時期の人びとは、より実質的な面でたくましく仕事をしていた。辰野金吾以来の明治の気分が色濃く残っていたというよりは、むしろプロフェッサー・アーキテクトの本格的な活躍期は、大正に入ってからとすべきであろう。彼らの建築活動と、その学校教育を通じて形成された一連の人物像も、これまた日本の近代建築史を語る上に見落とすことのできぬものである。いうまでもなく教育者という立場上、彼らの影響力はきわめて連続的であり蓄積的であるから、その人の拡がりは建築界の全部をおおうものである。しかし建築家としての活躍の基盤を教職の場においていた人びとをとり上げると、そう数は多くない。だが、その存在はかなり大きな意義をもっているのも事実である。

〃西の武田、東の佐藤〃戦前のプロフェッサー・アーキテクトの双璧である。京都帝国大学の武田五一、早稲田大学の佐藤功一の活躍はとくに目立つものである。作家としても超一流であったし、教育者としてもその激しい気魄は、今もって語りつがれ、慕われている存在である。とくに関西の建築教育の草分けとなった武田五一は、かつて辰野金吾が東京において果したと同じ役割を関西で十分に発揮した人物と見なされている。

武田五一（一八七二〜一九三八）は、その生涯の大半を京都高等工芸学校（現京都繊維工芸大）と京都帝大建築科の教授として過ごしたが、かたわら溢れるようなデザイン能力をもって、建築家・意匠家として縦横の活躍をした。明治三十年東大造家学科を卒業しているが、翌年造家学科は建築学科と改名したから、彼は造家学科最後の卒業生である。同級に関西建築界の雄となった片岡安がおり、中条精一郎は彼の一年後輩である。中条・片岡というふたつの山脈の主峰となった人物の間に、彼は位置して世の中に出たのである。三十二年に大学院を退学して工科大学助教授となり、約三年東大建築で製図を指導した。さきに亡くなった神戸大学名誉教授の古宇田実や大熊喜邦・佐野利器・佐藤功一などは、彼の講義を受けた人びとである。また大正七年から約二年ほど名古屋高等工業学校長をつとめたが、これは彼の経歴におけるブランクの期間にすぎなかったようである。

やはり彼の影響力がもっとも強くあらわれたのは、明治三十六年〜大正七年まで十五年間の京都高等工芸学校教授時代と、大正九年から昭和七年に至る京都帝大建築学科教授の時代で、両校における彼の教え子たちは、あるいは母校に残って彼を助け、あるいは建築設計や工芸意匠界に進出して関西建築界につぎつぎと人材を補給することになったのである。もし学風というものがあるとしたら、この両校の学風はまさに武田五一の創始したものといえよう。とくに京大建築学科には、彼は教授として迎えられる前年から、すでにその創設委員として活躍していたのである。佐野利器と並び称せられた鉄筋・鉄骨構造の権威日比忠彦（がんらいは土木の人）が同僚として協力していたが、大正十年に若くして死んだので、武田は文字通り京大建築の創始者であり、その中心人物となっていたのである。温厚磊落な気質は謹厳な辰野金吾とだいぶおもむきが違うが、彼の存在はまさしく関西における辰野金吾とよぶにふさわしい大きな影響力をもっていた。

建築家としての彼のエピソードは、すでにたびたび紹介されているので、省略するが、東京に容れられなかった分離派の森田慶一や石本喜久治を招き、雑誌「新建築」の創刊を指導し、その旺盛なデザイン活動に若い弟子たちを参加させて培った声望は関西随一のものがある。

これまで関西、とくに大阪の建築界は先にでも述べたように、東京からの人材を輸入して成立・発展してきたのであるが、武田によって関西自体で後続を補給することができるようになったのである。しかしその後輩や教え子を京大や京都高等工芸などの教育機関や官庁に配して、彼らに敬慕されながらデザインを楽しんでいた武田である。民間に設計事務所を構えて仕事をしていた建築家たちからみれば、ずい分いい気な奴と思えたに違いない。この点民間の設計事務所を育てた辰野金吾とはっきり違うところである。しかも抜群のデザイン能力をもっているのだから始末が悪い。大阪の建築設計界に君臨していた片岡安などは、武田と東大同期であるが、民間建築家の職能団体であった当時の日本建築士会関西支部の要職にあったから、武田の活躍は腹に据えかねるところもあったのだろう。昭和十三年二月法隆寺の修理事務所に出勤する途中発病して六十七歳で急死した武田の葬儀にあたって、弔辞の中で「世事にうますぎた」といったようなことを述べている。

同じ関西にあって、明治末、大正から昭和の戦前にかけて偉大な影響力のあった武田ではあるが、やはり関西のプロフェッショナルな建築家山脈とは別個の山波を形成している。しかもその弟子たちは建築設計の世界だけではなく学界に、官界にあるいは工芸意匠の世界に、広く分布して、その山容もおのずから変っている。ほとんどその生涯の大半をプロフェッサー・アーキテクトで終始した彼の立場によるものであろう。それはまた教育の成果の拡がりのしからしめるところでもある。

佐藤功一と早稲田の建築

西の武田に対して東の佐藤功一（一八七八～一九四一）は、早稲田大学建築科の創設者である。早大が大隈重信によってはじめられたのと同様に、早大の建築学科は佐藤功一によって明治四十三年にはじめられた。しかもその強烈な個性をもって、昭和十六年六月死に至るまで教育に当ったため、彼の影響はきわめて強いものがある。

佐藤功一はすでに述べたように明治三十六年の東大建築学科卒。三重県技師を約五年勤め宮内省内匠寮御用掛になったが、先輩と喧嘩して半年もたたずに飛び出してしまった。ちょうどそのころ、早大に理工科設置の計画があり、辰野金吾が佐藤に目をつけて早稲田に推せんした。彼は明治四十二年一月建築学科創設準備のため欧米各国視察の旅にたち、一年余で帰国し、四十三年九月教授に任ぜられるとともに、建築学科をスタートせしめた。教授は彼一人である。草創期の苦労は言語に絶したようである。無からの出発だから、すべては彼が処理しなければならなかった。夜遅くまで学生と膝つき合わせて、まるで寺子屋のようだったという。激しやすい情熱家の佐藤であるから余計熱のこもった教育が行なわれたのだろう。とくに欲する形を自由に立体芸術として表現しうるように、彫塑や自在画に重きをおいて他校に先鞭をつけた。恩師の伊東忠太や東大後輩の岡田信一郎、まだ東大大学院の学生だった内藤多仲らが講師としてこれを助けた。後藤慶二も大正初年に早大の製図の講師を勤めたことがあるし、東京美術学校明治四十五年卒業の今和次郎もやがてその陣営に参加した。伊東忠太は後に昭和三年東大停年退職後正式に早稲田の教授となり、内藤は大正十年佐藤から建築学科主任の役を引きついだ。しかし初期の佐藤は、構造設備を除いたほとんどすべての分野の講義を受け持ち、早大建築学科の中心であった。強烈な個性、激しい傾倒、作品にかける情熱といったものが、今日活況を呈している早大建築の学風であるとしたら、それはそのまま創始者佐藤功一の血筋でもある。早大建築科の創設とともに同年早稲田工手学校、昭和三年早稲田高等工学校の開設にも建築主任として参加し、意匠と構造の二コースに分けて教育するという独特の方式を打ち出しているから、佐藤は名実ともに早稲田建築の生みの親といえよう。

このように教育面で重要な活躍をするとともに、一方建築設計の実務においてもまことに活発であった。大学卒業から死までの三十九年間に二三三件の作品を手がけている。二ヵ月に一作の割合である。その設計量は武田五一と東西の双璧をなしている。大正初年から戦前まで、ちょうど武田の年代と同じころであり、彼もまたこの本が取り扱うべき時代そのままに、一本の太い筋を貫いている。これまた独立したひとつの山脈を形成するものといえよう。

佐藤は大正七年八月に佐藤功一建築設計事務所を創立した。私学だけにやかましいことはなかったのであろう。場所は小石川指ヶ谷町の自宅の一室。最初は佐藤をいれて所員三名の文字通りアルバイトであったが、漸次拡大した。早稲田の教え子の再教育の場所としての意味をもっていた。事務所は「白山匠房」ともいい、そこに働いた人びとは今でも「白山会」をつづけて交友しているという。早大建築科主任を内藤多仲に譲ってからは設計に専念する体勢を整え、間もなく関東大震災に遭遇してその復興建築に忙殺されるようになった。所員も四十名くらいに達し、当時としたら大設計事務所である。

ややわき道にそれるが、大学教師がなんらかのアトリエをもって建築家を志す学生の再教育を行ない、社会に雄飛するための準備期間をもつことは、日本の大学における建築教育の特殊性を考えるとき、たしかに必要であった。佐藤のように私学の教授はともかく、たとえば東大の内田祥三もながく東京大学営繕課長を兼ねて、東大の震災復興計画を実施することによってこのアトリエの機能をもたせた。安田講堂や東大図書館（昭和三）などは、その代表的なもので、岸田日出刀をはじめ多くの建築家、あるいは建築学者の卵たちの絶好のシューレ（教場）となった。日本の大学における建築教育制度がこのままでいるかぎり、こうしたアトリエあるいはシューレの必要は決してなくなっていない。設計関係の教師の下に集まる大学院学生の数の多さが、これを裏付けしているが、はたして満足すべきアトリエを構成しているかは疑問である。種々の制約はかえって増大しているに違いない。

それはともかく、陶器を愛し、すぐれた随筆家であり、夫妻で句集を発刊するほど俳句に熱心だった佐藤は、その設計態度として芭蕉の俳諧論にいう「万代不易」を根本にしていた。先駆者となるよりはながい生命をもつ建築を目標にしていた。「自然がすべてわれわれの作業を左右している。馬鹿げたもの、変なものはながつづきしない。自然は絶えず芸術に関与している」と、エマースンの言葉をその随筆に引用し、「けだし万古不易の言」だといっている。彼にもっとも油がのって活躍した大正末から昭和初期にかけては、日本の建築設計界は一種の動乱時代だった。ゼセッションやアールヌーボーなどの新芸術が紹介されるとともに、近代建築運動の思想が若い人びとを魅了していた。しかし彼は万代不易、流転しない建築様式を求めてたじろぎもしなかった。だが若い弟子たちの意見にも静かに耳を傾けた。佐藤と同級でもっともよく理解し合っていたくせに、またいちばんよく喧嘩をした佐野利器は、佐藤の仕事ぶりを評して「佐藤君の意匠には一種独特のものがある。佐藤式とか佐藤風とかいわんよりはむしろ、佐藤張りとでもいう方が適切であろうか。……君の芸風は丸みや、ふくらみの感じではなく、どれもこれも鋭い直線が通って、角が立って、明暗がはっきりしたものであった。佐藤張りの特長は実に君の性格からにじみ出たものであって、芸術家としてもっとも尊ぶべき個性の自然の表現であると思う」としている。冷静のつもりが、いつの間にか激しく熱中してしまう人柄と作風をよくいいあらわしている。武田五一の磊落さとよい対照であるが、東の早稲田山脈の山容を形成したエネルギーも、この辺にひそんでいたのであろう。

彼の数多い作品の中には、東京市政会館および日比谷公会堂（昭四）・日清生命館（昭七）・マツダビル（昭九）・帝室林野局（昭十二）などの名作があり、また、早稲田の大隈記念講堂（昭二）は、彼の采配の下に教え子の佐藤武夫が担当したものである。

しかし佐藤功一の近代建築史上における正式な位置は、なんといっても早稲田建築の創始者であり、その学風の源となった、というところにあろう。大正二年第一回の卒業生十一名を世に送って以来のその同窓会（大学の方は早苗会という）名簿を見ても、今日の建築界の重鎮がずらりと名を連ねていて壮観である。母校を拠点とするプロフェッサー・アーキテクトだけをみても、佐藤功一につづく今井兼次（大正八年卒）――明石信道（昭三）――武基雄――吉阪隆正らは健在であり、佐藤武夫も、もと母校に教鞭をとっていた。

「建築家志望者に与える書」

武田五一や佐藤功一らと同じような意味で、わが国の大学やもとの高工の建築科の学風は、それぞれ創始期のプロフェッサーによって大きく影響を受けている。たとえば、

東京大学……コンドル・辰野金吾東京工大……滋賀重列・前田松韻芸術大学……大沢三之助・岡田信一郎京都工芸繊維大……武田五一名古屋工大……鈴木禎二神戸大学……古宇田実横浜国大……中村順平大連南海工専……岡大路

などが、なかでも目立った存在である。

東京工大（蔵前高工）は明治四十三年七月最初の卒業生二十一名を、名古屋工大（名古屋高工）は明治四十一年

七月十六名をそれぞれ社会に送りはじめている。横浜国大（横浜高工）に建築科の設置されたのは大正十四年、ちょうど四十年前である。さきに述べた日本建築士会による「建築士法」案が最初に議会に上程された年でもある。しかもその創設の中心になった人物が中村順平で、中条精一郎の事務所に勤め、中条をたすけて建築家の職能確立に熱心に活躍していた。俗な言葉でいえば中村は中条の子分といえよう。中条に目をかけられ、その援助でボ・ザールに学んだ生粋の、しかも正統派の古典建築家だった。神田の如水会館（大正八年）などは、中条が平面をまとめ中村がファサードを担当したものだという。

ここにひとつの注目すべき文書がある。横浜高工の「建築学科（本科）に入学を志望する青年諸君への注意」と題するもので、中村順平が前書きをつけている（「日本建築士」昭和七年三月号）。中村の建築家に対する考え方、建築家としての資質への期待がはっきりするだけでなく、おそらくそれは、中条を中心とする戦前の日本建築士会の職能に対する基本的な精神にも通ずるものであろう。繰り返すが中村は中条のもとで「建築士法」制定のために闘いつづけた闘士である。

中村の前書きによると、この「注意書」は大正十四年横浜高工の建築科が第一回の生徒募集を行なうに先立って、建築家たらんとする青年に対し、建築家とはいかなるものか、どんな資質を必要とするかを注意したもので、中村の手になった。そうしてこれを全国の中学校などに配布した。第一回のものは日本建築士会のパンフレットともなって全会員の参考に供せられたという。以来毎年約一万枚近いものが全国津々浦々の中学校、あるいはこれと同等程度の学校に配られてきたというからものすごいものである。それは単に入学志願者に対する注意というだけでなく、建築家なるものを一般国民に理解してもらうためでもあったと中村はいっている。その本文は、「一体建築家とはなんであるか」。「建築家を志す青年はどういう素質であることが最適当か」の前後ふたつにわかれている。前半では、「ものに比例の美がある。しかしこれには一定の規則がない。それぞれに応じて芸術的なる動機によって創作解決しなければならぬことが多い」とし、

「従って建築家とは芸術的なる素養によって比例の美を創生し此等を組合せて種々の建物やその内外の装飾や、庭園、並びに都市を創造すべき天職を有する芸術家である。従って此職業は全然科学のみで物を設計する土木技術家若くは構造専門家（シビルエンジニアー）とは全然立場を異にして、此等は建築家というものではないのみか、諸君が此二者を同一視する誤謬のために、一国文化の一要素である建築芸術を低下せしめる事があってはならない」

と激しい訴えをしている。わが国の建築家は芸術家である前に技術家でなければならぬと早くから主張していた佐野利器の思想とまったく対立するもので、明らかに佐野山脈を意識している。そうしてまた、「苟も建築家たらんことを志望する以上、これは芸術家であり、決して請負師又は建築材料商の如き営利を目的とする商業ではないが故に、特に物質上に趣味又は欲求を有する者に対しては、甚だ適した職業とは云へないかも知れぬ」と結んでいる。これはいうまでもなく戦前の日本建築士会の提案した「建築士法案」第六条の精神で、今日でも最大の争点となるところである。

後半の建築を志す者に必要な資質では、「第一、何といっても出来るだけ画を描くことに優れていなければならぬ。……即ち出来るだけ立派な写生画家でありたい事である。……此実証は二百年来巴里国立美術院の建築学生に於て最も優れた写生画家が最も深い創造構成芸術家になっている事実でも判る事である。夫故相当若くは以上に勝れた写生画家でない限り、諸君は建築家として志しても大成の見込が全くないのであるから始めから入学を志望しない方が本人の為である」

と中村の面目躍如たるものがある。これにつづいて、「第二」として科学、とくに数学ができるだけ優れていること

とが望ましい。だが、これらは第二義的なものである。諸君にもっとも必要な想像力や芸術的才能は、これらによっては決して発芽するものではない。「第三」に健全な文学によって己れの思想感情を啓発してゆくことが重要である。これがやがて創作上の原動力になるからである、と結ばれるのである。ながながと中村の「注意書」を引用したのは建築家論を蒸しかえすためではない。ましてやヴィトルヴィウスをほうふつとさせるその古さを揶揄するためでは決してない。むしろこの教育が徹底しなかった、というよりは徹底しえなかったことを惜しむほどである。そういうことより、大正の末期から昭和の戦前にかけて、こうした「注意書」が何万枚も配布されて、鮮烈な主張が繰り返されねばならなかった情勢をこそ問題にしたいのである。この国土において、この国の伝統において、明らかにリアリティーの少ないヨーロッパ的な自由職業建築家をその出発点とし、かつ帰結点としなければならなかった建築家の職能意識である。そこには勝利を予測する明るさはなく、むしろ追いつめられた圧迫感がみなぎっている。これを日本の市民社会の未成熟の結果と規定することは、まったく不毛な思考であり、他力本願な不具者の泣きごとである。問題を解決する有力な手段をこそ発見すべきであったし、また現在でもそうであろう。

ともあれ、ある意味でもっとも純粋なプロフェッサー・アーキテクトであった中村順平の建築家志望学生に与える書は、日本の建築家山脈に斜めから強烈な光線をあてて、その山脈の走り方、山容をくっきりと浮き出させる作用を果していた。

「わが国建築家の将来について」

「ペシミズムや道徳的改革を叫んだりすることは、もっとも低脳な亜流として私はくみしない」勇ましい若い声がとどいてきた。昭和十二年のことである。声の主は京大大学院学生の西山夘三。

彼は「我国建築家の将来に就いて」という論文（建築雑誌、昭和十二年四月）で、互いにすくみ合って鬱積していた戦前の日本の建築家像に、新しい手がかりを提供した。この論旨は、今日においても大部分新鮮であり、間違いのない方向を指し示しているようである。彼はその直前まで滞日していたブルーノ・タウトが、その著『日本文化私観』の中で日本の建築家は企業家の奴隷となっている。自由な芸術家として偉大な作品を遺した小堀遠州を見ならえと叱咤しているのに、まず反対する。そうしてそれを芸術家にありがちな自己の願望と論理的な帰結との混同であるとし、「私はなぜ日本の建築家が自由芸術家でありえないのか、そして更に建築家が自由な芸術家になる以外によき建築を生む機構が果して存在し得ないのか」と、きわめて柔軟かつ現実性のある時点から問題に向かってスタートしている。これは、それまでの日本における建築家像を追い求めた思索の歴史において、まったく斬新かつ画期的な発想であった。芦溝橋事件が起こり、中日戦争の泥沼に足を踏みこみ、鉄鋼工作物築造許可規則（建設用鉄鋼材料の使用統制）の公布された年のことである。遅きに失した恨みがあるが、その発想は今日においてあらためて確認されつつある。

西山は、しかし佐野利器流の考え方にも反対している。佐野利器が昭和十一年日本建築学会創立五十周年記念講演会において、日本の建築学、とくに建築構造学が世界に冠たる位置にまで発達したと謳歌したのに対して、建築学はそのまま建築ではない。日本の建築教育の歴史からして図案家・芸術家でありえなかったための建築学の発達と、自由な芸術家でありえなかったがために薄幸な建築＝芸術の運命とを、ともにいたんでいる。そうして、わが国建築家の将来の姿として、巨大な建築の生産と、古い組織によって生産される群小建築の建設とのふたつに大別して、それぞれ考察を加えている。前者の巨大な建築については、ますます巨大化し、機能的にも複雑化する建築の設計に当っては、建築の企画・構造計画・材料の生産指導と選択・生産過程の企画・以上を具体化する建築的形態の芸術的解決の五点が建築家に強く要求されるようになるとしている。そうして、「これらの領域に於て建築家が自由職業の人であると云うことは必ずしも必要条件ではない。計画者として建築の最高企画に参画すべきことをこそ心がけるべきである」としている。これは今日において、やっと、しかも部分的に確認されはじめたことである。西山の洞察力はすばらしい。

後者、すなわち古い生産組織による群小建築（実際には住宅生産に中心をおいて考えていただろう）については、より強力なしかも創造性に富んだ公共的指導の充実と、行政の改革をあげている。ここでもこれまでの建築家像は否定されており、やがて同潤会に入っていった西山の思想がはっきりとみられる。彼は彼なりに新しい建築家像を、こうした「群小建築」の生産の場に確立しようとしたのである。

もっとも建築家の設計関与の場を、このように巨大建築と群小建築のふたつにわけて、あるべき建築家像をそれに応じて二分してしまったことは、この西山理論の大きな欠陥といえよう。それには社会主義者としての西山の過剰意識が、いわゆる巨大建築の生産にタッチすべき建築家を縁なき衆生といった具合に押しやってしまっているところがある。これは戦後の調査主義的なグループの不毛の時代を約束することになってしまった。

しかし、中村順平から西山夘三へ、戦前の昭和のながい混沌が、やっとこの段階にまで達したことは記憶さるべきであろう。

これまでに概観した建築家山脈も、あるいはいまだふれなかった孤峰も、戦争に向ってついに巨大なローラーをかけられることになった。それぞれに隔絶した痕跡を現わしながらも、おしなべて平らにならされてしまった。それがふたたび起伏をあらわすのは戦後である。

Ⅱ　東大山脈——三人目の巨頭内田祥三

タテの社会の親分

「実際、上に立つ者、親分は、むしろ天才でない方がよい。彼自身頭が切れすぎたり、器用で仕事ができすぎるということは、下の者、子分にとって彼らの存在理由を減少することになり、かえってうとまれる結果となる。子分は親分に依存すると同時に、親分が子分に依存することを常に望んでいる。親分のすること、考えることはすべて子分に理解され、納得される（彼らなりにでも）必要がある。天才的な能力よりも、人間に対する理解力、包容力をもつということが、何よりも日本社会におけるリーダーの資格である。どんなに権力、能力、経済力をもった者でも子分を性格的に把握し、それによって彼等と密着し〝タテ〟の関係につながらない限り、リーダーにはなり得ないのである。集団の機能力は、ともすれば親分自身の能力によるものよりも、むしろすぐれた能力をもつ子分を人格的にひきつけ、いかにうまく集団を統合し、その全能力を発揮させるかというところにある。実際、大親分といわれる人は必ず人間的に非常な魅力をもっているものである。子分が動くのは、親分の命令自体ではなく、この人間的な直接肌に感じられるところの人間的な魅力のためである」（中根千枝、日本的社会構造の発見、中央公論一九六四・五）

かつて内田祥三（一八八五―）が現役の東大教授時代、彼の姿が正門付近に見えると、建築学教室はとたんに粛粛とした気配が支配したという。その内田も今は東大名誉教授、本年七十九歳、その神通力に多少のおとろえはみるといっても、相変らずおそろしい存在である。私の勤務する東大生産技術研究所にも年に二、三回こられる。外郭組織の理事会とか創立記念日にである。彼のその日の動静は確実にキャッチされ、その歴訪する建築の研究室から研究室に、〝先生ただいまご到着、十分後にそちらへ〟と緊張した電話がとぶ。先導は最年長教授の星野昌一である。彼はかつて内田祥三の忠実な助手だった。

もちろんこの緊張の度合いは世代によって違ってくる。もっとも下っ端の私から石井聖光・田中尚・池辺陽・勝田高司・坪井善勝・星野昌一と、その度合いは高まるのである。併任教授の関野克・高山英華は〝君子危きに…〟というわけでもないだろうが、姿をあらわすことはメッタにない。まさに〝行幸〟である。直接講義を受けたことのない私など、いささか豆鉄砲をくらった鳩のようなところがあるし、池辺陽もニヤニヤしている段階であるが、教授連中の緊張ぶりは異常なほどである。日本社会の特質を形成するというタテの組織は、こうした組織特有の性格として末端においては結合の意識が薄い（それは調整が簡単であり、成員からたやすくはずされる可能性とウラハラの関係である）。年代によって内田祥三への畏敬の度合、それに接するときの緊張の度合いが異なるのも当然である。しかし恩師や先輩たちから、彼らの直接の師である内田祥三の伝説めいた話をかなり聞いているだけに、緊張皆無とはいいがたい。面と向かって話をすると、やはり膏汗が流れる。

あの岸田日出刀でさえもクラス会の席上、いい機嫌になって芸者にたわむれていても、内田祥三ご入来と聞くとトタンにかしこまった、とかいうたぐいの話はかなり多い。また東大営繕課時代、渡辺要が出勤して〝おはようございます。よいお天気ですね〟とあいさつしたら、内田は無言で窓に近より、空を見上げてから、おもむろに〝うん、いい天気だ〟と返事をしたという。われわれが聞かされるすべての話が、内田のこわさ、それを支えるかたくななまでの几帳面さ、峻厳な正確さ、あるいは公私の判断のきびしさを伝えるものである。しかし、冒頭にかかげた中根千枝の〝ボス論〟から、内田もけっしてはずれてはいないのである。

内田祥三、三人目の巨頭

明治の建築界に三人の大ボスがいたのは、よく知られているところである。東京大学(当時帝国大学)・建築学会さらに民間アーキテクトの統領としての辰野金吾、内務省・大蔵省の官僚建築家の世界の巨頭妻木頼黄、宮内省の宮廷建築家片山東熊の三人である。ともに同世代で、しかも辰野は大正八年、妻木は五年、片山は六年、とほぼ同じ時期にその生涯を閉じている。しかしこの中で、その影響力、タテの社会の靭帯の強さで群を抜いていた最大のボスは辰野金吾であった。ほかのだれよりも彼の強かったのは、建築の教育の場に君臨していたからである。明治十七年コンドルに代って工部大学校造家学科のはじめての日本人教授となって以来、明治三十五年後進に道を開くため満四十八歳で退官するまで、東京大学建築学科を背負っていたのである。しかも主としてその教え子たちによって運営されていた日本建築学会の会長を明治三十一年から大正七年にわたって(明治三十七年度だけ事故のためやらなかった)二十年間もつとめていた。事実上のワンマン会長である。日本中の建築はみんな自分が責任を負っているつもりでいた、と彼を知る人が語っているが、これだけの立場にあったら当然な心境であっただろう。退職後も東京大学建築学科へしばしば顔をだし、主任教授の中村達太郎をしたがえて、学生の製図を見て歩いた。まずい図面を引いているのを見ると、中村や武田五一や関野貞らの教師が叱られたという。辰野に叱られないため、学生の図面を武田がこっそり画き直した、という話まである。辰野には自分の建築学科という考えがあったらしい。一種の家族主義であり、東大建築学科の典型的なタテの構成がつくられつつあった。

この辰野に食ってかかったのが、佐野利器である。辰野につづく第二代の大ボスである。佐野は明治三十三年東大建築に入学したから、辰野が東大を辞める二年前である。佐野がその耐震構造に男子生涯の仕事を発見したのも辰野からヒントを得たものであるし、両国旧国技館ドームの大鉄骨や東京駅の鉄骨の計算をさせてもらったのも辰野からであり、佐野にとって辰野は大恩人であるが、また果敢に反抗した相手でもあった。建築学会会長をいつまでもやるのはいけない、いい加減に引っこむべきだと主張して辰野を憤慨させた。もっともその佐野自身昭和四、五、八、九、十二、十三年度にわたって会長の地位を占めたから変なものではあるが、とにかく、合理主義者・自由主義者であった佐野の反骨はみごとなものである。そうして彼自身第二代目のボスとして成長していったのである。だが佐野のボスぶりは辰野とやや変っている。東大の枠をはみだしたところにある。それだけ日本の建築界の幅が広くなっていたこともあろう。大正十五年までに完成した明治神宮外苑の諸計画からはじまって、関東大震災後の復興院や、東京市建築局長などの官界での活躍、東京工業大学、日本大学工学部（彼が設立した）での教育など、東大の枠を踏みこえた分野にまで伸張した。なんにでも興味をもち、小柄な身体でダイナミックな動きをしていた彼は、ついに地球速度を超えた人工衛星のように東大からとび去ってしまった。昭和四年渋沢栄一に巧みに懇望されて清水組（現清水建設）の副社長になったのである。辰野が東大を辞めたのとほぼ同じ年齢の四十九歳であった。乃公出でずんばといった気持だったのだろうが、これは失敗だったと評されている。こうしたことは彼に世界的な耐震構造学者としての生涯を期待していた人びとに大きな失望を与えた。だが学者として研究室におさまっていることのできない覇気と強烈な自我をもった彼に、暴走の失敗のない人生を期待することは、がんらい無理だったかもしれない。

ともかく佐野に去られた東大建築学科は危機に瀕した。思ったことをどしどし言行にあらわした佐野は、当然同じ東大の他学科の教授連からきらわれ、その辞めるのを待ち望まれていた。建築学科への外部からの風当りは強かった。しかもその建築教室では、すでに大正十五年に伊東忠太・関野貞が、翌昭和二年に塚本靖が停年に達して長老は姿を消していたのである。そうして昭和四年の暮に佐野がとびだしてしまった。教授は内田祥三だけ、助教授は岸田日出刀（大正十一年卒）を筆頭に、武藤清（大正十四年卒）・浜田稔（同）の二人が控えにいるだけである。

〃建築学科はこれでつぶれると思った〃と内田は述懐している。彼は佐野を慰留し、ついでその無責任な行動を怒った。しかし持ち前の負けん気で、苦虫を嚙みつぶしたような顔をして再建にとりかかった。のんびりしていた岸田日出刀に急遽学位論文（欧米近代建築史論）を書かせ、第二講座担当の教授に据え、朝鮮から藤島亥治郎を呼び戻して第四講座の助教授に、弱冠二十七歳の武藤清を第三講座の助教授にあてて、一まず体制を整えたのが昭和五年である。この危機を経験し克服するとともに、すべてが若手の、彼の息のかかった部下たちとともに再出発することによって、内田祥三はいやおうなしに東大建築第三代のボスの座に立ったのである。

辰野の時代はまだ建築界そのものの幅が狭かった。それだけに彼を中心とする組織は強固であり、単一性が強かった。佐野はその単一社会から数多くの枝を発生させた。東京大学の先輩・後輩、師・教え子という一本だけの幹ではなく、官庁にあるいは私立大学に地下茎のように広がって、それぞれの幹を生ぜしめた。内田祥三は、ふたたび東京大学中心に強固な単一社会の結集をなしとげた。内田が他の大学に出講したという話は、寡聞にして聞いていない。佐野の拡散型に対して内田は凝集型である。しかも、資格より場で構成されるという日本型のタテの人間関係は、はるかに強固になったのである。

タテの人間関係にも幾段階もの節がある。その節から枝が何本かでて、さらにそのおのおのの枝の節からまた小枝が発生する。ボスに近い節ほど全体の人間関係に重要な関連をもっている。そう簡単に取りはずせない。全体に影響するからで、末端の節や小枝は、簡単に取り替えられる。ボスとの緊結感が弱いのもそのためだ。内田祥三の〃行幸〃を迎えての緊張感の度合の差はここに発生している。

きびしい人づくり

大正十四年に東京大学の大講堂（建設資金百二十万円を寄付した安田善次郎にちなんで安田講堂ともよばれる）が竣工した。建築学科教授の内田祥三の原案を卒業したての岸田日出刀がまとめ、上部の鉄骨ドームは大学院学生の坂静雄（大正十年卒）が計算した。いわば師弟合作の建築である。この工事途中の大正十二年七月から内田は東大営繕課長事務取扱いを兼ねることになり、つぎつぎと卒業する俊秀を営繕課に引きとめて、彼一流のきびしいインターン教育を本格化したのである。佐野はすでに大学外部での仕事に熱中していた。佐野とわずか五歳違いの内田の、東大建築の最高指導者への歩みは着実にはじめられていたのである。

建築学科の教室と営繕課の部屋との間を時計の振子のように規則正しく往復する中で、彼の弟子は教室に営繕課に育っていった。佐野が席のあたたまらないほど外部にでて活躍していたのときわめて対照的である。関東大震災の二カ月まえに彼が東大の営繕課の事業を引きうけたのは、偶然とはいえ彼を東大にしばりつける大きな力となった。コンドルや辰野金吾の設計した美しい煉瓦造建築のほとんど大部分は震災で破壊または焼失してしまった。あまりのことに呆然としたが、やがて東大の復興に半生をささげる気持になったという。彼のきびしさ、それによるコワさは、こうしたショックに耐えて必死にやり抜こうとした気魄の鋭さの反映であろう。このときと佐野が東大を辞めたときの衝撃を受けとめはね返した努力と功績はたいへんなものである。

それから四十年、一、六〇〇名以上の学生あるいは大学院学生が東京大学建築学科から巣立っている。そのほとんどは内田自身によって、あるいは彼の直接の弟子、さらに内田とその弟子によって育てられ、さらにまたその弟子からという具合に、もう内田の顔を見たこともない学生たちもいる。内田にみっちり仕込まれた岸田も藤島も武藤も平山嵩も渡辺要も、すでに停年退職して名誉教授である。彼らを第一代の弟子とすれば、仲威雄・高山英華・太田博太郎・松下清夫・西忠雄・丹下健三・吉武泰水・小木曽定彰・梅村魁・斎藤平蔵、生産技術研究所（もと第二工学部）の星野昌一・坪井善勝・関野克（文化財研究所長兼任）・勝田高司・池辺陽らは第二代の弟子といえよう。教養学部の生田勉・幸田彰らも第二代、筆者らはすなわち第三代である。

三代目ともなるとその結節もゆるむ。年齢からいっても四十年ほどの開きがある。だが内田祥三に関する伝説は、初代からも二代からも、イヤというほど聞かされている。なんとなく近寄りがたいジイさんである。これは内田にとって迷惑なことかもしれない。もう昔話のしたい年齢である。しかしとにかく壮大な体系をつくりあげたものだ。辰野・佐野・内田の三人、内田をもって最後の大ボスとすることができよう。もう小ボスはでても大ボスはでそうもない。日本の社会構造も少しは進歩したのであろう。しかし、また骨太い明治の背骨が絶えるのも一抹のさびしさを感じさせるものである。

三菱から東大へ帰る

内田祥三は明治四十年七月東大建築学科を卒業した。このときの卒業生は六名。のちに彼とともに「都市計画法」の成立に働いた笠原敏郎もそのひとりであった。一年先輩には松井貴太郎・岡田信一郎・本野精吾、一年あとには渡辺節・田中実・徳大寺彬麿らがいた。ただちに三菱地所の前身三菱建築所に入社した。もっとも卒業一年前の十二月からすでに商工会議所の隣りの十三号館を内田に担当させる手はずになっていて、卒業前から実習によばれていた。この三菱煉瓦街をコンドルから受けついできた曽禰達蔵は、内田の入社の前年三十九年十月に退社して中条精一郎と共同の事務所をつくり、すでにいなかった。所長は明治三十三年東大卒の保岡勝也、一年先輩の本野精吾が十二号館を担当していた。内田は卒業の翌日からただちに十三号館の主任技師として実施に当らせられたのである。いまから考えるとずいぶん無茶なことである。しかもその年の暮には保岡が二ヵ年もの海外旅行に出発し、本野もまた十一月にパリへ留学してしまった。本野の兄が当時フランス大使をしていたのである。本野は帰国するとすぐに武田によばれて京都高等工芸の教授に転出してしまった。内田は本野の分まで引き受けざるをえなかった。大学出は彼ひとりである。一時は途方に暮れたであろう。しかも当時の三菱の工事は徹底した直営工事である。基礎工事でも土を掘ることだけを請負いにだし、杭をみずから買い集め、杭打機械を会社でつくって、それを鳶に貸して杭打地形をやらせる。杭が打てるとつぎに大工をよんできて杭の頭を揃えさせる、といった具合で、今日の建設工事の現場でも珍しいほど細分化した工事を直営でやっていた。

なにからなにまでやらねばならなかった。もちろん曽禰時代から仕込まれてきた老練な現場マンもいたのであるが、負けず嫌いの内田は職人より早く現場にでて、職人より遅く帰る生活を繰り返して猛烈に勉強した。ゲートルを巻いた学士様の建築家は珍しかっただろう。彼は結局ここに二年半働いたわけだが、この現場での経験はその後大いに役立ったはずである。大学に帰って人にものを教える自信も、これによって得ることができたと述懐している。と同時に、ただ古いだけで、現場に明るいというだけでは建築の技術は進歩しないということを痛感した。若い頭脳が必要だと語っているから、おそらく彼自身多くの改良を提案しただろうし、またそれゆえに生意気な若僧と見られたかもしれない。三菱をいびりだされたという人もある。しかし彼自身は当時やっと日本に紹介されはじめた鉄筋コンクリートに強い関心をもち、十三号館にも部分的に用いたが、その結果、研究すべき事柄のきわめて多いのを悟ってどうしても本格的に勉強したくなったからだと語っている。彼が学生のとき最初に鉄筋コンクリートの講義を聞いた佐野利器に大学院へ入ることを相談した。佐野は、三菱にいても勉強できるではないかと、だいぶ止めたが内田は専心勉強したいからと押し通した。明治四十三年再び東大に戻って大学院学生となった。ちょうどその年の七月に内藤多仲が卒業して大学院に入り、内藤は鉄骨構造を、内田は鉄筋コンクリート構造を、机を並べて勉強することになった。

翌年四十四年に佐野利器がドイツへ留学したので、彼はそのあとを受けて講師となりカリキュレイション（計算、構造計算である。当時の講義題目はすべて英語だったという）と鉄骨および鉄筋コンクリートの講義をすることになった。明治四十四年二月である。それから昭和二十年東大総長としてアメリカ占領軍による東大の接収を頑強にはねのけてから大学を去るまでの三十五年間のながい大学教師生活がはじまったのである。みずから建設した東大キャンパスの建築群の中で、大学の虫のように一歩もここを離れなかったのである。そのひたむきの愛情と誠実さがなかったら彼の権威は確立しなかっただろう。

建築学の再編成

「自分ははじめ鉄筋コンクリートをやっていた。建築法規や都市計画のこともやった。ついでわが国の建築災害の最大なものとして火災の勉強もした。なんでも屋だ。浅く広くやった」と内田は話してくれた。たぶんに謙遜した表現だが、建築学未分化時代の東大建築学科の土台骨を支えるためには、当然〝なんでも屋〟でいなければならなかったのであろう。とくに佐野がやめた直後の東大建築科の教授は彼ひとりであった。若い岸田や武藤たちを激励して建築学科を再編成し、その人びとによって今日の建築学の諸分野が確立してきたのであるから、常に先頭に立って指揮していた内田は〝なんでも屋〟であると同時に、新しい学問分野の発見者、開拓者でなければならなかった。

今日に直接連なる建築学の諸分野が、ほぼ明確な形をとったのは、昭和八年から十年にかけて刊行された常盤書房の『高等建築学』(全四十五巻)ではないかと私はかねがね考えている。これは佐野利器の還暦を記念して伊部貞吉を中心に編さん刊行されたものであるが、たとえば渡辺要と長倉謙介共著の『計画原論』や清水一の『住宅』をはじめ、今日の建築学各分野の学問を定着した名著が多い。構造や耐震建築関係でも佐野利器の業績を乗りこえるものが多かった。建築学が、はじめて科学として確立した観がある。これらのめざましい仕事の主力となったのは内田祥三の弟子たちであった。渡辺の『計画原論』が内田祥三のもとで東大図書館の設計・監督にあたっているとき当面した計画上の諸問題の解決に端を発していることは、渡辺がかつて私に語ったところである。

もちろん内田自身の研究者としての業績も顕著だ。大正初期の鉄筋コンクリート構造関係の諸論文や計算図表をはじめ、構造学全般に関する論文や、彼を中心とする学会委員会での各種規準の作成など、弟子たちの陣頭に立って活躍している。また陸軍の委嘱で所沢飛行船格納庫(明治四十五年)の巨大な鉄骨構造の設計を担当したのも佐野に代った内田であった。また曽禰・中条事務所の設計になる東京海上ビル(大正七年)の鉄骨構造を設計したとも有名である。これは内藤多仲が参加した日本興業銀行ビル(渡辺節設計、大正十二年)とともに、関東大地震でもびくともしなかった。当時この付近には丸ビルをはじめアメリカ流の構造の建物がいくつかあったが、それらが無惨に破壊したのと好対照をなした。この成果に支えられて日本の鉄骨・鉄筋コンクリート構造が本格的に展開したのである。東大構内の諸建築とそれらをめぐる庭園計画も、内田がいちばん愛着をもって語るところである。ここではすぐれた指導者として、優秀なデザイナーとして、うるさい学内をまとめて大計画を遂行した政治家としての、三つの類いまれな資質が見られる。渋谷日赤病院近くの彼の邸宅のロビーには、大きな東大構内の鳥瞰図が掲げられている。やや猫背でみごとな白髪の老人は眼をかがやかせて孫のような私にそれを説明してくれた。個々の建築を語るより建築群全体を語りたがる彼は、都市計画学の先駆者としての面影と、大ボスとしての雄大な風格を備えていて、やはりみごとである。

その彼の周辺にいまでもまつわりつくような気持でいる第一代の弟子たち、さらにそのつぎの弟子たちと、内田祥三に端を発した建築家山脈は幾重にも山なみを重ねて日本の建築界を縦断している。

人を見る力　野田俊彦と伊藤為吉

この辺で話を一転させよう。「建築非芸術論」で有名な野田俊彦（一八九一―一九二九）と内田とのふれ合いである。そのコワさだけが強調されすぎている内田の温かい人間味にふれるようなところがある。

野田は大正四年の東大建築学科卒業、その「建築非芸術論」は彼の卒業論文「鉄筋コンクリートと建築様式」の第一章であった。彼はトルストイの芸術論をきわめてよく勉強して、人間の意志を伝達するのは言葉や文章であり、感情を他人に伝えるのが芸術である、という説に非常に共鳴していた。そうして、建築は単なる感情の伝達の道具であってはならないとして、非装飾の美の存在を主張したのである。いわば建築芸術の否定的肯定であったのだが、その真意はなかなか汲みとられなかった。ショッキングな題名がわざわいしたのも事実であろう。

がんらい野田はきわめて芸術家的天分に富んだ人であった。大正五年内田が外務省の嘱託となって設計した済南の日本領事館の家具・ステンドグラス・小壁の絵は、野田が手伝って担当したものであるが、アールヌーボー風のきわめてロマンチックな佳作である。学校の成績もよかったという。しかし野田の卒業当時の東大建築科は中村達太郎・塚本靖・伊東忠太の三教授に関野貞・佐野利器の助教授、内田は講師という陣容で、とりわけ芸術家的色彩の強い伊東がリードしていたころであるから、その卒業論文ははげしい非難の対象になった。

これを誤解であるとし、真意を天下に知ってもらうためには「建築雑誌」に発表したほうがよいとすすめ、みずから紹介文を書いたのが内田祥三である。一種の反骨の精神に対する内田の理解力は、内田自身の負けず嫌いな、意地っぱりの根性に共鳴するものがあったからであろう。野田の就職の世話もした。

野田が入ったのは陸軍であった。しかし自由奔放な野田は、軍人が威張っている天地には適応できなかった。軍人たちは野田を〃放馬〃と評したという。大正九年一月に辞めてしまった。相談にのった内田も、陸軍入りをすすめたのは失敗だったと認めて、しばらくして内務省へあっせんした。都市計画の地方委員会技師として働き、やがて都市計画局の第二技術課長に移った。内田らの努力で大正八年に公布された「都市計画法」の最初期の時代である。やがて震災後の復興計画の基本計画作成に尽力した。亀井幸次郎や小林隆徳らがこれを助けた。彼らにとって上司であり先輩である野田は、活動的で若さにあふれた魅力のある人間だったようである。

しかし大正十三年十二月に野田は内務省を辞めた。内務省の都市計画局と震災後設けられた復興院との間で、野田の取り合いがあったようである。野田から相談を受けた内田はすぐ辞めさせた。復興院は後藤新平の下で佐野利器が采配をふるっていたから、佐野と内田との暗黙の確執があったのではなかろうか。ただこれはあくまで想像にすぎない。しかしともかく、ますます東大と疎遠になっていく佐野と、東大に強固な本拠を築いていった内田と、その双曲線はいよいよ遠くはなれていくようである。

そのころ東大では震災で破壊した図書館に代ってロックフェラーの寄付による総合図書館の建設がはじめられていた。営繕課長の内田はもちろんその建設の中心人物であったが、彼はその建築部工営課長に野田を据えた。この建築は東大の復興計画のうちでも、もっとも大規模なもので岸田日出刀をはじめ渡辺要らの弟子が働いていた。一種のシエーレ（教場）の観があったから、野田の活気に溢れた存在は、なにかと影響が大きかっただろう。大正十五年三月、図書館が竣工し、野田は警視庁建築課長に転出した。中山元晴・山内嘉兵衛らがその部下であった。やはり内田がその法案作成に努力した「市街地建築物法」の目付役である。ここでも野田は熱心に部下の教育にあたったという。昭和三年警視庁をやめ設計事務所を設け、かたわら同潤会の嘱託、東京工業大学の講師をしたが、昭和四年十二月二十六日、三十八歳の若さで死んだ。

内田は人を見抜く能力が強かったようである。弟子たちの進路について彼独特の判断で、ときには強制的にその道を歩ませた。第VI章〈建設業の建築家たち〉でふれるように土岐達人に技術者と管理者とを融合したような独自の方向をとらせたり、〃ロもろくにきけないようにおとなしい〃渡辺要を大学の先生に仕立てたり、今日の考え方からすれば、人権無視ともとれるほど確固たる態度で弟子の行途を指定している。〃お前をこのように仕立てる〃と宣言して強行するのだからたいしたものである。また弟子たちもよくそれに応える才能を備えていたのである。野田俊彦もあるいは苦学の人亀井幸次郎も内田のこうした方針にそってその生涯を支配されたように思える。その結果は、やはり成功だったのではなかろうか。人を見抜き、人を知る内田の眼力の成果である。

明治の後半から昭和の戦前にかけて伊藤為吉（一八六四―一九四三）という風変りな建築家がいた。彼は新橋の博品館（明治三十一年）・愛宕塔・服部時計店（明治二十七年、今の建物の前の建物）などの設計者であるが、日本家屋の耐震的改良や職工軍団の創設など、各分野において独創的なアイディアマンとして活躍した独学の建築家で、街の発明家でもある。最後は永久機関発明の夢にとりつかれ窮死したのであるが、とにかく日本人には珍しい異端者であった。故伊藤道郎を長兄とする伊藤熹朔・千田是也ら芸術家兄弟の父でもある。

当時のアカデミックな日本の建築界では気狂いあつかいにする人もいた。伊東忠太は彼を評して「伊藤君は我が建築界の彗星である。一般建築家諸君が一定の軌道を踏み、一定の速力を保ち、一定の方向に向い相角逐して循環的進行を続けている裡に、彼等の軌道間に出没して不可解の方向をとり、不定の速力を以て超然として独特の軌道の上に進行するものは伊藤君である」（伊藤為吉著『新式大工法』序文）と評している。これなどよいほうである。この伊藤のよい相談相手になったのが内田である。伊藤のコンクリート・ブロック式耐震構造などは、のちに東京工大の田辺平学が提唱したものの先駆となるアイディアであるが、それをいち早く評価したのは内田である。伊藤の著書に序文を寄せて大いにはげましている。関東大震災の翌々日くらい、その耐震構造になった高田商会の建物が無事だったことを報告して、伊藤は無理矢理に内田を引っぱっていってそれを見せたという。コンクリートの万年塀の考案など、内田は今日でも伊藤のアイディアを高く評価している。横河民輔も困っているときの伊藤に、こっそり小遣いを渡していたというが、今日一部ではアカデミズムの権化のように思われている内田に、こうした一面のあったことは見逃がすことができない。

建築法規の番人

明治二十二年東京市区改正委員会で「建築条例」作成の試みが発議され、妻木頼黄がやりかけたがついに実現しなかった。その後はむしろ片岡安らが熱心に動いていた大阪市のほうが先行していた。また最近、内田祥三からうかがったところによると、それ以前に山口半六（一八五八—一九〇〇、もとの第一高等学校をはじめ学校建築にすぐれた建築家）が、大阪の都市計画を手がけていたらしい。ともかく、東京での動きは日露戦争後の明治三十九年、尾崎行雄東京市長からの委嘱で建築学会が条例案作成作業をはじめたときから本格化する。学会では曽禰達蔵を委員長に十二名の委員からなる「東京市建築条例起稿委員会」を設け、前後八年を費して大正二年に案文を提出した。中村達太郎・関野貞・佐野利器らが委員だった。委員会の仕事がながびくのは建築学会の特徴のように考えられているが、このときはかならずしも荏苒として日を送ったわけではなく、委員長の曽禰の慎重な性格の反映だったと思われる。

曽禰達蔵は辰野の女房役に終始した人であるが、学究肌で石橋を叩いて渡る慎重な人柄であったといわれる。温厚篤実建築界第一の人格者と評した人もいる。彼は世界各国の建築条例をながい時間をかけて三十数種も取り寄せ、各国語のものを翻訳して前田松韻・大江新太郎（ともに明治三十七年東大卒）にとりまとめさせた。さらにそれを成文化する作業を実行したのが内田祥三と笠原敏郎の二人の同級生であった。曽禰はたとえば建築物の高さ制限をきめるにしても、諸外国の都市の例、日本の諸都市のもっとも高い建物は、東京ではどうか、などすべてのデータを揃えるという慎重さだったが、こうした性分は内田に多大の感化をおよぼしたようである。

やがて大正七年には建築学会は関西建築協会・日本建築士会・都市協会などを糾合して「建築条例実施に関する調査会」を設け、議会や政府に対して猛運動を展開し、ついに内務省に「都市計画調査委員会」を設置せしめ、立法準備が着々と進行した。そうしてついに大正八年四月に「市街地建築物法」と「都市計画法」が議会で可決成立したのである。翌年には内務省に都市計画課がおかれ、警視庁にも建築課がおかれたのもこのころと思う。都市計画関係分野に建築家を送りこみ、都市計画のデザインであることを主張した第一人者は佐野利器であるが、彼は面倒な人事問題などが起こるとサッサと辞めてしまうので、そのあと始末がたいへんである。佐野はアイディア・マンであって、それをじっくり着実に育てるのはむしろ内田に向いている。佐野が飛びだしたあとの東大建築科を再編成し、野田俊彦を内務省に、さらに警視庁に送りこんだところなど、内田の現実主義者としての頭脳の、なみなみならぬ働きを示している。大ボスとしての彼の支配体制は、こうして着実に築かれた。

内田はわが国の都市計画についての熱心な開拓者のひとりである。高山英華・丹下健三、それに彼の長男で終戦直後若くして亡くなった内田祥文などは、その学燈を受けついだ建築家といえよう。内田は「都市計画法」の案文作成に笠原敏郎とともに熱心に働いた。今日とくに彼が誇りに思っているのは、その〃用途地域制〃の設定にあるようだ。これは彼が中心になって作成したもので、当時ニューヨークとドイツに実際例が見られるだけのものだった。ドイツは工業中心主義で、工場地域に住宅その他の余分な建築の介在するのを禁じ、ニューヨークはこれと反対に住宅環境の保全中心で、その環境を守るため工場建築その他の介入するのを禁じていた。内田は日本はどうするかでいろいろ考えたあげく、その中間をとることにした。工場地域にはどんな建物が入るのも勝手だ。住居地域にも小規模の生産施設（彼が当時よく啓蒙に使った例は、豆腐屋の豆絞り機械）の介入を許すというものであった。この日本の用途地域制は、後年イギリスが制定したのを見ると、だいぶ参考にされているらしいと、彼は満足気な表情であった。

「市街地建築物法」「都市計画法」の二法は、戦後昭和二十五年に「建築基準法」が制定されるまで、日本の建築を法的に規定する基本法であった。いわば〃建築の昭和史〃を貫く太い線であった。内田祥三は、その法とともにこの歴史を歩んだ巨人である。彼は、あるいは、この二法の番人だったかもしれない。〃憲法の番人〃というような言葉と同じ意味においてである。批判・非難攻撃を受けるのもまたしかたがなかった。分離派の石本喜久治（一八九四―一九六三、大正九年東大卒）が、大正十三年〃市街地建築物法への抗議案として〃と題して発表した高層建築計画案（「分離派建築会作品集第Ⅲ」、一九二四年）は、その三年ほど前にミース・ファン・デル・ローエが発表した例の有名な〃鉄とガラスの摩天楼〃計画にあまりにも似すぎてはいるが、恩師への若い抵抗として注目されるものである。しかしこうした抵抗の存在しうることこそ貴重であろう。ともあれ、いわゆる〃高さ制限〃の廃止された今日、内田の胸中を去来する感慨はどんなものであろうか。

東大の建築・営繕課

東大の建築群は、建築家内田祥三の誇りである。彼はここで東大構内の建築と庭園計画を畢生の事業として遂行し、同時にその建築学科を守り育て、営繕課において多くの俊秀の実地教育を徹底的に実施した。建築と人づくりとを文字どおり自分のつくり上げた教場で行なったのである。東大の虫となった彼は、満州・中国の一部を除いてこれまで一度も海外にでかけたことがない。それほどいそがしく、また息抜きするときがなかったのである。三菱建築所での苦しいしかも貴重な体験をもって大学に戻った内田は、大正八年工学部二号館の設計をまかせられた。当時東大には営繕課があったが、工学部の建物であり、建築学科があるからというので塚本靖が引き受け、現場の経験があるからというので内田にまかせたものである。現在安田講堂の隣りのチョコレート色のタイルを貼った建物である。当時内田は助教授。うるさい教授連を相手に間取りの交渉からプラン、エレベーションをみずからやった。大学院学生の堀越三郎（大正二年卒）らが手伝ったという。当時東大構内にはコンドルや辰野金吾の設計した建物が多くあり、それとの調和を考えて構造は鉄筋コンクリート、様式はゴシックを採用したという。国産スチール・サッシュを用いたのも注目される。この建物は大正十三年に竣工した。

それに引きつづいてはじまったのがいわゆる安田講堂（大講堂）である。これは前にもふれたように安田善次郎の寄付百万円で計画がはじめられたもので、やはり塚本が引き受け内田に渡したものである。このプランは敷地条件に制約されて当時音響効果がきわめて悪いので評判だった同じ東大の八角講堂に似たものになってしまった。もちろん建築音響学はまだ芽もだしていなかった。しかし理学部の中村清二教授に相談相手になってもらって、どうやら満足のゆくものにしたといわれる。こうした他学部・他学科の権威者の知恵を借りることのできるのは、大学営繕の強みである。営繕課におけるこのような経験が、弟子に新しい研究分野へ飛びこませていった内田の指導方針に大きな影響を与えただろう。この工事は、途中で関東大地震に遭遇し、材料その他約二十万円の損害を生じ、その分をまた安田家が寄付して総工費一二〇万円で大正十四年に竣工した。

大正十二年七月、安田講堂の工事途中、震災直前に内田は東大営繕課長事務取扱いを兼任することになった。当時の古在総長のたっての依頼であったが、内田もまた予算の範囲内における業者の選定、契約等についていっさいをまかせてもらいたい、という引き受けの条件をだした。また設計その他について直接総長のもとへ申しでる者があってもいっさい受けつけないでほしい、すべて私のところへ廻してもらいたい、という大学における営繕問題のもっともやっかいな点に釘をうつことも忘れなかった。一国一城の主の多い大学では、とくに困難な問題なのである。したがって、彼は、きわめて横暴な営繕課長として非難されたこともあったが、東大の建築全部が自分の責任だという固い決心でおし通した。関東大地震で構内のほとんどの建物が破壊されたから、彼はその復興に半生をささげるつもりでいた。この決意の強さが彼の行動を支えたのであろう。

営繕課には内田の下に、一時は二十名以上の学士建築家がいたという。三菱で経験した内田の建築教育論が実践された教場とみてよいだろう。清水幸重（大正三年卒）・柘植芳男（大正十四年卒）・土岐達人（同）・渡辺要（同）・小野薫（同）らがいたし、建築教室の岸田日出刀（大正十一年卒）・武藤清（大正十四年卒）・浜田稔（同）・平山嵩（大正十五年卒）らも、ことに応じて動員された。大学を卒業してはやる若駒の手綱をひきしめた内田のインターン教育によって、日本の建築学はかなり多くの部分を、この営繕課の教場に源流をおいたと見られる。たとえば、図書館（大正十四年―昭和三年）の設計に当った渡辺要が、その照明や音響あるいは暖房などの設計にほとんど頼るべき理論のないのになやんだ経験をもとにして、やがて『計画原論』の体系を創設したことは有名である。〃地震があったら建物の中に入れ、東大の建物はさかさにしてもつぶれない〟と私が本郷にいたころ冗談まじりに先輩からいわれたことがある。安田講堂・図書館（総合図書館）を代表とする今日の東大構内の建築の大部分は内田のもとに設計されたもので、代表的な鉄骨・鉄筋コンクリート構造である。スチール・サッシュ、スチール・ドア、その金具などおどろくほど頑丈で、工事のやかましさが偲ばれる。昔から東大の建築というと〝泣く子も黙る〟と施工業者仲間に定評があった。しかし内田は、これまでの東大営繕が官学の奇妙な思い上がりから、頑迷な工事監理をしてかえって不要なところに金をかけていたのに強い批判を抱いていた。現場をよく知らねば建築の教育はできないという内田は、また現場がわかりすぎるのも進歩がないと考えるのであった。営繕課に西も東もわからぬ若い弟子たちを擁したのもそのためである。〝ピストルを懐中にしのばせていないとつとまらない〟といわれた東大の現場管理が、にわかに若がえり、近代化したのである。

同じような建物を建てるにも、設計のしかたいかんで非常にやりやすくもなるし、やたらにむずかしくもなる。よい設計はかならず施工しやすいものであると内田は昔から信じていた。また外装タイルにしても色が違っているからいかんというのは、大学のような建築ではバカげた意見だ。色が変っていたほうがかえっておもしろい。表面に凹凸の筋のあるタイルなら細い影で濃淡ができるから色違いも多少の目地の不揃いも気にならんだろう、という考えで工学部の二号館や安田講堂の外装をし、さらに震災後は、あの東大特有の淡褐色のスクラッチ・タイルを用いたのである。煉瓦造においてはじめて必要な破れ目地も鉄骨・鉄筋コンクリートの外装には意味がないとして芋目地を使わせることにもした。合理主義者の面目が躍如としている。

彼は東大の建築の個々のデザインに対する批判は甘んじて受ける。しかしこの統一した建築群の構成はほかにあまり例がないもので、自信をもっていると語ったことがある。たしかに東大の建築群の構成はみごとなものである。

五月祭のころの深い緑の大学、黄金色に輝く秋の大学、ゴシック様式の建築に対応して網のように枝をはった公孫樹の立ちならぶ冬の大学。とくに東大の庭園計画はみごとである。彼は建築費の一部をいつも敷地の整備費に天引きして、けっして建築費に使わなかった。多くの場合こんな費目があればやがて建築費に流用されてしまうのだが、内田はガンとして許さなかった。またそれだけの権威をもっていたのであろう。東大図書館前の美しい敷石や噴水、あるいはパーゴラなどは、こうして捻りだした経費によるものである。

よそ目には頑固であり横暴でさえあったかもしれない。しかし内田でなければこの東大計画は実現しなかったであろう。こうした総合的な計画は、やはり都市計画に早くから強い関心を抱いていた内田の性格に通ずるものがあったと考えられる。〃建築の昭和史〃を貫く重要な成果である。

すぐれた研究組織者

昭和四年佐野がとびだして、一時は〃つぶれるかと思った〃東大建築学科を再建した内田は、すぐれた教師であるとともに、また抜群の研究組織者でもあった。とくに東大を中心にして彼が組織した建築物防火の研究は、単体の建築の火災性状の実験的研究から出発して、やがて都市の防火、さらに防空、偽装、耐弾構造、地下工場建設の研究などに発展したものである。第二次大戦へ突入していった昭和戦前の建築学の歴史に太い流れを形成するものであった。佐野利器が地震というわが国の大きな災害に注目してその研究をスタートさせたとすれば、内田はそれよりさらに普遍的な火事に目をつけたのである。〃地震の佐野、火事の内田〃というわけである。彼らがそれぞれ近代日本建築界の大ボスであって、しかもこうした日本的な重要なテーマにとりくみ、またきわめて工学的なアプローチをしたということは、日本の建築学の一種の特質を形成する大きな原因となったようである。それはまた日本の建築家の社会的機能、その職能にも重大なかかわり合いをもっているはずである。大正十四年に日本建築士会が「建築士法案」を作成して、建築界の代表的な人びとにその賛否を問うたとき、佐野も反対したが、内田もまたはっきりと否定している。「御送付の如き案にて今俄に建築士法の成立を期することには不賛成に御座候」。彼は多くを書いていない。権利の主張のみ強くて義務の規定が弱いのが、責任感おう盛な彼の気質に合わなかったようだ。佐野も内田も〝造家〟の時代の気質を強くひいている。いい意味での工学者の考え方であり、「建築士法案」推進の中心となっていた中条精一郎や長野宇平治のスマートな英国型紳士と対照的なものがある。その息子の故内田祥文や、いま東大のハリキリ助教授である内田祥哉の才能を思い合わせるまでもなく、内田祥三の芸術家的感覚は鋭いものがある。そうでなければ、あの東大計画はもっと違った形になったはずだ。しかし彼は教育者・研究組織者でなければならなかった。その行き方、その思想におのずから在野のアーキテクトと違ったものがなければならなかった。彼もまた骨太い明治の生き残りである。

それはともかく、内田祥三の火災研究は、「建築条例案」作成のときに端を発している。曽禰達蔵・中村達太郎のもとでその案を作成していた内田は、その中に防火に関する規定をどうしても入れなければならないと考えたが、当時の日本には参考になるものがなにもなかった。地震以上に火事の実態は把握されていなかったのである。明らかに材料も構造法も違う外国の例を用いて辻褄を合わせるより手はなかった。さらに「市街地建築物法施行規則」にかなり詳細な防火規程を入れねばならなかったがこれも外国の事例を基にやる以外にしかたがなかった。万事に慎重で物事をゆるがせにしない内田としては、まったく不本意なことだったろう。どうしても日本で日本の構造(木造)について火災実験をやらねばならぬと覚悟をきめた。

「市街地建築物法」の主務官庁は内務省だから、内務省で実験予算をとるのが当然だったが、ついに実現せず、関東大震災を迎えた。そうしてこの直後に東大に耐火試験炉を設置するのが認められたのである。当時内田は東大の震災復興に眼の回るようにいそがしかったので、講師の吉田（旧姓伊予田）貢に腹案を示して担当させることにした。重油燃焼炉で「市街地建築物法施行規則」に規定してある耐火・防火構造の効果を測定するのである。まったく順序があべこべだったがしかたがない。テスト・ピースの作成その他で実験費が足りず、佐野利器のあとをうけて復興院の建築部長をしていた笠原敏郎（内田と同級）に頼んで、金と人とをだしてもらった。いま日建の会長をしている尾崎久助（大正九年東大卒）がきて、吉田と共同して多くの実験をした。こうして耐火あるいは防火構造の材料的な性能は明らかになったが、実際の火事の場合、とくに日本の木造建築の火事のとき、どれほどの温度に達し、その温度が時間的にどう変化するかを知る必要に迫られた。

木造実物家屋の火災実験の構想が内田の胸中に育っていった。大規模な実験である。細かい机上の実験に馴れた人には不向きである。彼が白羽の矢を立てたのが当時控えの助教授だった浜田稔（大正十四年卒）だった。また実験家屋は東大復興計画が進むにしたがって不要になった木造建築を工面した。昭和八年の夏休みを利用して東大の運動場で第一回の実験が行なわれた。警察や消防も実験そのものには賛成だったが、放火罪になりはしないか、それもあらかじめ計画して行なうのだからなお悪いという笑い話のような見解もあって苦心したという。この実験には当時の東大建築学科の教・職員が総動員された。岸田日出刀も建築史の藤島亥治郎も馴れぬ手つきでデータ記入をさせられたという。まさに内田一家である。

実験は翌年も行なわれ、さらに同潤会の鉄筋コンクリート・アパートも実験に供された。こうして浜田稔や防空研究所が〝放火〟した家屋は昭和八年から十八年にかけて、全国三十都市一五〇棟以上にのぼったといわれる。こうした中で育った研究者、いわば内田の孫弟子で私がよく知っている人では、碓井憲一（昭和十四年卒）や大成建設に行った田中一彦（昭和十七年卒）がいる。内田祥文を中心としてできあがった「簡易防火木造建築」も、その後のいわゆる〃木造モルタル塗り〃を決定的にしたもので、日本の建築技術史上見のがすことのできない成果であろう。

防火の実験は当時ますます険悪になってきた政治・軍事の事情を反映して、単体建築の防火から都市の防火へ、そして都市防空にダイレクトにつながっていった。昭和十一年十二月には内田祥三を委員長として田辺平学（大正十一年卒）・藤田金一郎（大正十五年卒）を幹事とする「都市防空に関する委員会」が建築学会に設けられた。明治以来の日本の建築学の成果を結集したともみられる国会議事堂の竣工した年である。翌年四月には「防空法」が公布された。内田を頂点として防火からはじまった研究体制は、急速に戦時研究へ展開していった。防火・防空・消防が浜田稔・碓井憲一・田中一彦らによって推進され、迷彩と偽装の研究が星野昌一（昭和六年卒）によってはじめられたのは昭和十三年である。火事より爆弾が恐くなった。同じころ武藤清と梅村魁（昭和十六年卒）による耐弾構造の研究もはじめられた。これは逆にもっとも有効な爆弾の形を決定するに役立ってしまったという笑えぬエピソードもある。さらに戦局が破局に突入していくにしたがって建物は地下にもぐらねばならなくなった。小野薫（大正十五年卒）や坪井善勝（昭和七年卒）には地下工場の研究が与えられ、その工場内部や防護室内の室内気候の研究に平山嵩（大正十五年卒）や渡辺要らが動員された。燃えるもののなくなった浜田や田中らはセメント代用土の研究もはじめた。

彼らはみんな東大建築学科や昭和十七年に開校した東大第二工学部の教授や助教授たちであった。内田を頂点とする巨大なピラミッドである。もっとも戦争に関係の少なかった建築史の太田博太郎（昭和十年卒）は中国戦線に転戦し、工兵一等兵関野克（昭和八年卒）は松代大本営の穴掘りをしていた。都市計画の高山英華（昭和九年卒）

も軍服を着ていた。千葉の第二工学部の芋畑の中に放りだされていた私たち学生は、草原に寝ころんでB-29の飛行機雲に見とれていた。青い空が美しかった。こうした中で内田祥三は昭和十八年東京帝国大学総長に選ばれたのである。私など総長内田祥三の顔を見たこともなかった。〃建築の昭和史〃はその第一部の幕切れに近づいた。

東大を守る

ただ一言でいえば、内田祥三は終始一貫東大建築学科に、さらに東大そのものに命をかけて働きぬいてきた人である。昔の武将が常住座臥、常に死を覚悟して振舞ってきたのと同じ心境ではなかっただろうか。東大の建築群もつくったし、また豊富な人材も育てた。東大に生き、またおそらく東大に死ぬ人であろう。まだカクシャクたる彼である。こんないい方は失礼だが、彼の骨はその構内の大公孫樹の根もとに埋められるべきである。

終戦の年、昭和二十年の春ごろ宮城および帝都を守るために帝都防衛司令部というものができるようになり、その司令部として東大を使いたいという強硬な申し込みがあったが、総長の彼は断乎として断った。〃本学こそわれわれの死所である〃と彼は答えたという。まさにそのとおりであっただろう。また終戦の直後、九月初旬には米軍がマッカーサー司令部として東大の接収を要求してきた。内田は法学部長南原繁らとともに奔走してついにことなきを得た。文部大臣前田多門の協力も大きかった。彼が接収撤回の通知を正式に受けたのは九月十一日の朝であった。ところが約十日おいて今度は米第八軍司令部として接収したいという申し込みがあった。これは米軍内部での連絡不備によるものであったが、いずれにしても当時の情勢の中で東大のキャンパスを守り通すにはなみなみならぬ覚悟が必要だっただろう。

東大第二工学部が千葉市に開学したのは昭和十七年四月である。内田の前任平賀総長の時代である。高級技術者養成の国家的な要望に応えたものであった。はじめ政府が第二工学部設置の議を国会に提出したが、成立しなかった。しかし海軍は復活の意を表し、ついに追加予算をもって開設することになったのである。十学科四二〇名の学生が入学した。建築学教室の開設には内田祥三が全面的に力をそそぎ、満州から小野薫をよびよせて初代の教室主任とし、渡辺要、星野昌一、坪井善勝、高山英華、関野克、勝田高司、田中一彦らを主力に、本郷から浜田稔も出講した。また丹下とならんでコンペの天才といわれた内田祥文（日大出身）も製図をみていた。〃小野君は学生の面倒をみるのが好きだから学校の先生にした。しかしどうも大学への出勤率はよくなかったようだね。これは失敗かな、と思ったことがある。それに反して星野君にも見込み違いをした。星野君は頭がいいから学校などあまりでなくても、研究者として勉強してもらえばよいと思ったが、案に相違して彼がいちばんよく教室へでていたようだね〃と内田はにが笑いをしていた。われわれの出席をとったのはたしかに星野昌一ただひとりだった。それはまちがいないが、小野についての感想はどうだろう。本家の大オジ（内田）にあまりおぼえのよくなかったはずの前川国男もときどき千葉まで足を運んでくれた。新制作派の石川滋彦も自在画の教師として熱心に通ってきたが、われわれはあまり画かなかった。いっしょに展覧会を見に行ったり、スケッチ旅行に名をかりたハイキングをした記憶だけが残っている。前川国男の事務所に籍をおいて、奥さんのミホ女史と北海道に疎開し、北海道独立論などを研究していた浜口隆一が「ヒューマニズムの建築」の草稿をひっさげて第二工学部に姿をあらわしたのは、もちろん終戦後だった。やがて池辺陽の特異な風貌も見られるようになった。神代雄一郎・阿部公正・河合正一・徳永勇雄・温品鳳治らの最初の卒業生は、昭和十九年安田講堂で、内田祥三総長から卒業証書をもらった組である。つづいて第二回の伊藤ていじ・長谷川房雄（東北大）・松岡春樹・宮崎俊二（名古屋工大・故人）・村井敬二（東京学芸大）・山本学治（芸大）らがでた。彼らは卒業後も教室にうろうろしている者が多く、われわれにはまことによき兄貴分であった。稲毛のアルコール工場からせしめたアルコールとさつま芋によるコンパがつづいた。発酵は急速に進んだ。エネルギーは蓄積されていった。

こうして〃建築の昭和史〃第Ⅱ部戦後篇が開幕するのである。

第二工学部の建築家群像

敗戦から昭和二十三年ベルリン封鎖に表面化した東西の冷たい対立にいたるまでの時期は、物質的にはどん底であったが〃バラ色の希望の時代〃でもあった。建築界においても民主化と近代化とが、素朴に少しの疑問もなく一致して考えられていた。

この時期に「イズム」としてもっとも強くあらわれたものは機能主義（ファンクショナリズム）であろう。虚飾を排して構造・材料・平面などの諸機能を合理的に設計することによってのみ正しい建築、美しい建築が得られるというのが、このころの機能主義の中心的な考え方である。倫理的なものと美的なものの一致である。こうした考え方は資本主義国と社会主義国との矛盾が、いわゆる冷戦として露呈する以前の民主化と近代化が一体として考えられていた時期においては素直な、必然的な考え方であった。古いもの、封建的なものに対する性急な闘争を開始していた建築家、とくに若い夢想的な世代の中に急速に広がってゆきやすかった。現実にはあまり建築も建たなかったので、その理論の非現実性が立証されることも少なかった。こうした「バラ色の時代」の機能主義をロマンチックに高唱したものが浜口隆一の「ヒューマニズムの建築」（昭和二十二年刊）であった。

さきにもふれたように浜口は関野によばれて北海道から千葉の第二工学部建築学科の講師として着任したのである。そうして彼がたずさえてきたのがこの本の草稿だった。第五回（昭和二十三年）卒業の私が関野と浜口を指導教官に建築技術史の卒業論文にとりかかっていたころである。教室に泊りこんで炊きあがった飯にバターをつっこんでいた浜口の気焔には当るべからざるものがあった。当時浜口は建築学会でその著書と同じようなテーマで講演をしたことがある。その前夜私を前にして実演してみせ、〃こんな具合でどうかね〃と心配そうにたずねた彼の表情は、意気軒昂たる時代だっただけに妙に印象に残っている。

独り暮らしの浜口をときどき晩さんに招いて栄養を補給していたのは復員して検見川（第二工学部の近く）に住んでいた関野克夫妻だった。天皇制の可否についての議論なども闘わされたらしい。その関野克も昭和二十二年十月「建築雑誌」に「登呂遺跡と建築史の反省」なる論文を発表して、生産に密着した建築技術史の必要を唱えていた。神代・河合・徳永・温品・松岡・山本らをはじめ三回生の有田和夫・伊藤要太郎、四回生の大高正人・河原一郎・佐々波秀彦・古川修・増沢洵、がんらい四回生だが私たちをとびこして六回卒業生になってしまった宮内嘉久らとまだ学生だった嶺岸泰夫・吉田秀雄や私たち（五回生）をまじえた関野・浜口共催のゼミナールは活気に溢れていた。私は卒業論文を書き終えると大学院に残って建築技術史の勉強をさせられることになった。翌年昭和二十四年度から開始した新大学制度に伴って、第二工学部は東京大学附置生産技術研究所に切り替えられるのを読んだ関野の深謀によるものであろう。関野の部屋には病身の伊藤ていじと、あべこべに小柄だが頑張り屋の伊藤要太郎の両先輩がいた。前者は新しい統計学を駆使して民家調査をしていた。後者は名古屋の伊藤平左衛門家の嫡男らしく木割・規矩の研究をしていた。関野をたすけて登呂の復原家屋をつくりあげたのも伊藤要太郎である。私は怠惰な大学院生だった。論文らしいものはなにも書かなかった。研究室の将来を託していたらしい関野にはずいぶん気をもませたことだろう。ただ技術史・科学史関係の本を濫読していた。相川春喜の「現代技術論」の印象がとくに強かった。小倉金之助・岡邦雄・三枝博音・加茂儀一・矢島祐利・湯浅光朝らの日本科学史学会の研究会への出席率のほうが、建築学会のそれより高かった。〃若いうちから学会でウロチョロする奴はロクなものになれんぞ〃といった小野薫の言葉を体したわけでもなかったが……。私のあとに飯田喜四郎（名古屋大学）・桐敷真次郎（都立大学）・堀内清治（熊本大学）らのすぐれた建築史研究者が入ってきた。桐敷と堀内は本郷で藤島亥治郎や太田博太郎の薫淘も受けた。

浜口と教室でいちばん派手に議論をしていたのは池辺陽だった。二人は間もなく助教授になったが、池辺の研究室には吉田秀雄と嶺岸泰夫が残った。有田和夫の卒業設計を手伝わされた私の卒業設計を手伝ってくれた大高正人と河原一郎はすでに前川国男の事務所へ行っていた。同級の伊東豪夫は鹿島建設へ、岩下秀男は大成に（現在法政大学、建設コンサルタント）、釣谷利夫は金沢を本拠に北陸方面で設計に活躍し、北代礼一郎は芦原義信としばらくいっしょに仕事をしていたが、やがて現代建築研究所を創設した。同じ年に芸大を卒業した橋本邦雄がそのチーフだった。まことにうるさい所員だっただろう。やがて嶺岸・吉田の去った池辺研究室にはその後中原暢子や佐々木宏らの顔が見えた。昭和二十四年第六回卒業生の中には高橋靗一・丹下健三のもとで静岡市体育館などを担当し、将来を属望されながら若くして死んだ小槻貫一が、第七回には光吉健次（九大）、八回には沖種郎・宮島春樹・前川事務所の足立光章、三年おいて昭和二十九年工学部分校と称したときの最後の卒業生の中には、大谷幸夫や沖種郎を助けて京都国際会館の実施設計に打ちこんでいる谷寛之、市浦健のところで都市再開発に活躍している富安秀雄・八巻朗らの顔が見える。風流人で芸術的天分に恵まれていた小野薫や、みずからアーキテクトと名乗る坪井善勝の構造関係からは、木村俊彦（七回、横山不学事務所）・青木繁（八回、法政大学）・山本和夫（織本構造設計研究所）らの異色ある構造家が巣立った。

バラックと深い草原の第二工学部建築出身の人びとを思いつくままにあげた。ともに〃建築の昭和史〃第Ⅱ部戦後篇に大写しで登場する人びとである。

戦後の〝バラ色の時代〟

〝バラ色の時代〟を特徴づける最大のものは建築運動のかたまりであった。敗戦の翌年二十一年には日本建築文化連盟・住文化協会・日本民主建築会の三団体が結成され、翌二十二年六月にはこれらが結集して新日本建築家集団（NAU）が結成された。これは一時七百名に近い会員を擁した日本の建築運動史上最大の団体であった。〝建築家の技術・芸術を人民と直結する〟ことをスローガンとしたが、会員の多いことは、またそれだけ連帯感のゆるい証左でもあった。ベルリン封鎖（二十三年）・中華人民共和国の成立（二十四年）・朝鮮戦争勃発とビル・ブーム（二十五年）と矢つぎばやに深刻な事態が発生してくると、〝バラ色〟の夢はにわかに醒めてしまった。

東京大学でもたとえば岸田日出刀もNAUの会員だったと記憶している。高山英華は会長であった。堀口捨己・山田守・山口文象・蔵田周忠らを招いてNAUの歴史部会は、かつての日本の近代建築運動の軌跡をふり返る講座を開いたこともあった。その熱心な幹事役は宮内嘉久であった。浜口隆一の「ヒューマニズムの建築」も、図師嘉彦らマルクス主義の立場の人びとから、機能主義をかかげる建築はタイハイ的な帝国主義のイデオロギー的表現としての「近代主義」にすぎないと規定され、その克服が論じられた。潜在していた内部矛盾が露呈し、戦線分裂がはっきりとあらわれてきた。機能主義に対する批判は、やがて単に機能に忠実だということでは美しい建築はつくれないとする人びとの側からも起こってきた。民主化――近代化――工業化の追求といった一本調子の行き方に対する伝統論の系譜に連なるものであった。もちろんこうした伝統主義的・唯美主義的な行き方に対する反撃も当然あった。テクニカル・アプローチ（技術的合理主義）を標ぼうするものである。日本の建築、とくにその生産技術的な後進性を痛感して、まずその推進を現代の建築家の任務だとするものである。機能主義のひとつのヴァリエーションともいえよう。戦後早くからプレモス（PREMOS、木造パネル式プレファブ）の試作をはじめていた前川国男の事務所員たち、すなわちミド（MIDO）の連中が、その旗手であった。日本相互銀行本店（昭和二十七年）などはその代表例である。

こうして機能主義に対する左・右からの攻撃がはじまったのは昭和二十三年の後半のころからで、やがてNAUは崩壊し、建築家たちはいそがしく仕事に立ち働くようになった。思想的な分裂や混乱も忘れたかのように。NAUはたしかに戦後の日本の建築家がかかった〝ハシカ〟だったかもしれない。しかし新時代へのスタートラインを調整することはできた。だが、反面では〝バラ色〟の大同団結主義が建築家の戦犯問題追求をウヤムヤにしてしまった。パージになった者以外は全部〝進歩派〟だったのである。しかもそのパージは建設業者からでたにすぎない（たとえば大成の会長だった武富英一ら）。建築の思想をもって立つ建築家は無傷だったのである。ありうべからざることだ。それほど安易な〝思想〟だったのだろうか。

戦前派の復活

その復活のもっともめざましかったのは戦前派、それもむしろ少数派だった人びとである。昭和二十二年いち早く新宿の闇市の真中に紀伊国屋を設計した前川国男が、そのトップだった。木造二階建てのいまからみればバラックだったが、その筋の通ったデザインは、われわれ学生を新しい時代のすばらしさに昂奮させた。佐野利器が東大をとびだす前年、すなわち昭和三年にその建築学科を卒業、その夜ただちにコルビュジエのもとにおもむき、昭和五年帰国した彼が、その年行なわれた東京帝室博物館のコンペの東洋趣味を基調とする募集要項に反逆して、師匠ゆずりのピロティをもつ近代様式の応募案をもって闘ったのは有名な話である。武田五一・佐藤功一・伊東忠太・塚本靖・北村耕三・内田祥三・岸田日出刀らが審査員に名を連ねていた。内田や岸田がその審査員団の中で、どう動いたかは、興味ある問題だ。その後のコンペにおける前川の目ざましい勝利と古い世代との闘いは特筆すべきものがあるが、すでに多くが語られているので中途半端にふれるのは止めよう。大正八年帝国ホテル建設のためライトの助手として来日したレイモンドは、翌年独立して日本に設計事務所を設けていたが、前川は昭和九年一時そこに身を寄せた。田中誠（昭和七年東大卒）や吉村順三（昭和六年芸大卒）・崎谷小三郎らがいた。しかし〃敵性国人〃レイモンドの事務所は、このころに至って圧迫されはじめ仕事がなくなってきた。昭和十年前川は田中と崎谷をつれて独立した。苦しいのは承知だった。

このもっともまっ当な抵抗をつづけていた輝かしい先輩前川のところに、昭和十三年東大卒の丹下健三がおしかけてきた。ここで丹下は岸記念体育館（昭和十五年）の仕事をして、十六年、大東亜戦勃発の年にふたたび東大にもどって大学院に入った。やがて翌年の「大東亜記念営造物計画」のコンペに一等入選、つづいて十八年にはバンコックの「日泰文化会館」コンペに前川を二位に押えてふたたび一等を獲得し、早くも鬼才をうたわれるようになった。そうして戦後ある意味で前川の最大の強敵となったのである。丹下と同級の浜口隆一は岸田日出刀のもとに残ってルネサンス建築論を学んでいたが、彼もまた前川の事務所の客員的な資格で顔をあらわすようになった。そして北海道へ疎開し、さらに戦後第二工学部へ招かれたことはすでに述べた。丹下・浜口らの東大十三年組にはすぐれたデザイナーになった人物が多かった。東大建築学科の卒業設計の優秀者に贈られる辰野賞を丹下・浜口と並んで受けたもうひとりは大江宏だった。明治神宮宝物殿や神田明神を設計した内務省の建築家大江新太郎（一八七九—一九三五、明治三十七年東大卒）の息子だから血筋はよかった。しかし彼は文部省宗務局保存課に勤めてノンビリ神武天皇の聖蹟巡りなどをして、やがて兵隊にとられてしまった。ほかに先年亡くなった入江雄太郎、電々公社にいた佐藤亮、住宅公団の本城和彦などがいた。柴岡亥佐雄・薬師寺厚、軽井沢派の詩人として有名な故立原道造らは彼らの一年先輩。生田勉・吉武泰水らは一年後輩である。

わき道にそれたが、前川の戦後の堂々たる登場ぶりはみごとだった。設計組織としてワンマン・コントロールのきく限界はせいぜい三十人までだとする前川の事務所へ、手弁当下げてもと押しかけたわれわれの同世代は多かった。大高正人・河原一郎ら第二工学部出身者を戦後入所組の最初として俊秀がひしめいた。彼らは五期会でももっとも強力なグループだった。大高は二、三年前に独立した。

藤村記念堂（昭和二十三年）で、これまた復活した谷口吉郎も、前川と同じで市浦健や横山不学らと同級の昭和三年組、彼らの中でもとくに芸術的才能に秀でて仲間から尊敬されていたという。金沢の九谷焼のカマ元の名家の生まれらしくおだやかだが、つきつめて物を考える芸術的趣味の豊かな、文章のうまい学生だった。大学院にしばらくいて東京工業大学の建築科に迎えられた。そうして新進気鋭の建築家・建築学者として否応なしに頭角をあらわすようになった。処女作東京工大の水力実験室や慶応の日吉の寄宿舎などで、戦前すでにその名は高かった。昭和十三年恩師伊東忠太が設計した日本大使館の監督のためにベルリンへ渡った。日本へ帰ったときは太平洋戦争もふかく進み建築を建てることなどまったくできなかった。浜口隆一はその著『現代デザインをになう人々』の中で、谷口の帰国を「合理主義・国際主義、そして近代建築といった前進的な態度は、すっかり消えさっていった。伝統と風土のことに、ふかく沈潜し、むしろ後を向くことにひかれる心をもって、谷口はヨーロッパから帰ってくる」といっている。彼の東京工大に迎えられた清家清（昭和十六年芸大卒）の伝統と近代とを美しく調和させた一連の住宅は、戦後の住宅史を飾るものである。さらにその「ムダな空間」を主張する住宅をもって最近とくに頭角をあらわしてきた篠原一男もここで図画の講座をうけもっている。彼は東京物理学校数学科を卒業後、東北大学理学部数学科に学び、東京医科歯科大学予科の数学の助教授になったが、その職をあっさり棒にふって昭和二十五年東京工大に入学し建築を一年生からやりはじめた男である。清家清・篠原一男とも谷口とどのていどの交流があるかしらない。しかしなにか奥深いところの伝統的なもので共通するところがあるようだ。

坂倉準三は昭和二十五年鎌倉近代美術館で、戦後派にその実力を認識させた。昭和十一年パリ万国博日本館の伝統と近代の調和した名作を改めて想いうかべた人も多かっただろう。彼は東大文学部美術史学科の出身である。建築にあこがれ中村順平の塾にかよって建築製図を習い、昭和五年パリに出かけコルビュジエのアトリエに学んだ。そこには前川国男がいた。坂倉は昭和十一年にいったん帰国、再度渡仏しパリ博日本館の好評を土産に帰国したが、谷口吉郎と同様すでに仕事はなかった。こうしたことにひきかえて、とにかく戦後の登場ぶりはすばらしかった。

「終戦直後、日本に飛んできて焼野原のまちを見たときには、私は妻といっしょに泣きました。本当に泣きました」とレイモンドは浜口隆一に語ったという。ボヘミヤ生まれの建築家でライトにしたがって来日し、大正九年独立して設計事務所を開いたアントニン・レイモンドは、いつまでたっても日本文字を読もうとしない。したがって書かない。だからその作品が、戦後においても日本の近代建築におよぼした影響がじつに大きいにもかかわらず、その人間像や物の考え方はあまりよく知られていない。建築家を知るには建築を見よ、というが、それはあくまで一般論にすぎないのである。戦前の彼の事務所には、さきにもふれたように前川国男・田中誠らが身を寄せていたが、とくにながく修業していたのは吉村順三（昭和六年芸大卒）であった。吉村は国際情勢がひっ迫してついにアメリカへ引きあげたレイモンドに従って渡米、昭和十六年に日米開戦とともにやっと交換船で帰ってきたほどである。この年から独立して事務所をはじめた。しかし仕事らしいものはすでになかった。今日インテリヤと家具のデザイナーとして第一線に活躍している松村勝男は、このころ吉村のもとに弟子入りしたのである。レイモンドの戦後の作品で建築界をわかせたものは、昭和二十六年のリーダーズ・ダイジェスト東京支社の建物であろう。これと翌二十七年のアメリカ大使館アパート（ペリー・ハウス）は、その後日本の建築家が用いた鉄筋コンクリートのデザイン手法のほとんどすべてを体現していると激賞する人もいる。その実力を圧倒的に示した復活組（再現組というべきか）の第一人者である。第二工学部で大高と同級だった増沢洵がそのアトリエに入ったのも、このころである。増沢は卒業後鹿島建設に入社。その設計部で天野太郎（現、芸大教授）や樋口清（現、東大教養学部助教授）に会っている。独立したのは昭和三十一年である。

そのほか八勝館御幸間（昭和二十五年）の堀口捨己や吉田五十八など前川や谷口・坂倉・吉村らよりさらに一世代前の人びとの仕事もめざましく再開された。終戦後、宝塚の静かな住まいに引きこもって、しばし建築設計から離れて晴耕雨読、自己の魂をとりもどすために沈潜していた村野藤吾は、当時の騒々しい建築運動とは、もちろん無縁だった。われわれはその存在すら忘れていた。しかし昭和二十四年には戦前から最古参の森忠一（京大昭和六年卒）がパートナー（協力者）に昇格して村野・森建築事務所として活動を開始した。しかし最初のテンポは遅かったようである。広島カソリック聖堂（昭和二十八年）が、われわれを驚かせた最初のものだったと記憶している。もちろんその後に、油がのるにしたがって戦前よりいっそうの急テンポで問題作を発表してきたのは、よく知られているところである。

戦後逓信省を退いて事務所をはじめた山田守や同じ分離派の石本喜久治らの活躍もみられるようになった。アメリカで建築を学んだ強みを遺憾なく発揮して混乱した占領時代に日本にアーキテクトありと大いに気を吐いた松田軍平や西村好時・前田健二郎・石原信之らは戦前中条精一郎や長野宇平治を中心として「建築士法」の制定に力をそそいだ日本建築士会のメンバーたちであった。先輩の遺志を体した彼らと、戦前はこうした動きにあまり関心をもっていなかったようにみえる前川・坂倉・市浦らによって事務所会員制の設計監理協会がつくられ、やがてU・I・A（国際建築家連合）加盟を機に昭和三十一年日本建築家協会へと脱皮したのである。前川や坂倉らよりさらに一世代若い芦原義信・大江宏・柴岡亥佐雄・野生司義章、関西の佐野正一・徳永正三らが参加してその中堅層を構成するようになった。最初の会長は松田軍平で、前川・村野と引きつがれ、現在は坂倉準三がその職にある。

〝例の会〟の人びと

前川・坂倉・谷口ら、さきにあげた人びとの戦後の再出発ぶりはまことにみごとだったが、やはり戦後の建築界でもっともはなやかなスターたちは、彼らの次の世代、すなわち東大出身者に例をとれば丹下健三・大江宏・芦原義信・池辺陽ら、早大では武基雄・吉阪隆正らであった。昭和三十年ごろだいたい三十台の後半から四十台の前半の年齢に達していた人びとである。もちろん昭和二十四年の広島平和記念公園および記念館のコンペに浅田孝・大谷幸夫らの協力のもとに一等当選して丹下時代の到来を予測させた丹下健三のように、戦前すでにその名を知られた〝早熟児〟もいたが、多くは戦後に建築家としてスタートした人たちであった。NAUを崩壊させた東西の冷戦激化とか、朝鮮戦争あるいは日米講和条約締結（二十六年）といった一連の国際情勢の推移のうちに、やがてそれなりに資本主義陣営の枠の中で落着き、〝繁栄〟をはじめたこの国の社会・経済が、彼らをスターの座に押しあげていった。その最右翼にあった丹下の東大における研究室には、浅田孝・大谷幸夫をはじめ、丹下にあこがれた神谷宏治・小槻貫一・沖種郎・光吉健次・長島正充・阿久井喜幸・磯崎新・西原清之・荘司孝衛・茂木計一郎・吉川健・渡辺定夫等々の事務所員や大学院学生が集まっていた。神谷と同期の槇文彦もいたが、わずか三ヵ月で渡米した。

丹下たちの世代は〃例の会〃をつくって交流していた。昭和二十八年十一月に発表され、その建築設計の著作権を無視した募集要項によって、大きな議論をよんだ国会図書館コンペ問題などにもみられたように、会員の情報交換・研究の会であっただろうが、若い世代には、なにかキラビヤカな社交機関のようにも見られていた。一方、NAUのあえない崩壊後、若い研究者・事務所員・官公庁技術者たちの間には、地についた研究団体がいくつか結成されるようになった。農村建築研究会（昭和二十五年）・LV（同）・火曜会（二十八年）をはじめ若い女性建築家の集まりのPODOKO（同）、今日でもNAUの伝統を地道に継承している関西の新建築家集団、大学院を終了して一時本郷の藤島亥治郎のもとにいた私が、川上秀光・磯崎新・奥平耕造・冷牟田純二・野々村宗逸らの若者たちとはじめていたゼミナールが成長した現代建築史研究会（同）などがあった。それらは昭和二十九年共通の組織として「建研連」（建築研究団体連絡会）を結成した。いま東大建築の吉武泰水の助教授になっている鈴木成文が熱心な組織者だった。NAUの昂揚した、しかし地につかなかった〃運動〃のはかなさを若い目で見た人びとの地味な集まりであった。一方、民間約二十の中・小建築設計事務所に働く人びとが互いにその労働条件や設計体制を検討するための「所懇」（建築事務所員懇談会）もあった。橋本邦雄らが熱心に運営していた。

こうした情勢を背景に昭和三十年の暮に「五期会」が結成された。「建研連」や「所懇」に属していた民間設計事務所員や大学研究室で設計に従事している人で合流する者も多かった。また建築史の研究者（稲垣栄三・村松）や雑誌編集者たちも加わった。終始その中心にあって、冷静・緻密に会を運営したのが大谷幸夫である。

五期会

「五期会」は《建築の領域を通じて民衆に対する責任を担ない、積極的な創造活動を展開するために》設計体制の変革を打ちだしていた。その根底には、大先生のもとでドラフトマンの仕事から修業して、やがてチーフになり、ころ合いを見計らってノレン分けしてもらって独立する、といったこれまでの先輩たちの建築家としての成長の仕方が、はたして今後ともつづけられるだろうか。またそうした徒弟奉公的な修業の仕方が、設計事務所内部にあって、ドラフトという仕事をいつまでも初心者のすること、デザインより一段格の低い仕事として蔑視する慣習をつくりあげてはいないだろうか。今日の建築設計にとってますます重要になってきたドラフトの仕事も、これではいつまでたっても進歩しないし、そのプロフェッションも確立しない。ひいては設計体制全体をゆがめ、所員の経済的な立場、人間関係にも大きなマイナスである。なんとかしよう、という考えがあった。

これは大正九年の分離派建築会以来、戦後のNAUに至るまでの日本の建築運動のほとんどすべてに欠けていた新しい視点であった。それらの運動の多くは自分の立脚する、自分の属する設計組織の内部の問題に全然目を向けることなく、ただ外部に向かってのみ深遠な建築芸術論を述べたり、建築の社会的意義を強調したりするだけだったからである。足が地についていなかった。連帯をよびかけながら、それぞれの人が自分の設計組織から足をはなし、孤立していたのである。

しかしこのまったく新しい、誇るべき視点もやはりボケてしまった。五期会の会員約六〇〇名のうち設計事務所員はその三分の二、三分の一は丹下研究室をはじめとする大学研究室の室員や研究者・編集者たちであった。その事務所員の間にも、たとえば小規模でもみずから所長であったり、チーフとして独立寸前の人も多かった。よりアーキテクトとしてものを考える人と、事務所員としてしかものが考えられない人、あるいはどういう段階に達しても事務所をでて独立するようなことがあってはならない、と決心しているものもいた。しかも彼らは外部からみれば〝青年将校の反乱〟と評されたごとく、なんといってもエリートであった。しかもそのほとんどは東京在住者であった。その上、官公庁や建設会社の設計組織に属する人はひとりも加盟していなかった（拒否したということはないが、入れないのが当然という空気はたしかにあった）。

委員会での議事や討議は、〃新建築問題〃（川添登編集長はじめ雑誌「新建築」の編集者全員が突如解雇された問題）・国立劇場コンペ問題・「五期会」成立直後に結成された日本建築家協会に会員の入会を認めるかどうか、などの、いわゆる〃アーキテクト〃らしい問題にふりまわされることが多かった。これは設計事務所内部にあって、そこに骨を埋める覚悟で設計条件を改革していこうと考えていた人びと（これは五期会の中でも、とくに若い人に多かった。五期会員の年齢は〃例の会〃より約十歳若く、二十代後半から三十台前半であった）にとって、まことに不満足なものであった。増沢洵・菊竹清訓らは早くから、大高正人もやがて顔をださなくなった。これはむしろ彼らがより〃例の会〃的なアーキテクトに近いからだと受けとられた。またこの反対に、外界の事象よりまず事務所内部の改革をと唱えて熱心に地味な活動をつづけていた人びとのうちには、たとえば市浦健の事務所に属していた富安秀雄がいた。彼は昭和三十二年十二月にはじめて発行された「五期会」の機関誌「設計・組織」第一号に、不信任文をたたきつけている。前委員が会誌創刊号に愛そづかしを書いているのだから前途は多難である（しかし富安はその後も誠実な活動をつづけた）。よく当時の事情を伝えているのでほぼ全文を掲出しよう。

「五期会」不信任

一、五期会の会員に民間の普通の事務所の所員が大変少なくてまずいと思っていること

五期会は、まずいろんな人が集まって会ができたわけですが、会としてはっきり発足した時は「しゅいしょ（趣意書……村松）」を作ってそれを目標にしたはずです。その中には 民間の事務所の 設計の環境を改善して、建築全

体の質をよくしてゆくことが、はっきり打ちだされていたわけです。

ところが集まってきた人は、民間の事務所といってもごく一部だし、研究室の人だとか、ジャーナリストだとかまああんまり関係のない人の方が多くなってしまって、その人たちが民間の事務所の問題をうんと教えてくれるのはいい事なわけですが、何んといっても職場が違うので、なかなかうまくゆかなかったと思うのです。これはやっぱり会員の構成が偏っている故だと思います。もし民間の人たちが大部分だったら、もっとこれら善意の人びとの努力が有効だったのでしょう。(略)

二、〝新建築問題〟に熱中するのは変です

こんな話の証拠として、新建築問題に対する五期会のやり方があげられると思います。五期会の会員が皆、委員会の発表どおりの意見だとは私は思ってはいませんが、とにかくえらくエネルギーを注ぎこんだのは事実のようです。やったこと自体は、きっといい事だと思うのです。私自身、何もできないなりに、何か手伝いたいと思っていたのですが、いやしくも民間のいろんな事務所のことを問題にしている五期会が、活動方針なんかさておいて、皆で新建築のことに熱中するのは変です。順序と、熱の入れ方にどうも怪しいところがどうしてもあると思います。大体人間は利益につれて動くのが多いから、五期会の人たちの中にはかなり新建築のおかげで助かる人がいるのでしょう。じゃなければ、ああは動かない。雑誌になんか一度も出ない事務所の人たちが大勢います。そんな人は五期会の中心部が一生懸命建築道(?)のために働いているのを正しく理解できるでしょうか。どうも方向がまずい。私は下手な事をして、つまらない成果をつみかさねるより、何もしない方がいい。何もしなくて漸くできかかった事務所の横の連絡機関としての機能を育てたい。とにかく五期会不信任です。嫌になりました。

一九五七・一一・一八　富安秀雄(市浦建築事務所・前委員)

こうして「五期会」は昭和三十五年七月の安保闘争三カ月前の四月には、その規約を〃凍結〃してしまった。その総会報告前文はこう述べている。

「宣言にもられた本来の主旨は引継がれるべきであるが、客観的条件と会員各自がもつ問題点の変化は、新らしい体制を要求している。建築家として実力を高めること、共通の障害を排除しうる連繫を作ること、のための会員相互の積極的な意見交換と、より自由な活動形態を期待し、次の事項を確認する。一、現在の規約は凍結する。(二以下略)」。

〃会員各自がもつ問題点の変化〃とは、彼らが、今まさにかつての〃例の会〃の世代に立ちいたったためだろうか。そういえば昨年行なわれた京都国際会館コンペの最優秀作品は「五期会」委員長大谷幸夫のものだった。彼に協働した沖種郎ももちろん熱心な会員であった。他の優秀作品三案のうち芦原義信だけが〃例の会〃、大高正人も菊竹清訓も「五期会」に籍をおいた建築家である。

大谷と沖は「設計連合」なる設計組織を構成している。「五期会」の地味な働き手だった谷寛之もここに属して国際会館の実施設計に活躍している。「連合設計社」を構成しているのは横山公男・栗原忠・嶺岸泰夫・吉田秀雄・小宮山雅夫・吉田桂二らで、既成の設計事務所の組織をとってはいない。その他「五期会」会員たちも、めいめいかならずその設計組織に創意と確信を示している。「五期会」五年の運動はけっして無駄ではなかった。かつて同じ宣言で結ばれた誇りと責任感とが、かならずなんらかの変革をその組織に示さざるをえないからである。

「五期会」の五期とは、東大の系譜についていえば辰野・佐野、内田・岸田・丹下につづく第五の世代の共感によって結ばれたことを意味する。〃六期〃もかつての〃五期〃の年齢に近づいた。〃語ることのない時代〃といわれる今日を、彼らはどうすごしているだろうか。

Ⅲ

京大山脈——武田五一と西山夘三

四人の教え子

辰野金吾を剛毅な古武士にたとえれば、武田五一は大正期のモダンボーイである。身長五尺八寸、洋服がよく似合い、毎朝ネクタイを選ぶに苦労したという。晩年には角帯の和服、〃白足袋のよく似合う先生だった〃と京大名誉教授、建築史の村田治郎（京大建築第一回、大正十二年卒業）は、恩師を追懐する〃絶対というニックネームを奉ったのも君だったな〃と楽しそうに語るのは、京都工芸繊維大学長の大倉三郎、大阪工業大学教授の元良勲、建築家の岡田孝男の三人である。大倉は村田と同期、元良は一年遅れて大正十三年の京大建築卒、岡田も同じ年輩だが、事情あって昭和四年の卒業、ともに武田五一の教え子であって、武田のいうことは〃絶対〃というほど憧れ、敬慕してきた人びとである。

京都を訪れて、この四人の方から武田五一についての話をうかがった。武田についてはかつて神代雄一郎がすぐれた人物評を書いている（『近代建築の黎明』美術出版社刊）。また私もすでに簡単な評伝を記したことがある（関西建築界の父・武田五一、室内一九六二年七月号）。その他、かなり多くの記録が武田について語っている。だから、なにを今さらと思えたが、武田五一を主峰とする京都の建築家山脈の全容を鳥瞰するには、やはり欠くことのできない作業であった。明治三十六年から大正七年までの十五年間の京都高等工芸学校教授時代。大正九年京都帝国大学建築学科創設以後、昭和七年停年退官にいたる約十二年間の京大時代。この間に武田は、建築界の京都山脈ともいうべき群像を育てあげた。そうして彼の停年直前、まったく異端の子西山夘三が京大に入学し、昭和八年に卒業したのである。したがって西山には、ほとんど武田五一の想い出はない。山容も岩盤もまったく変るが、しかし京都山脈の裾に新しく展開した山塊であることには間違いない。新しい読者のために、武田五一の経歴を簡単に紹介しよう。

武田五一の経歴

武田五一は明治五年十一月広島県福山市に生まれた。家系は備後阿部藩の家老という。第三高等学校を経て、明治三十年に東大（当時帝国大学）の造家学科を卒業。同級に関西建築設計界の大御所片岡安がいた。二年先輩には有名な建築史家の関野貞がおり、古建築の修理を通じての武田・関野および伊東忠太との交流は、東大と京大との人物交流に大きな寄与をしている。一年後輩には中条精一郎がいた。三十二年に大学院を退学、工科大学助教授となって図学を教えた。神戸大学名誉教授だった古宇田実や大熊喜邦・佐野利器、武田と並び称せられるプロフェッサー・アーキテクトで早大建築科の創始者佐藤功一などは、彼の講義を受けた人びとである。奈良県技師を経て京都府にきていて、やがて武田に迎えられて京大に入り、建築史を講じた天沼俊一（明治三十五年東大卒）も、また彼の教え子であった。

明治三十四年から三十六年にかけて英・独・仏に留学、留学中に京都高等工芸学校（現京都工芸繊維大学）教授に任ぜられた。大正七年まで図案科（ここには建築科はなかった。今は建築工芸学科）の教授として、若々しいムードと、カミソリのような鋭さで学生を指導する一方、京都工芸界の指導者として、ヨーロッパで体得してきたゼセッション、アールヌーボーなどの清新の気を地元に注入した。一方建築設計の面にもたくましい活躍を示した。京都府記念図書館（明治四十二年）・京都商品陳列所（四十三年）・京都商工会議所（大正四年）をはじめ公私の建築が多い。また大学院時代の宇治平等院や茶室建築史の研究を生かして、京都市技師を兼任し、鳳凰堂の修理保存工事にも当っている。のちに武田の関係した修理工事の、後を後をと担当したのが村田治郎である。

大正七年一時名古屋高等工業学校の校長に転出したが、約二年で新設の京都帝国大学建築学科教授に帰った。すでにその前年からその創設委員として活躍していたのである。佐野利器と並び称せられる鉄骨・鉄筋コンクリート工学の権威日比忠彦（がんらいは土木の人）が同僚として協力したが、日比は翌大正十年若くして死んだ。したがって武田は文字どおり京都大学建築学科の創設者であり、その中心人物だったのである。その教育・設計活動の両面においても、まさに京都山脈を形成する主峰となる人物である。

大正九年から昭和七年停年退職するまでの約十二年間の京大時代は、高等工芸時代の圭角稜々たる面影はなく、むしろやさしい、鋭い神経をもちながらものごとに拘泥しない磊落たる教師だったようである。おそらく円熟の境に達していたのであろう。京大では建築学第二講座、すなわち計画や製図を指導する一方、実際の建築設計にも依然として才腕を振った。その多くは弟子たちを協力者とするものであった。

昭和七年停年退職し、九年法隆寺国宝保存工事事務所所長を委嘱された。この工事は昭和二十九年暮に金堂の修復落慶供養が行なわれるまで約二十年をかけた大事業で、日本建築史の研究にとっても、文化財の保存修理技術にとっても、画期的な飛躍の契機になったものである。工事は武田の生前にはついに着手されなかったが、その基本方針を樹立し、科学的で、しかも古い技法を生かす修理方法の大綱を定めたのは武田で、その功績は高く評価されねばなるまい。

例のごとく京都から電車で郡山に至り、そこから自動車で法隆寺の修理事務所に向かっていた武田は、車中で発病、四日後の昭和十三年二月五日に逝去した。享年六十七。偉大な体軀・頑健そのものの彼の、突然の死は人びとを驚かせた。高血圧により心臓近くの動脈が破裂したのである。〝先生というよりは親父〟（元良勲）の感を抱いていた弟子たちは岡田孝男の奔走で祇王寺に供養塔を建てている。粋人武田にふさわしい地を選んだのである。

設計活動と彼を援けた建築家たち

京都山脈の主峰たる武田を語るには、まずその建築工芸における作家活動にふれねばならない。

彼の名を冠した作品は厖大な数に上る。その作品集（武田博士作品集、彼の還暦を記念して出版されたもの。昭和八年）を見ると、建築・公園街路施設・記念碑・橋梁意匠など一五六件（うち顧問で関与したもの一件）があげられ、他に計画案・工芸品のデザイン、紋章図案など多数があげられている。その多彩な活躍ぶりは目を見はらせるものがある。しかもこの作品集刊行後も約十件の主要建築を設計している。おそらく日本のプロフェッサー・アーキテクトで、彼の右に出る者はいないであろう。わずかに早大の佐藤功一がこれに迫るだけだろう。

まず住宅である。住宅は新家庭時代・子女教育時代・隠居時代と少なくとも三度は建て変えるべきだと主張していた彼は、みずからこれを実践して、独自の住宅論を展開していた。わが国にはじめてゼセッション様式を導入した東京六本木の福島邸（明治三十八年、これは彼が留学帰国後の第一作である）をはじめ、三十六件ほどの住宅が知られている。彼はまた、建築家は十年に一度は自分の家を建てかえてみずから体験すべきだともいい、大倉三郎に〃お前も家を建てろ〃と迫り、銀行から金を借りてくれて、とうとう建てさせてしまった。資産家の出らしい鷹揚さと、主張の激しさがうかがわれる。

在学がついながびいてしまって、三年も武田の自宅で設計を手伝っていた岡田孝男を大阪の三越に就職させたのも、やはり住宅建築への熱心な傾倒によるものだろう。当時三越の顧問をしていた武田は、百貨店は衣・食につづいて住を扱うべきだと主張して、大阪の三越に住宅の設計・施工をはじめさせ、その要員として岡田を送りこんだのである。クレームが出ても〃それならもって帰ります〃ということのできぬ住宅では、岡田も苦労した。こうした企画を実施したのはおそらく三越が最初にして最後であろう。戦争に向かって例の三十坪制限その他で事情が悪化し、昭和十六年には、この住宅部も閉鎖され、岡田は住宅営団（広島）へ、さらに戦後は昭和三十年まで特別調達庁にいて、現在に至ったのである。

公館・会館の類は約十五件（うち設計顧問として関与したもの五件）。さきにあげた京都府記念図書館や京都商品陳列所、あるいは京都商工会議所などがとくに印象強い。商品陳列所は鉄筋コンクリート造としてわが国最初のものである。日比忠彦が構造に当った。山口県庁および県会議事堂（大正五年）は、武田自身相当気に入ったものらしい。

学校・研究所では、京大建築教室など約二十四件。そのうち東方文化学院京都研究所（昭和五年）は、現京大人文科学研究所。かつてここを訪れた筆者は、その中庭の明るく澄んだ気品のある印象を忘れかねているが、これは考古学の浜田耕作がなにかと注文をつけ、武田の下で東畑謙三と棚橋諒が担当したと聞いている。また京大の本部（本館）は実際には藤井厚二が担当し、京大建築教室は、営繕課の設計のエレベーションを武田がまったく変更して画き直したものという。

その他銀行・会社・商店など主なものは約三十件。社寺十一件、博覧会場・公園・街路施設など約十件、記念碑・銅像台座など十六件。橋梁二十件、大連都市計画（大正五年）や住宅団地などの都市計画的なもの十九件など、があげられる。山中町営共同浴場（昭和五年、山中温泉）などは、とくに自信をもっていたという。橋梁は大正二年の京都市二条橋をはじめ、おそらく日本の建築家のうちでは、もっともたくさん手がけたであろう。とくに堂島大橋（昭和二年）・渡辺橋（同）・桜宮大橋（昭和五年）など、大阪市内に多い。これらは当時大阪市土木部にいた元良勲の活躍にまつところが多い。

こうした驚くほど広範な設計活動は、もちろん多くの弟子たちの協力によってなされたものである。とくに武田のデザインの正統をつぐと思われる者は、東畑謙三（大正十五年、京大卒）・棚橋諒（昭和四年、京大卒）・岡田孝男（同）らであろう。ながく京大の営繕課長を勤めた大倉三郎（大正十二年、京大第一回卒）、大倉に一年おくれて卒業した元良勲らもまた武田の直系の弟子といえよう。構造学専攻でいて、しかも目覚しいプロフェッサー・アーキテクトである棚橋諒はともかく、民間のいわゆるプロフェッショナルな建築家としては、わずかに東畑謙三や浦辺鎮太郎（昭和九年）ら、ごく少数だけが気を吐いているのは不思議な現象である。大樹の陰は陽当りが悪いというが、武田はけっして陽をさえぎる教師ではなかった。むしろ新しい建築家を育てる土壌が、京都には乏しいとみるほうが妥当だろう。それは四方を山に囲まれた京都盆地の地形そのままに、伝統の固い枠と限られた経済力が、京大・京都高等工芸から輩出する青年建築家たちに、民間でのアーキテクト活動を断念させる作用をもっていたのであろう。

京大山脈

一方京大の、すなわち建築教育の陣容はどうなっていたであろうか。まず大正九年講師として藤井厚二が京大に迎えられた。翌年助教授、十五年教授となって設備講座を担当、磊落でときには大雑把な武田と対象的な学究肌をもって京大の学燈を高からしめた。とくに住宅の計画学的研究においては、わが国での先駆者であった。彼は武田と同郷の福山の出身、大正二年東大建築を卒業。同期に堀越三郎がいた。一年後輩の遠藤新との交友も深かったらしい。とにかく山崎の自宅（聴竹居）を実験台に、つぎつぎと建てては計画学的研究を進め、実際の住宅設計にも珠玉のような作品を多く遺した藤井は、京大卒業生のこれまた大いに誇りにする教師であった。彼もまた当時ハイカラな丸刈りで、毎週一回床屋に行き、やかましくヒゲをそらせたというから、相当のシャレ者だったようだが、武田のようには風采の上らぬところがあったようだ。なにより学究的で、交際家ではなかったらしい。したがって、やがて武田にあきたらなくなったのであろう。晩年はあまり交流はなかったようである。そうして藤井もまた、武田に五ヵ月おくれて昭和十三年七月十七日不帰の客となった。その死を惜しむ声は大きい。

しかし考えてみると、住宅建築への執拗なまでのアプローチは、武田五一においてもすでに見られるところである。藤井の場合、さらにそれを科学にまで引き上げたといえよう。とにかく連関するものがある。武田も藤井には常に一目おいていたといわれ、とくにその住宅研究は高く評価していたという。この流れは、のちに、さらに西山夘三によって経済的・社会的立場による研究へまで発展させられたのである。あるいはそこに具体的な連繫を証するものがないとしても、学問の伝統というものは、おそろしいものである。

京大における武田の講座を継いだ者は森田慶一である。大正十一年に招かれている。森田は大正九年東大卒。分離派建築会のメンバーの一人である。東畑謙三も、あるいは石本喜久治もその候補にのぼったという。分離派建築会に対しては、当然のことながら東大の教師たちは心よく思わなかったらしい。彼らの育ち理解してきたヨーロッパ折衷主義の建築思想に真向から対立し、これと分離、絶縁して新時代にふさわしい造形理念を打ちたてようと宣言したのだから、当然のことかもしれない。

武田はこの運動に好意的だった。森田を招いたのも、直接の事情はどうであれ、そうした理解があったにちがいない。当時片岡安の事務所にいた森田の同志石本喜久治を呼んで、学生に臨時講義もさせている。しかし武田の近代建築への理解は、彼が東大助教授時代に留学して摂取してきたゼセッションやアールヌーボー、さらにせいぜい分離派の人びとを魅了した表現派の段階までが限度だったようだ。ロマネスク風な、組積造的・プラスチックなデザインの段階に終始した武田にとって、コルビュジエやグロピウスの作風は〝あれは戦後の貧乏国の建築〟であった。したがって頭を押えられた若い建築生もあった。

古い伝統の地京都の建築史学は学会でも独自の重要性をもっている。武田はその創設に当って先輩の関野貞を招く意向があったらしい。関野は大学入学前にしばらく郷里の学校の先生をしていたため、同年齢の伊東忠太の講座で助教授をながくしていた。このままでは教授にはなれないのである。京大へ迎えて教授にとは武田が考えたのであろう。子息関野克の話によれば、一時はすっかり京都への引っ越しを完了したという。しかし当時の東大総長浜尾新が、〝待った〟をかけ、急拠東洋建築史の講座を増設して関野を引きとめてしまった。大正九年のことである。かわって天沼俊一（東大、明治三十五年卒）が入って建築史講座を担当した。後に昭和三年京大卒の藤原義一も工芸史の講義に加わった。村田治郎が京大を卒業して、ながく満州に滞在（これは武田の指令によった）京大に帰って建築史を講じはじめたのは、昭和十二年である。村田のあとは昭和二年京大卒の福山敏男が担当し、その学燈は、ますます光彩を放っている。また構造には東大大正十年卒の坂静雄がいた。昭和四年京大卒の棚橋諒は、デザインにもなみなみならぬ意欲をもっている。

さきの関野克は、昭和五年彼が大学へ入学するとき、東大か京大かどちらの建築科を選ぶかで迷ったという。武田・藤井・森田・坂・天沼を擁していた京大の建築科は、たしかに大きな魅力だったにちがいない。この年、京大に入学したのが西山夘三である。絶頂期にあって、しかもその底に転換の要因をはらんだと見るのはどうだろう。

武田がながく力を注いだ京都高等工芸学校で、武田のあとを承けたのは本野精吾である。彼は東大明治三十九年の卒。三菱地所の前身から四十一年に学校へ迎えられた。もちろん武田の招きである。しかし本野は、武田とあまり反りが合わなかったらしい。昭和二年に発足した日本インターナショナル建築会の会員でもあったから、武田にはよけい縁が遠くなったと思われる。武田の京都高等工芸における影響は、ここで切れた観がある。しかし、高等工芸出身者に吉武東里や白井晟一をはじめ建築分野に進出する者の多いのは、やはり武田の影響ともいえよう。

武田と西山をつなぐもの

武田の薫陶の下に育った人材はけっして少なくない。少ないといわれるアーキテクトの中にも、現在村野藤吾の名パートナーとなっている森忠一（昭和六年）の名を見出すことができる。また第一回卒業生の矢崎高儀・設楽貞三、第二回の新名種夫・滝本義一、第三回の服部勝吉・野地修左、第四回の野村茂治、第五回の本多正道、第八回（昭和五年）の横山尊雄・鷲尾健三・野島安太郎第十一回の新海悟郎なども、建築の世界で筆者には親しい名前である。とくに新名種夫は武田のデザインをつぐ人物といわれ、東京市・大阪市の建築課や住宅営団にあって活躍したが、若くして死んだ。日本インターナショナル建築会のメンバーでもあり、また創刊当初の「新建築」の有能な執筆者でもあった。頭がよく切れただけに、また変り身も早かったようだ。

彼ら、すなわち寛容・磊落な武田の下で育った人びとは、すべて京都山脈の連山である。彼らそれぞれの恩師武田五一にまつわる想い出は無尽であろう。今回お会いしてお話をうかがった四人の方の追憶談も尽きるところがなかった。案外几帳面で、その日に受けとった手紙は必ずその日に返事をしたためたこと。そのかわり、その文面たるや実に簡単だったこと。早く無造作に画くいわゆる武田流の南画、それに印した落款「竹径」は夜店で見つけたものであること。俳句や和歌にはおよそ縁遠いモダンボーイの彼が、紀州白浜から元良に送った珍しい一句が〝松島やああ松島や〟をもじったと思われる〝梅の香登りて見れば梅の香〟と奇妙なものだったこと。京大へ行啓された貞明皇后を建築教室に案内した武田の態度が、かわいいきれいなお嬢さんを案内しているといったふうに実にリラックスで堂々としていたこと。教室蔵のペルシャ王宮の図のところでは、並みいる宮内官を前に、〃この部屋は要するに奴婢の部屋ですな〃とご説明し、翌日の朝日新聞天声人語子が〃流石は武田居士〃と、そのリベラリストぶりを賞讃したことなど、尽きるところがなかった。

吉岡保五郎が、大正十四年八月「新建築」を創刊するに当って、武田五一の強力な援助があったことは、すでに有名である。

吉岡はその創刊の辞に、本誌の領分する使命の当面の任務は「主として住宅の研究紹介に力め『住』に関する諸問題にも、渉ることとする。住宅の研究は、単に個人の問題ではなく、広くは社会的研究問題である。殊に日本に於ける今日の住宅問題は……現代文明に順応せんがため、必要より出でたる、切実の研究問題である。……」として、住宅問題のために「ただ克く力め、行なうことを念とする」と結んでいる。武田の住宅観、藤井厚二の住宅研究、吉岡の住宅に重点を置いた「新建築」。住宅研究は京都山脈の麓から湧き出した清冽な泉にたとえることができよう。

戦後、昭和二十一年一月、戦災の余燼さめやらぬ中にいち早く復刊された「新建築」第一号（Vol. 21, No. 1）は、〃新日本の住宅建設〃特輯号であった。筆者は西山夘三。住宅ではじまった「新建築」は、戦火の中からふたたび住宅でよみがえったのである。しかも慧眼吉岡は、かつての武田・藤井にかわる異才西山夘三に、はやくも新時代を託したのである。つづく第二号（二月）は〃大阪復興計画〃、さらに第三号（三・四月合併号、六月発行。困難な出版事情がうかがわれる）は、ふたたび西山による〃新しき国土建設〃特輯号であった。大都市否定論を否定し、新しき巨大都市、山岳都市を提唱して、居住密度の向上をはかる西山の所論は、その間にたくさんの変遷を含みながらも、さいきん彼が提案している〃京都計画〃に連なるものである。

京都山脈は今次大戦をぐくって山容をにわかに変えた。その間にあって西山夘三の動きはきわめて重大な意味をもっている。そうしてそれを映し出したものは、実に「新建築」誌だったといえよう。

西山――DEZAMのころ

西山夘三が京都大学建築学科に入学したのは昭和五年である。武田五一が停年退官したのが七年であるから、きわどい接触といえよう。一年前のクラスに高橋寿男がいたが、学生自治会での運動が活発すぎて落第し、西山のクラスへ落ちてきた。西山の京大入学の前年、すなわち高橋が入学した年には、三・一五事件、治安維持法改悪、特高警察設置など社会運動に大弾圧が加えられてきた年であった。反動と、それがかえって火に油をそそいだ社会運動の昂揚、暗く重く、しかもエネルギーに満ちた時代に、西山は建築学徒としての前進をはじめたわけである。すでに粋人武田五一の時代は去ろうとしていた。

このころ京大建築科では、入学年度ごとに各クラスがニックネームをもつ慣習があった。西山たち昭和五年入学組は、そのクラスの仮の名をDEZAM（デザム）とした。若さをあらわす言葉である。入学の年の九月には回覧雑誌を出し、十二月には当時京大建築科学生の年中行事となっていた奈良合宿、DEZAMの運営について協議し、翌昭和六年一月に組織が確立した。会員は十五名。高橋寿男はすでに京大を退学していた。宣伝・読書・写真・構造部がDEZAMの組織に設けられ、二月には機関誌を発行し、五月にはバウハウスの研究も開始した。五月には新しく入学した一年生たちと協同で住宅問題の研究もはじめた。その年九月に、東京朝日新聞で行なわれた（十一月に京都でも）学生建築研究会に出品した共同住宅案は、西山たち二年の学生の協同製作になったものである。

目まぐるしく、しかも活発な動きが京大の建築学生の中に展開しはじめた。ややもすると武田・藤井両大家の下で沈滞しがちな教室は、騒々しく揺れはじめた。西山夘三はそのもっともアクティブな一人であった。建築史を勉強していた鈴木義孝や荒木正已・和田登らが、西山のもっとも信頼していた友人だったようである。ともに住宅問題の研究に当った。荒木・和田はのちに大阪府の建築課へ勤めた。昭和十年前後の大阪府は、中沢誠一郎を課長に、その下に多くの俊秀を擁して市街地改造の大事業をやっていた。その成果は今日でも高く評価されている。荒木・和田のほかに内藤亮一・中井新一郎・村井進・稗田治・元吉勇太郎らがおり、高橋寿男も愛知県土地区画整理研究会から中沢に招かれて来ていた。亀井幸次郎もいた。中沢誠一郎を中心とする戦前の大阪府グループは、やはりひとつの山脈を形成するものとなろう。興味あるテーマだが後日に譲ろう。

西山たちが三年生になった昭和七年四月に、日本青年建築家連盟(通称 JAF. Juna Archtecta Federatio)が東京に誕生し、その機関誌「建築科学」が発行された。「集団的努力によって」科学・技術を獲得すると主張し、新しい建築運動のあり方を正しく規定した。

西山たちDEZAMの連中はただちにその批判会を行ない、それを機会に毎週一回ずつの研究会をはじめた。これは十一月まで続行されたという。大学の講義にあきたらなかった学生たちの共同研修の場として、大きな成果を上げただろうことは想像できる。それにさきだつ五月、CIAMフランクフルトの会議への出品勧誘が石本喜久治のもとに来た。いわゆる機能的都市のシンポジウムである。西山たちは共同してその出品作を作成、それを携えて上京、石本に会っている。京大を卒業した西山が森田の紹介で石本喜久治の事務所に入所したのも、このあたりからの縁であろうか。

DEZAMは昭和八年、建築科学研究会(JAFの改組・改修したもの)の京都支部となり、彼らは昭和八年三月卒業にさき立ってDEZAMを解散した。西山はのちに（NAU主催、日本建築運動史講座ノート）この組織の客観的な評価として、

1　進んだ学習・研究によって学生みずからが建築のなんたるかを学んだ。その経験は大きい。

2　学生運動全体の昂揚の中で、DEZAMは実践した。学生の積極的な動きによって日本の新建築運動を固めた。

としている。たしかに西山の人間形成には大きな影響をおよぼしたにちがいない。京都山脈の噴火を見るような時代であった。

石本事務所・JAF

西山は昭和八年三月、京大を卒業した。その卒業論文の序章〃建築家のための建築小史〃は、「国際建築」（一九三三・八―三四・一）に掲載されたが、卒論そのものは藤井厚二教授から〃将来困ることになろう〃と叱られ、十頁ほど切りとって提出したという。そして彼は、さきにもふれたように東京の石本喜久治の事務所に就職した。しかし、かつての分離派の闘将、憧れの大先輩は、彼にとって幻滅的な存在だった。商売気が多すぎた。夕方五時ころ事務所にやってくる石本は、彼がいるあいだは所員を帰さなかった。待遇も悪かった。こうした中で西山は石本の眼を盗んで新しい交友を展開していった。昭和八年十月に、建築科学研究会は青年建築家クラブに改組された。JAFよりもっと幅の広い人間的交流によって、建築家・建築技術者の疎外を克服しようとしたのである。西山はその熱心なメンバーとなった。彼と同時に石本事務所へ入った橋本もいっしょだった。この席でかつてのクラスメート高橋寿男に会うようになった。高橋は青年建築家クラブの設立趣意提案者で日大建築科の学生となっていた。

京大退学後、日大に入学しなおしたのである。西山と高橋の同志としての交際は、これから高橋の死（一九六一・一一・八）までつづくのである。いや高橋の死後の遺稿集（建築・住宅・都市計画、相模書房、一九六二・六）の編集もみずから行なっている。また青年建築家クラブでは、当時東大学生だった高山英華・菅陸二、あるいは日大の斎藤謙次などとも、しばしば顔を会わせることになった。

石本喜久治の事務所に約十カ月、昭和九年一月二十日、西山は入営した。その一カ月後に青年建築家クラブは警察に襲われて潰滅した。かつての同僚の橋本や日大の斎藤謙次らが片っぱしから拘引された。橋本も入隊していたが、幹部候補生を剥奪され、営倉入りとなった。西山も留守家を捜索され、橋本の証人として軍法会議へ喚問された。暗い時代の影はますます濃く、日本の建築運動もほとんど姿を消してしまった。

住宅営団

兵隊時代の西山は、内地勤務で、しかも森田が人を傭って西山の資料を整理させていてくれたので、時どき研究室を訪れて、割合ノンキな生活だったらしい。召集解除になると京大へもどり、大学院学生として住宅問題の研究に熱を入れた。しかし昭和十五年、住宅営団発足とともにその研究部に招かれた。研究部長は現国学院大学の北岡寿逸。当時政府の労働関係委員で、社会政策の専門家だった。今はともかく、そのころはリベラリストとして好評だった。西山は、大学と同じことをやらせてくれるなら、という条件でそこに移った。

石原憲治・市浦健・森田茂介・中村伸（ややおくれて）や、新名種夫もいた。大阪府以来の知り合いだった亀井幸次郎もいて、比較的自由な空気だった。ただ石原とはよく論争したらしい。石原は実験住宅を主張。住宅は物理実験のように居住条件を固定して判断はできない、むしろ居住方式の調査が先決だとする西山と反りが合わなかった。市浦・森田・西山の三人は、石原をかなり批判していたらしい。気が合うところがあったのであろう。ただ市浦とは、工作文化連盟をめぐって、かつて鋭く対立したことがあった。昭和十一年の末に伯爵・黒田清を会長にいただき、堀口捨己を中心に「日本工作文化連盟」が結成された。西山にも入会勧誘の手紙が来たが、彼はことわった。そうして逆に批判文を発表したのである。そのファッショ性をついたのである。

しかし戦局が重くなるにしたがって、営団のあり方にも批判の声があがった。住宅生産の合理化をかかげて営団改組論の先頭に立っていたのは市浦健・西山夘三・森田茂介の三人だった。そうしてやがて戦争も末期的様相を呈していたころ、昭和十九年四月、西山は営団に見切りをつけて京大へ帰った。そうして、講師として建築生産論を講ずる一方、間もなく京都大学営繕課長に任ぜられた。もちろん疎開のための毀し専門である。吉田山に防空壕も掘ったという。

「住宅問題」

京大時代、住宅営団時代を通じての彼の住宅論研究は、まずその著「住宅問題」に結集した。昭和十七年一月初版の相模書房刊、建築新書第七号である。その序言末尾日付に「大東亜戦争第二次戦捷祝賀の日」などと適当にカムフラージュはしているが、当時の民族耐乏論（生活は鍛えることによって強くなる。住宅など悪くてもよい）に真正面から反対し、マルキシズムの考え方を貫いたものである。西山自身、この本がまともに出版できるとは思っていなかったらしい。どうせやられるのは本屋だからと観念していた。ところが、それが文部省推薦図書になってしまった。仄聞するところによれば、推薦者は大河内一男（現東大総長）だったということである。

ともかく西山の「住宅問題」は、住宅設計の科学と社会政策とを渾然一体として展開したもので、わが国の住宅研究に画期をなしたものである。武田・藤井と連なる京大の住宅研究は、ますますその科学性を増し、しかも社会政策的観点をも導入して、ここにみごとに花を開いたということができよう。ややもすれば京大のアウトサイダーと見られがちな西山にも、学統というものは、やはり恐ろしいほど根強く連なるものである。

さらに昭和十九年六月には『国民住居論攷』(伊藤書店)が出版され、終戦後の昭和二十二年には『これからのすまい』(相模書房)と、堰を切ったように、彼の蓄積は世に紹介された。とくに後者は有名な食寝分離論を本格的に展開したものとして、洛陽の紙価を高めたものである。創刊の辞に住宅研究の紹介に主眼をおくと宣言した吉岡保五郎が、復刊「新建築」第一号に西山の登場を乞うたのも、またしごく当然といわねばなるまい。

これらにつづく西山の著作には『建築史ノート』(昭和二十三年、相模書房)、『日本の住宅問題』(昭和二十七年、岩波書店)、『現代の建築』(昭和三十一年、岩波新書)などがある。

京都計画

戦後、西山はやっと京大の助教授となった。二十三年には京大教職員組合の初代委員長として精力的な活動を展開するとともに、前年六月に誕生した新日本建築家集団(NAU)の働き手であり、京大における学生会員の指導者でもあった。その後の目ざましい活躍ぶりは、今さら記す必要もなかろう。ただ彼が組合委員長時代に、有名な〝総長カンヅメ事件〟があった。電気工学の鳥養利三郎が総長のときである。これは工学部教授会の空気をすっかり硬化させてしまった。彼の教授昇進は学術会議会員に当選してしばらく、すなわち中国訪問の旅から帰った昭和三十六年二月まで、ノビノビになってしまった、ということをつけ加えておく必要はあろう。

静謐な京大建築の学風の中にあって、彼の経歴も人柄も、たしかに異端的なところがある。容貌からして京都的というよりは、むしろ彼の生まれ、大阪の人間である。たえずはげしく胎動しているが、武田・藤井に連なる京都山脈の新しい山なみが、彼を中心にして構成されるか否かは、今後にまたねばならない。

西山は今、京都計画にとりくんでいる。かつて戦後の復刊第一号を飾った「新日本の住宅建設」のように、それも創立四十周年を迎えた「新建築」誌を飾った。彼は稠密な都市住居の構想をながく抱きつづけてきた。復刊第三号の「新らしき国土建設」に示された新しい巨大都市、山岳都市の構想も、稠密な居住形式によって、周囲の環境を生産と休養場として利用しようというものであった。日本で行なわれた世界デザイン会議にも都市全体をひとつの高層建築（収容人口二十万）にまとめた《イエ・ポリス》の構想を提案した。それもまた稠密でコンパクトな都市住居の構想であった。高度に設備化され、新しい空間の論理によって構成された都市、それは今度の京都計画をも貫く基本的な姿勢であり、住宅問題にこれまでの生涯を賭けてきた西山の哲学であろう。

京都計画の地上二十五階の高層住宅は、一棟七、五〇〇人を収容して、将来の京都人口の半分を、この形式の住居に収めようとするものである。社会学者や地理学者が見たら、おそらく人間の住居と認めないだろう。西山は、改革の提案を出せぬこうした学者を無視している。そうして改革案を構想しうる建築家・都市計画家としての自己の立場に絶大な誇りと自信とを抱いているようだ。その具体的な構想は彼自身によって今後もさらに推進されるだろう。日本ほど、伝統的にも経済的にも固い枠をはめられた京都ほど、新しい都市のあり方、都市の住まい方、都市の美しさを倍加する方式を、そして独自の近代化の方向を世界に向かって試みるに適したところはない、という彼の気概は、まったく魅力的であった。

〝自動車を脱ぐ都市〟都市間交通の手段であるべき自動車路線をだらしなく導入した現代の都市に、この京都計画は再生の視点を与えた、とわたくしなりに解釈した。近代化に対する種々な議論がたたかわされている今日、この京都構想は、それに対するまことに具体的な発言ともとれるものである。新しい世界像に力強く貫入しうる独自の近代化構想であろう。

もちろん現実にはあまりに多くの困難がある。しかし西山は、その市民と研究室とのフィードバックをこそ期待しているのであろう。京都の美しさを残さねばならぬ。しかしこのままでは残せぬ。新しいものをつくりながら、そのプランニングに伝統を乗せていくことが美しさを残す唯一の道だ、と彼は考えているにちがいない。

これは京都大学建築科と京都の市民とをつなぐ太い紐帯となるかもしれない。そうして武田以来の京都の建築家山脈が、新しい裾野をにわかにこの地に拡大することを期待しよう。

Ⅳ　大蔵省営繕の建築家たち

「お役人の国」ともいう。たしかに役人が多い。昭和三十九年度の建設白書によれば、昭和三十六年から三十九年の四ヵ年の公務員数平均は約二十八万人、戦前（昭和九〜十一年平均）の約三・七五倍にもなっている。国民としても互いに頭の痛いところだが、かならずしも一概に悲憤こうがいすることはできない。また近代化の遅れとばかり自虐趣味を発揮する必要もないだろう。要はそのお役人が旧態依然たる社会組織の中に埋没することなく、近代化の誠実にして強力な牽引力になるか、ならぬかにかかっているものである。

それはともかく、戦前に比べて四倍近くにも増えた公務員の数に比して、国有建築の面積は二・四二倍になっただけ。建設省所管営繕費は逆に減って〇・八七倍に過ぎない。ボロの庁舎に役人がひしめいているわけだ。建設省営繕局も「官庁施設整備の基本方針」をかかげて、ヴィジョンづくりに懸命の様子である。その建設省営繕局の前身が、ここにとりあげた大蔵省営繕管財局である。日本の官庁営繕の総元締めであり、明治維新以来の役人国家の建築の歴史を貫く、きわめて太い筋であり、妻木頼黄・大熊喜邦などの突コツたる高峰を擁する大建築家山脈でもある。その権力と勢威は、今日のわれわれの想像を絶するほどのものがあったようだ。とくに妻木頼黄の勢威をふるった明治末年の大蔵省臨時建築部時代は、その機構も「尨大なもので、恐らく建築に関する役所の機関で、前後こんな大げさな機構はなかったと思う」（森井健介、人物風土記補遺、妻木頼黄、建築士一九五九・八）と、当時を懐古して驚嘆させるものがあった。親分の妻木自身が「辰野（金吾）君は美術本位、俺は実際本位」と豪語するだけあって、その譜代の子分たちは職人からタタキあげた役人が多く、その監督のきびしさも伝説化するほど峻厳なものがあった。「大蔵省営繕は鬼よりこわい」と業者を泣かせたものである。

こうした権力と、後に述べる妻木対辰野金吾派の確執などが加わって、大蔵省営繕は、日本の建築界（その上部構造は、東京大学や建築学会）から、やや異端の扱いを受けていたようである。少なくとも東京大学史観による日本近代建築史の「古事記」では、きわめて評価が低かった。日本の建築家の役人嫌いには、多分にこうした歴史的原因による喰わず嫌いのところがある。もっとも妻木の後を受けた矢橋賢吉、さらに大熊喜邦にいたってこうした確執は、ほとんど解消されたかに見える。しかし、同時にそれは、大蔵省営繕が迫りくる戦争を前に、昔日の勢威を失いはじめたことを意味していた。

官庁営繕の前史

大蔵省の営繕機構も、官庁機構の当然の姿としてたび重なる変遷・組織の改変を経ている。その営繕管財局も大正十四年従来の大蔵省臨時建築課・臨時営繕局・臨時議院建築局の三つを併せ、さらに国有財産部を入れて成立したものである。だから大蔵省営繕という広い概念の意味する機構の歴史の、ある時期を代表する名称にすぎない。そうして、国会議事堂の仕事も終え、主要官庁の工事も一段落して、しかも戦争に突入していった過程において漸次縮小され、昭和十六年には営繕管財部に、さらに課になっていったのである。

広義の大蔵省営繕の歴史は古い。日本の官庁営繕の中心機構だったからである。維新の砲煙がさめやらぬ明治元年一月十七日に新政府に会計事務課が置かれ、同課で営繕事務も所轄することになった。会計・大蔵・営繕の結びつきは遠くここに端を発しているのである。明治二年七月には大蔵省が設けられ、営繕司がそこに移された。その後営繕司は一時民部省土木司に併属されたが、明治三年七月再び大蔵省に戻り、翌年には営繕寮と改められた。この前後の政府行政機構の改廃はじつに目まぐるしい。まさに朝令暮改であって、新政府の苦心を端的に物語っている。このなかから営繕機構は明治五年九月には大蔵省土木寮に建築局として位置を占めている。

明治初年からこのころまでに大蔵省で活躍した建築家は、ウォートルス（T. J. Waters）をもって筆頭とすべきであろう。新政府の期待に応じて西欧風の官庁建築や官営工場等の設計指導に当たることのできたのは、外人建築家や外人技師に、ほとんど限られていた。清水喜助（二代目）のような民間棟梁の活躍もごく一部に見られたが、多大の抱負をもった政府の建築を担当できる日本人建築家は未だ育っていなかったのである。ウォートルスの設計・指導になる大阪の造幣寮・東京の竹橋陣営（近衛兵舎）、あるいは銀座煉瓦街などはすべてこの大蔵省時代に行なわれたものである。ただ、たとえば大蔵省（明治五年、木造しっくい塗り）・神戸東税関役所（六年十二月、木造）や開成学校（六年、木造しっくい塗り、隅張石）などを設計したといわれる林忠恕（一八三五—九三）など邦人官僚技術者も徐々に育っていたことは見落とすことのできないところである。

明治二年に設置された北海道の開拓使や、後の工部省において、外人の仕事を見様見真似で習得し、かなり水準の高い官庁建築を設計・指導して、工部大学校造家学科の卒業生が本格的な活動を開始する明治二十年ころまでの間隙を埋めた人びとも、やはり林忠恕と同じ系列に属するのである。

明治七年大蔵省土木寮の営繕事務は工部省に移された。工部省は明治三年に設けられた官庁で、近代産業の移植・育成を一手に引きうけていた。東京大学工学部の前身である工部大学校も、明治十年この工部省に設けられたものである。ともかく官庁営繕事務は工部省時代を迎えた。依然として多数の外人建築家や技術者を雇って営繕事業を行なったが、かたわら工部大学校造家学科で日本人建築家の養成も着々と進められた。工部大学校設置の主要目的そのものが、可能な限り早く外人に代りうる日本人工学者・技術者の養成にあった。そのため必要とあらば当時の大臣の俸給よりも高額な給料を払ってでも外人教師を招いたのである。その意気込みと虚心な態度は尊敬されるべきだと思う。この工部省時代を代表する外人建築家がコンドル（Josiah Conder）である。

しかし工部省は明治十八年十二月に廃止された。日本に西欧の近代産業を移植し、日本産業革命のスタートラインを設定する役割りを一応終了したからである。工部省の中で課・局・寮・局・課と機構や名称を変えていた営繕事務は、内務省土木寮に属することになった。営繕官制は一時日かげの時代を迎えたわけである。

しかし、これにとって代る巨大な機構が新しく生まれた。工部省廃止の一ヵ月半後に臨時建築局が誕生したのである。すなわち政府は明治二十三年の国会開設に備えて帝国議会議院（議事堂）の建築を中心にして、日比谷に一大官衙街を建設する計画をたて、明治十九年二月に内閣直属の臨時建築局を設け、井上馨を総裁にした。工事部長松崎万長、准奏任御用掛妻木頼黄（一八五九―一九一六）、一等技手渡辺譲（一八五五―一九三〇）、二等技手河合浩蔵（一八五六―一九三四）、同滝大吉、吉井茂則らが技術関係の主要な局員で、御雇教師コンドルも参加していた。当時は条約改正を目ざした欧化主義の全盛時代（いわゆる鹿鳴館時代）で、また当時のドイツ（プロシャ）は、ビスマルクの威風がヨーロッパを圧していた時代でもあり、さらに外人教師招聘の任に当った人のなかにドイツと関係の深い人がいたので、ドイツ人建築家を招くことになった。ここにウォートルス、コンドル以来のイギリス系技術に代ってドイツ系の技術が大量に導入されることになったのである。

また来日したドイツ建築家の進言によって妻木・渡辺・河合の三人の青年建築家と十七名の建築関係職人がドイツに派遣された。工部大学校時代から帝国大学にかけて、コンドルの教育者としての影響は強く、明治の末年まで、よりヨーロッパ的なものがより良い設計であり、よりイギリス的なものがさらに良い、とされるデザイン上の気風が大学では強かったので、妻木たちのドイツ系の建築設計とは、対立し合うものがあったに違いない。臨時建築局から大蔵省営繕へと妻木に代表される官庁営繕が、なんとなく建築界の気風としっくりしなかった原因の一半はここにあろう。

臨時建築局はわずか四年で、明治二十三年三月に廃止された。残務は内務省土木局において処理された。招聘したドイツ人建築家の不馴れもあり、また日比谷の軟弱な地盤が壮大な官庁建築に不適当だということが判明し、その他政治上・財政上の理由もあげられている。わずかに東京裁判所（明治二十九年）や司法省（明治二十八年）が建てられた。渡辺譲は海軍へ、河合浩蔵は司法省へと方向を転じたが、妻木頼黄は内務省へ残って官庁営繕の中央山脈を盛りあげていったのである。

営繕管財局の成立

臨時建築局の廃止から官庁営繕業務の中心が大蔵省へ移行したプロセスは明らかでない。ただその先頭に妻木がいたことは想像できる。彼のかんたんな履歴書（人物風土記、妻木頼黄、建築士、一九五九・六）によれば、明治二十三年内務三等技師に任ぜられ、三十三年二月臨時税関工事部建築課長となっている。この間約十年は官庁営繕の中心が内務省にあった、とも考えられるが、彼の後を受けた矢橋賢吉の経歴（建築雑誌、四九七号）によれば、明治二十七年帝国大学造家学科卒の矢橋は、ただちに大蔵省に就職、翌年には臨時葉煙草取扱所建築部技師となっている。だからすでにこのころ大蔵省に営繕関係の機構が存在したといえる。税関や煙草（専売法は明治三十七年）・塩（同三十八年）の専売に伴う建築業務を通じて大蔵省営繕の仕事も増え、その機構も整備充実したに違いない。三十四年十一月に妻木は大蔵省総務局（後に大臣官房）営繕課長に任ぜられている。名実ともに官庁営繕の中心におさまったわけである。とくに第三次桂内閣（明治四十一―四十四年）当時は、桂首相が蔵相を兼任していたために、営繕課長としての妻木の権力は絶大で、首相にじか談判をしてはことを運んだという。すでにわが国官庁営繕機構としては空前の大きさと権力を持っていたのである。省内の営繕はもとより専売局・内閣・税関・主要港湾の設備まで一手に引きうけていた。とくに煙草と塩の専売法施行に伴う全国的な施設の建設には、彼の営繕官僚としての敏腕が遺憾なく発揮された。

後に大熊喜邦の後をうけて営繕管財局工務部長となった池田譲次が明治四十年東大を卒業して中村達太郎の紹介で大蔵省に入ったころは、営繕課は臨時建築部となっており、妻木のもっとも油の乗りきったころであった。しかし、税関や専売法関係の仕事が一段落すると、機構も縮小される運命にある。大きな仕事があるとパッと拡大し、一段落するとサッと縮小したのが、昔の官庁機構で、人事院や定員法とかで、なかなか行政整理のできない今日と、はっきり違っているところである。大正元年六月臨時建築部は廃止され、大臣官房臨時建築課と縮小した組織になった。同二年五月妻木はとうとう座を下りて臨時建築課の技術顧問となった。妻木の後をうけたのは土木の丹羽鋤彦であるが、間もなく矢橋賢吉に代った。大正三年七月東大卒業の下元連が佐野利器の紹介で大蔵省に入ったころは、丹羽課長の下に矢橋賢吉が設計係長、妻木の子分で工手学校出身の小林金平が監督の方の係長、大熊喜邦が矢橋の下で設計主任をしていた。

大正十四年五月、大蔵省の臨時建築課・臨時営繕局（関東震災の官庁建築のさし当っての応急処理を担当していた）・臨時議院建築局の三つを統合し、国有財産部を加えて大蔵省営繕管財局が生まれた。長官は大蔵省次官で、その下に総務部（事務全体と管財）・工務部の二部があり建築関係の技術者は、この工務部に属したのである。最初の工務部長が矢橋賢吉、その下の工務課長が大熊喜邦、監督課長が小林金平であった。この営繕管財局の機構と設置の趣旨は、当時オランダ政府で採用していたものに範をとったという。

昭和二年矢橋の死とともに大熊喜邦が工務部長となり、議院建築に精魂を傾けることとなった。工務課長には池田譲次、監督課長に小島栄吉が就任した。その議院、すなわち国会議事堂も昭和十一年に竣工した。大正九年一月の地鎮祭から約十六年、明治十九年の臨時建築局からじつに五十年の歳月をかけたもので、ある意味で明治以来の日本建築近代化の総決算を示したものだった。しかし、皮肉にもパーキンソンの法則がここにも厳として支配していた。憲政の殿堂としてのこの建築の竣工直前に二・二六事件が勃発し、憲政は地に墜ちるにいたったのである。ほとんど竣工していた議事堂建築の中に反乱軍が侵入しようとして工事責任者の胸に銃を擬したともいう。

大熊は翌十二年七月突然営繕管財局工務部長を辞めた。下元らにいわせればあまりにも急で、まさに晴天の霹靂だった。日ごろ「大熊は煮えきらぬ男」といっていた同級生の佐野利器もその〝意外〟な決断力に驚いた。二・二六のショックは学者肌の大熊にはあまりにも激しすぎたのかもしれない。と同時に国会議事堂の工事を終えて虚脱したのかもしれない。総工費二、六〇〇万円（巨額だがしかし当時の巡洋艦一隻の建造費とトントンの数字である）。日本建築界の文字通り宿願を果したわけだから、大熊の心境もうなずけるものがある。

営繕管財局も議事堂建築を終えて十四年には部となり、戦争が進展するにしたがって仕事も少なくなり、さらに課に縮小されて終戦を迎えた。終戦の年、すなわち昭和二十年十一月に戦災復興院が設けられ、阿部美樹志が総裁となった。営繕管財課の大蔵技監兼課長だった下元連が営繕部長となった。ついで中栄一徹が後をうけた。二十三年一月に戦災復興院は建設院となり、旧内務省の土木関係技術者や、陸海軍の営繕関係技術者を収容した。そうして同年七月法律第一一三号「建設省設置法」によって建設省が発足したのである。大臣官房および計画・河川・道路・住宅・営繕の五局が設けられた。初代の営繕局長は木村恵一、現在佐藤工業ＫＫの常務取締役である。昭和二年京大建築を卒業してすぐに営繕管財局工務部工務課第三製図掛に入って、掛長萩一郎の下で貯金局（現郵政省、昭和五年竣工）の設計にとりくんだ建築家である。

妻木頼黄の功罪

大蔵省営繕の建築家山脈の主峰を妻木頼黄とするのに異論のある人は、まずあるまい。頼黄と書いて〃ヨリナカ〃と読ませるこの旗本出身の建築家は苦学してコーネル大学建築科に学び、明治十八年帰国すると東京府に奉職して生涯の官吏生活をはじめた人である。コーネル大学建築科は妻木の前に開成学校（のちの東京大学）から転学した小島憲之が東洋人最初の建築学生として学んだところである。はるか後には名古屋高工出身の松田軍平もここに学び、日本の建築界には因縁の深い学校である。しかし、工部大学校造家学科の出身者が辰野金吾を頂点として確固たる布陣を敷いていた明治の日本の建築界にあっては、妻木はこの前歴からしてまずアカデミイの異端者の資格を備えていたのである。妻木の先輩の小島憲之にしてもそうであった。小島は辰野・片山・曽禰らよりわずかながらも早く、しかも本場の大学建築科を卒業し、バチェラー・オブ・アーキテクチュア（建築学士）の称号を獲得した最初の日本人である。しかし明治十四年に帰国した小島は建築家としてはほとんど活躍を示さず、一高や東京美術学校で英語や用器画を教えて生涯を終えている。建築家としてはまことに不遇であった。漱石と並び称せられるほど英語学の造詣の深かったことも、彼にその途を歩ませたと考えられるが、しかし工部大学系の学閥の影響がまったくなかったとはいえないだろう。とにかくアクの強い連中が縦横に活躍していた時代である。その中で生き抜くためには妻木のような頑固さと鼻っ柱の強さと〃ごたいそうな容体ぶった〃自信が必要だった。しかし現場の実地経験第一主義をとった妻木は、辰野の〃学術本位〃に対して彼なりに非常な努力をしていたようだ。臨時建築局のころドイツへ連れて行った職工のなかの数人は、たとえば彼の股肱の臣となった鎗田作造（一八五三—一九一五）のように、おそらく日本最高の現場監督として鍛えあげられている。そうしてこのような現場からタタキあげ、彼自らが峻厳に育てあげた技術者を譜代の子分として身の廻りをかため、大学出は外様扱いにしたところが見える。彼の弟子が、もういい技術者となったころ、たまたま彼に会って何かの仕事の話がでた。何気なく「ではお手伝いに上ります」といったら、とたんに「お手伝いとは口幅ったい。俺が教えてやるのだ、勉強にくるといえ」と叱られたそうである。

しかし人を見る眼はたしかだったらしい。豊かな人材を擁していた。それによって学会・教育関係・民間設計の三方面に君臨していた辰野金吾と、宮内省内匠頭として宮廷建築いっさいを切りまわしていた片山東熊に対抗して明治建築界の三大ボスと称せられたのである。片山もまた優秀な技術者を擁していたが、やはり〝雲の上〟の仕事が主で、彼自身ヌーボー的な風格を備えていたから、対立抗争といったストレスは、むしろ妻木と辰野との間に激しかったようだ。両方とも相譲らぬ頑固者だったからだが、とくに議院建築のコンペ問題がこれに油をそそぐことになった。

議院建築は臨時建築局設立の主要目的でもあったが、ついに本格的なものは建たず、仮議事堂ですませていた。その後たびたび本格的な建築等を目標に調査会や準備会のたぐいが政府・学会その他の学識経験者を集めて設けられたが、政変その他で十分な成果をあげることなく解散していた。明治四十三年議院建築準備委員会が設けられたのも、こうした試みのひとつではあったが、このころにはわが国の建築家も、西欧の建築技術を一応マスターし、造家から建築へと芸術家としての意識もたかまっていた。そこで〝聖代を代表する〟議院建築をどんな様式で造るべきかを問題にしはじめていた。明治年代を通じて、しゃにむに学習に励んできた自信の上に、はじめて日本独自の様式を云々する時点に達していたのである。〝わが国将来の建築様式は、いかにあるべきか〟がさかんに議論されるようになっていた。

こうした気運の中で準備委員会の委員の辰野金吾や伊東忠太は、議院建築の設計を日本人による懸賞設計競技に付すべきだと主張した。辰野は当時建築学会の会長をながく続けてこれを牛耳っていたから、学界もあげて懸賞設計説を支持した。官側とくに妻木は、いまだその時期でないことを主張して譲らなかった。今から見ると懸賞設計説にはかなりの無理があった。たとえば有力な建築家、建築学者（辰野のような）は当然審査員にならねばならなかったが、彼らが抜けたら応募案は稀薄なものになってしまうのは明らかだった。まともな建築家は数えるほどしかいなかった時代である。また妻木は明治四十一年武田五一を臨時建築部技師（兼任）として招いている。人を見る眼のあった彼は、武田を得て議院の設計は大蔵省でやれると確信していたに違いない。しかし辰野たちの主張は強烈だった。日本の建築家に適任者なしといわれないようにプライドをかけて、多分に意地になっているようなところも当時の委員会の速記録からうかがえる。

懸賞設計は敗れた。辰野や若い在野の建築家たちからすれば、妻木は、まことに尊大きわまりない官僚主義の権化と見えたであろう。伊東忠太などその遺稿メモで妻木を「官界に扶植した勢力で、彼自らも極端な官僚式を発揮して居た。性格は巧言令色、名利を重んじ、社交につとめていた。学識経験は問題でない」と酷評している。しかし多分に感情的なものが見られる。もっと公正な立場の森井健介など、ちゃんとその優れた資質を見ている。森井はその尊大な態度に驚いたことを述べるとともに、妻木が「建築師報酬規程案」「建築条令案」の作成や、建築学会の法人化、事務所の設置などにおいて、学会創立者中もっとも功績が大きかったとし、学会はもちろん工学会・工手学校などの会計は常に妻木をわずらわして、今日の揺ぎなき基礎を固めたのであると評価するのも忘れていない。そして「僕は今日まで先生程の政治力あり、財政通で各方面の交友多きは稀だと思っている。建築学会なども っと虚心坦懐に考え、先生を利用したらよかったろうにと今も遺憾に思っている」と、二大ボスの対立の弊害に批判をくだしている（森井健介、前記人物風土記補遺）。辰野からその弟子に、またさらにその弟子へと語りつぎいいつがれた東京大学史観による日本近代建築の〃古事記〃は、ここにも大きな偏向を示していたのではないだろうか。

その妻木も大正二年には臨時建築局から去り、五年十月には五十七歳の若さで亡くなった。大正六年には議院建築調査会が再び設けられ、七年六月には臨時議院建築局も設置され、議院建築も懸賞設計競技に付されることになり、同年九月に募集が発表された。応募案の第一次審査に保養先から無理して上京した辰野も、流感を併発して八年十月に亡くなった。彼の死の五日前に審査結果が発表され一等は渡辺福三の案ときまったが、「意匠競技」とうたわれていたように、一種のアイディアコンペにすぎなかった。正三位勲一等旭日大綬章、建築家中最高の位階勲等で飾られた宮廷建築家片山東熊もすでに大正六年十月にこの世を去っていた。三大ボスは相ついでたおれたのである。そしてコンドルも大正九年に東京で永眠した。日本建築界の第一代たちがその英姿を消したころ「市街地建築物法」が制定され（大正八年）、分離派建築会がその旗をあげたのである（大正九年）。明治は終った。

頼黄退陣後の人びと

妻木の腹臣として大蔵省営繕の現場監理にあたった人びとは、臨時建築局からドイツへ派遣された職人や、工手学校出の人が多かった。前者の代表が鎗田作造、後者のそれが小林金平といえよう。この他に秩父忠鉦・片岡某を含めて妻木の四天王とよぶ人も多かった。鎗田は千葉県の大工棟梁の子供、東京府土木課時代に妻木と知り合って、後にともにドイツに留学し、爾来ずっと妻木の片腕として煙草および塩専売関係の工事に東奔西走し、かたわら妻木の設計した横浜正金銀行（明治三十七年）などの工事も監督した。恬淡として名利にうとく、よく談じよく語り意気旺盛な人だったという。重病で入院中に姿をくらまし、人びとが驚いて探したら自分の工事場で監督をしていた、という話もある。典型的な職人気質の人だったようだ。妻木よりちょうど一年早く、大正四年十月に亡くなった。

大蔵省営繕の建築家山脈では、妻木の後に矢橋賢吉（一八六九―一九二七）がくる。個性が強く、文字どおり君臨した妻木と、議事堂を完成した大熊喜邦の二人の間にあって、彼の存在はどうしても薄れがちだ。だが議院建築準備委員会の速記録を見ると、その構造に鉄筋コンクリートを提案して陳弁これつとめるなど、なかなか勇敢な建築家だったことがわかる。

彼の生涯の前半は〃専売法の建築家〃といってもいいだろう。明治二十七年帝国大学工科大学造家学科を卒業して直ちに大蔵省に入り、長崎税関工事を振り出しに、翌年には臨時葉煙草取扱所建築部技師を兼ね地方廻りに専念させられたことが、その履歴書からもうかがえる。妻木の大学出は〃外様扱い〃という方針がここにも見られるような気がする。明治三十八年にいったん大蔵本省に戻って大蔵省臨時建築部第一課長になっているが、臨時税関工事部技師も兼ね、翌年には税関工事のため韓国に派遣されている。

この間委嘱をうけて熊本高等学校や千葉県庁（明治四十二年、先年取り毀された）の設計・監督にも当っている。明治四十一年には武田五一といっしょに欧米の議事堂建築の調査に派遣された。大正二年妻木の退任の後をうけて大蔵大臣官房営繕課長となり、はじめて大蔵営繕の中心に帰り着いたのである。自らは禁酒・禁煙を実行していたというのも面白い。

さらに矢橋は大正八年大蔵大臣官房臨時建築部長になり、同時に議院建築の直接責任者となって、懸賞設計の審査員もやっている。現在の議事堂の一等当選案を一応尊重しながらも、武田の顧問のもとで、ほぼ矢橋の案でまとまったとしてよいだろう、と池田譲次や下元連は語っていた。矢橋と武田がいっしょに見学したハンガリーの国会議事堂が直接の手本になったようだということも知った。とにかくプラン（平面）を徹底的に練る人だったらしい。朝から晩まで終日図面をにらんでいた。池田や下元が用事があってその席に近よると、メガネをおでこの上にあげて、やっと図面から眼をはなすといった具合である。彼の下で議事堂の設計主任をつとめたのが吉武東里である。吉武は京都高等工芸の出身。武田五一の教え子である。はじめ宮内省にいたが、議院建築のコンペで優秀な成績をあげ、大蔵省にスカウトされた建築家である。東大建築の教授吉武泰水のお父さん。また議事堂の構造の方を担当したのは斎藤亀之助。大正九年東大建築出身だが、若くして亡くなった。惜しまれた俊才である。なお工手学校出身の青年で、明治神宮絵画館のコンペに、関西の雄長谷部鋭吉を尻目に一等当選した小林正紹がいた。議事堂の外部は小林、内部は吉武がデザインを担当したともいわれる。昭和四年に竣工した総理大臣官邸は、ライトの影響の強いもので、営繕管財局の作品の中でもとくに目立つものである。これを担当したのが下元連。矢橋からけしかけられ、かなり不羈奔放な設計をしたという。敷地内に土地の高低が多く、それをそのまま利用して平面を作成したので矢橋になかなか納得してもらえず、模型で説明したと語っていた。ともかく、われわれ戦後派にもなじみの薄い矢橋であるが、新しいデザインには深い理解をもっていたようだ。大正七年に竣工した大阪中央公会堂は、懸賞設計が行なわれたものだが、矢橋は三等に当選している。彼の案は、そのなかでずばぬけて新しいデザインを盛ったものである。これには大蔵技師咲寿栄一（一八八五―一九一四）が協力している。咲寿は後藤慶二と同級。（明治四十二年）日本近代建築思潮の中における〝白樺派〟的グループの一員である。大正三年に亡くなったが、彼がながく大蔵省にいたら、営繕管財局のデザインにも大きな影響を与えたであろう。

大熊喜邦とその部下たち

矢橋の死の後をうけて、昭和二年営繕管財局工務部長になったのが大熊喜邦。彼は〝国会議事堂を建てた建築家〟というにふさわしい存在である。議事堂竣工の翌年には、二十四年間の大蔵省生活をいさぎよく退いている。大熊の工務部長時代は、一方に国会議事堂の建設工事が本格化し、一方では震災復興事業がさかんに行なわれていたので、大蔵営繕の黄金時代だった。議事堂は昭和十一年に竣工したが、それに併行し、あるいは先行して、海軍大学校（昭和二年）・農事試験場（三年）・総理大臣官邸（四年）・貯金局（今日の郵政省、五年）・印刷局工場（同）・警視庁（六年）・海軍経理学校（七年）・文部省（八年）・内務省（同）・水産講習所（同）・東京地方専売局第一工場（九年）・特許局（同）・会計検査院（十年）・枢密院（同）などの建築が続々と営繕管財局の設計監理によって竣工している。日本の官庁建築の更新期に当っていたようだ。予算も人員も多かった。

たとえば、ここに戦前日本建築学会が出版した『建築年鑑』（昭和十三年版から十七年版まで発行された）がある。その中央官庁営繕関係予算（内地だけ、国庫負担分）の各省所管別の表をみると、昭和十二年度の大蔵省営繕予算は約二、三〇〇万円。手のつけられない状態になっていた陸軍のそれを除けば各省中第一位である。十三―十五年度はそれぞれ二、〇一九万、二、一六三万、二、六八九万となり、今日の建築工事費に換算して三五〇億から四〇〇億近いものになろう。昭和四十年度の建設省官庁営繕予算は一〇二億円、その三倍から四倍の額である。職員も一時は全国に五〇〇人近くを擁していた。

この陣頭に立って指揮したのが大熊喜邦だが、彼は妻木頼黄とかなり対照的な性格の人だったらしい。妻木・辰野の対立以来のシコリも、長者の風格があった大熊によってほとんどときほぐされた観がある。大学卒業生も「いちばんいい人が大蔵省へ」（森井健介）行くようになった。母鳥がヒナを育てるように大熊はそのフトコロで営繕管財局の建築家たちを養成した。下元連は大熊喜邦の死を悼んで次のように述べている（建築雑誌、第七八五号）。

「先生は野心の人ではなかった。ひたすら名利を追ひ、富貴を求める世間一般の人とは別の世界の人であった。だからあれだけの高い教養と、深い学識を持って居られながら、晩年は悠々と清貧に甘んじて居られたのである。戦災の後、番町の焼跡に十坪余りの粗末な家を建ててそれに住んでおられた。一世の学者、建築界の長老の御住いとしては、いたいたしい気持さへした。でも先生は少しも気にかけては居られない様であった」。また「世間往々大蔵省の者は温室育ちだと云ふ人がある。私はそれをある程度認める。そしてそれは寧ろ幸福だったと思ってゐる。私達は先生の温容に接するだけで心の温まる気持がしてゐたのである」。

しかし大熊喜邦についてはかなり多くが語られ書かれている。それらに譲って先に進もう。

昭和十二年大熊の後をついだ工務部長が池田譲次。岡山池田藩の支族、もと男爵の毛並みである。明治四十年東大建築卒業、内田祥三・笠原敏郎と同級で、現在この三人だけが生き残り組である。卒業後ただちに大蔵省に入り、御料局煙草工場や神戸港陸上施設、造幣局、福岡県庁、神戸税関などを手がけて大蔵省に帰った。国会議事堂工事の現場を統轄して、やがて工務部長になったが、二年で退官し昭和十四年北支に渡り、住宅建設会社の設立に参画した。現在大明建設株式会社の相談役である。おっとりした、いかにもかつての大蔵省営繕の毛並みの良さを思わせる老人である。

国会議事堂の現場は、当時工場と称していた。池田の後をうけてこの工場長となったのが小島栄吉。明治四十四年大学卒業後ただちに大蔵省に入った人である。彼が議事堂の最後の工場長、二・二六事件のあったころである。工場は衆議院・中央便殿・貴族院の三部にわかれ、全体を工場長が監督し各部にそれぞれ担当者がいた。この中央を担当したのが中栄一徹。東京府技師や台湾総督府技師・名古屋高工講師をつとめて、後に建築事務所を開設した中栄徹郎の子息である。いまは先輩の下元連の事務所のパートナーとなっている。

池田の後をうけた工務部長は小島栄吉、さらにその後をうけて営繕技監となったのが下元連である。強大をほこっていた営繕管財局もすでに課に縮小されていた。下元がその課長に就任するとき大蔵次官によばれ、課長は文官でなければならぬ。お前は高等官一等の技監だが書記官を兼任せよといわれた。書記官は高等官三等である。憤慨して佐野利器に相談したら、「まあそうおこるな」と慰められたという。拡大しきった機構が縮んでゆくときの悲劇であろう。しかし戦後、戦災復興院から建築省発足の下拵えをした下元や、彼の後任者中栄一徹、それから建設省初代営繕局長になった木村恵一らの功績は大きく評価すべきだろう。旧内務省の土木技術者、あるいは旧陸海軍の建設関係者が合流してくるなかにあって、その組織化はたいへんな仕事だったと想像される。

さきにあげた下元の書記官兼任の話にも端的にあらわれているように、官庁における文官（事務官）と技術官の問題は昔から日本の官僚機構の宿命的なテーマであって、下元などとくにその問題を痛切に感じたらしい。官庁技術者の横の連絡、組織化が戦前から試みられているが、今日でもまだ十分な解決をみていない。

大蔵省営繕の建築外の仕事・建築研究所

大蔵省営繕の日本近代建築の歴史における位置は、その建築活動において評価されることが多いが、なんといっても官庁営繕のこと、意匠的にも予算的にもある限界を出ない。しかしきわめて厳重な予算の枠の中で、整々と工事企画を実施してゆく技術の蓄積は他に類を見ないものがあろう。「標準仕様書」の作成もその具体的な成果で、営繕管財局の資料と協力を核として建築学会がまとめたものである。建築の歴史における組織の評価は、たんにその作品に限ることはできないのである。

さらに大蔵省営繕の日本近代建築史上の功績のひとつとしてあげられるものに、「建築研究所」の母胎となったということがある。

今日の建設省建築研究所は国会議事堂の工事現場から生まれた。すでに大正年代に臨時議院建築局の試験室が議事堂工事場におかれ、主として国産建築材料の試験研究を始めていた。金子堅太郎子爵の建言によって議院はすべて国産材料によってつくられるべきことが決定していたからである。ほんとに下小屋ていどの研究室で研究費も工事費からの支弁という状態であったが、日本産の石材や木材の研究など、学術的にも大きな成果と見られている。古代からの建築学の歴史を見ると、建築家や棟梁個人の叡智の中から、まず学問として分化成立したものが材料の分類学的な学問と、つづいてその力学的研究であった。このことを思い合わせると国会議事堂工事現場に芽を出した研究機関は発生学的に興味のあるものである。

この研究室はその後大蔵省営繕管財局の分課規程による一掛りとして存続し、昭和九年には大手町の大蔵省庁舎に移り、営繕管財局全体の工事用諸材料の試験・検定にあたるようになった。しかし兼任技師一名、専任技手二名ていどのごく小規模なものである。昭和十一年に営繕管財局は本格的な国立建築研究機関の構想を打ち出し、予算案も成立したが、二・二六事件による内閣更迭でついに流産してしまった。昭和五―六年ころからコンクリートの研究を、十四年ころから新しい木構造法の研究を開始している。昭和七年東大卒の竹山謙三郎（後の建築研究所長、現鹿島建設研究所長）が大蔵省に入って、木構造の近代化にとりくんだのもこのころである。昭和十六年にはドイツの木構造計算および施工規格が竹山の手によって紹介され、大張間構造や、いわゆる〝新興木構造〟の建設・応用にあずかって力があった。

昭和十八年にははじめて室制がとられ、萩一郎を室長に人員も強化された。研究室のこうした動きが、昭和九年室戸台風の直後建築学会に設けられた「木造基準調査委員会」の組織と協力して、できあがったものが「木構造計算基準」である。昭和十九年八月、九月合併の最後の「建築雑誌」に発表されているのも印象的である。明治二十年以来一度も休刊したことのない「建築雑誌」も、今度の戦争では、十九年十月から二十年十月まで休刊を余儀なくされたのである。ともかく、この基準によって木構造もはじめて構造学的な数値計算の対象となり、戦後の発展の土台となった。

終戦後、この研究室は新宿区百人町のもと第七陸軍研究所の施設に入り、二十年十一月には戦災復興院建築研究所、二十三年一月には建設院第二技術研究所となり、旧内務省防災研究所や陸海軍の研究者も漸次吸収して建設省発足とともに、その付属機関として「建設省建築研究所」の看板を掲げるにいたったのである。

〃営繕局に政策なし〃

〃営繕局に政策なし〃という。これは批判でも皮肉でもなく、制度上の事実である。営繕官僚の権限は、危険だから建て直すべきだという技術的な建言がギリギリの限界である。新しい建物を建てるべきだという権限は官制的にもっていない。いわばまったくのお抱え大工である。もちろんこの仕事の中においても、整々と国家予算を執行してゆく作業の意義は大きいし、地味だがある意味では男らしい仕事でもある。また中央・地方の合同庁舎や港湾合同庁舎のような定められた予算の下ではあるが、都市計画的・建築の総合計画的な再配置を提案して、新しいビジョンを展開してもいる。しかし営繕統一（官庁建築をすべて一本の営繕機構で処理する、と同時にその使用計画の調整）と企画権の獲得はながい間の営繕官僚の夢であった。大熊喜邦もすでに合同庁舎の構想を抱いていたという。戦後二代目の営繕局長となった小島信吾は、辰野と並ぶ明治建築界の草分け小島憲之の子であるが、彼によって合同庁舎の構想が陽の目を見たといわれる。頼まれたものを建てるだけでなく、こういうものを建てるべきだ、そうしてただ建てて引き渡すのではなく、その管理・使用計画も建築的に調整し、ガラガラの庁舎とスシ詰めの庁舎が隣り合う矛盾を解決したいという希望は、建築家として当然なものであろう。これは文官（事務官）偏重の行政機構に対する技術官の憤慨に連なるところがある。戦争中に下元連が大蔵省営繕に各省建築の管理を委すべきだとして各大臣や企画院総裁に建白書を呈したのも、そのあらわれであろう。「妥協しすぎた。官庁建築を安くつくりすぎた。鉄筋バラックになってしまった。昔の赤レンガの官庁建築に集中している先人の努力と抱負に対して恥ずかしいものがある」と建設省初代営繕局長の木村恵一は述懐していた。国家権力と財力を傾け、西欧諸国を目標にして国造りに没頭していた時代と、民間の資本蓄積が高度になり、その建築投資も官庁建築の数倍、数十倍も豊かになった今日と、時代の様相は逆転しているのだから、いちがいに嘆くこともなかろう。ただ妙に国民におもねた官庁建築だけは建ててもらいたくない。そんなコンプレックスからよい官庁建築は生まれないし、さらによい行政も行なわれるはずがないからである。営繕管財局の建築家山脈は、戦後にいたって突出した峰をもたなくなった。しかし、それは英雄時代は終ったとされる時代全体の変化に沿っているだけである。山脈に代るべき新しい人間の群像が求められねばならない。

V 逓信営繕の建築家たち

〃逓信営繕〃の終端――近代建築家の数奇な運命――

建築というものは天邪鬼（あまのじゃく）である。正しくは建築に期待する人びとの心が天邪鬼というべきであろう。〃逓信営繕〃が日本の近代建築の歴史に一本の太い流れを構成し、そのながい、営々たる努力の成果に心から敬意を表する人も、今日の〃郵政建築〃のデザインには奥歯に物がはさまったような賛辞を呈するのである。いわゆる郵政スタイルの鍛えぬかれたソツのなさと、よい意味での合理主義・機能主義のデザインに公共建築としてのあるべき姿、いやむしろこの国の公共建築としては群を抜いた誠実さと到達している地点の高さを認め、讃えながらも、なにか不満の心が湧くのである。

この天邪鬼な気持を、なにに譬えたらよいだろう。燃焼しきったものの冷たさに対する不満か、あまりにもソツのなさすぎる優等生の答案に対する不満か、もちろんそれもあろう。しかし反面、公共建築としてのありかたの誠実さを賞めなければならない、という気持も強いのである。だから天邪鬼である。おそらくこれは、そのよい意味での合理主義・機能主義のデザインが、両面の鏡のようにわが国の今日の建築をうつすからであろう。いわゆる前衛的建築の大袈裟な試みの不毛な空白が片面にうつり、また片面にはあまりにも退嬰的な建築のヨボヨボの姿がうつっている。郵政の建築は、まさにその鏡のようなものではないだろうか。それはまた永遠に天邪鬼であるわれわれの建築に対する気持の両面をうつすものでもある。

「この建物は、云はば過去の仕事の積み重ねの結果であり、又歴史的に自然に作られて来た一つの平凡な作品でもある。そこには、明日の建築を約束するような飛躍的なものもなく、又将来の技術を暗示するような魅惑的なものもない。牛の歩みのようにのろいが然し一歩一歩進めてゆく極めて地味で静かなものがあるかも知れない。特殊な人々のための、そして充分な予算の下に営まれる数少い特異で目立った建物のようではないが、敗戦と社会不安の下に於けるこの貧乏国の、凡ゆる困難な制約の下に営まれる一般の人々のための、数多い普通の建築の一つのありかたを示している点に於て多少の意義を持つことが或は出来るのでなかろうか」。これは昭和二十五年の東京逓信病院高等看護学院の建築によって建築学会作品賞を受けた小坂秀雄（当時郵政省建築部設計課長）が、「建築雑誌」（昭和二十六年六月号）に寄せたあいさつの一節である。もちろん受賞者としての謙遜もあろうが、平凡なこと、目だたぬことは、早くもこのころから郵政の建築家たちが意識しているところである。そうして、もちろんその底には日本の機能主義建築の牙城にこもる者としての誇りと、限りない自負とがみなぎっていたのである。

しかし、その誇りと自負は、今日においては、やや色あせた感がある。第三者の天邪鬼は、そこに誘発されるのであろう。合理主義・機能主義の自らをしめる縄が、あまりにも弾力がなさすぎたのかもしれない。あるいは会計検査官に対して、必要以上に自らをしばりすぎたのかもしれない。建築家としての才能が、ただヤミクモに予算を気にする公共建築という意識の中に収斂しすぎたのではないだろうか。惜しいことだ。

そうして、自らを慰める言葉が、前向きの保守主義であり、合理主義、あるいは機能主義ではないだろうか。

郵政省の建築と、郵政から分かれた電々公社の建築とを見ると、私は日本の近代建築の〝数奇な運命〟といったものを感じる。前者は日本近代建築の伝統を追って、今や自ら〝目だたない〟建築となり、後者は電話交換器などの、機械・装置を格納する建築を主とするために、徹底的なプレファブ化、建築の装置化をおしすすめているように見えるのである。かつて「新建築」誌上で各分野の設計組織のルポルタージュが行なわれたことがある。そのとき私は電々公社の設計組織を紹介した。そうしてその標準設計室が開発した同軸ケーブル中継所の徹底したプレファブ方式をとりあげたが、その中継所は、今や〝所〟ではなくて〝器〟となってしまった。トラックでそのまま運搬できるのである。氷河の末端が溶けるように、ここでは建築が建築でなくなる作業が行なわれているのである。これもまた近代建築のもともと内包していた運命である。進歩の究極的な目標のひとつでもあった。

まったく〃数奇な運命〃である。しかしこれは逓信建築の成長の速度が、日本の建築界全体にくらべて、相対的にはるかに速かったためとも考えられる。今日の建築界より、数歩もさきを歩んでいったためでもあろう。その建築家の山脈をたどることも興味深いものである。

郵政省と電信電話公社へ

戦前、東京中央郵便局（昭和八年）・東京逓信病院（同十二年）・大阪中央郵便局（同十四年）などの名作をもち、吉田鉄郎、山田守をはじめとする多くの建築家を擁して、輝かしい近代建築の灯をかかげていたのが逓信省経理局営繕課である。いわゆる〃逓信営繕〃の名声はとどろいていた。それが戦後ＧＨＱの指令により、昭和二十四年六月アメリカ流に郵政省と電気通信省のふたつに分けられてしまった。現総理大臣の佐藤栄作が両省の大臣をかねていたから、政府もとまどっていたに違いない。建築関係の人員もだいたい五五対四五の割合で郵政、電気通信のふたつにスッポリと分けられてしまった。

終戦直後昭和二十一年一月逓信省の経理局営繕課は建築部に昇格していた。昭和十五年四月から営業課長をしていた山田守もまもなく勇退して東大建築一年後輩の中山広吉（大正十年卒、現第一建築取締役会長）が建築部長だった。昭和二十四年の二省分割で中山は郵政省の初代建築部長に、電気通信省は中田亮吉が施設局建築部長になった。中田は昭和十年東大建築卒、現電々公社理事建築局長である。逓信営繕のながい歴史も、この時からふたつの流れに分かれたのである。当時すでに電信・電話事業の民営が予想されていたので、時節到来とばかり張り切っていた通信屋は別として、建築関係ではながい役人の座に未練を残した人も多かったに違いない。もちろん希望をとって一方に偏しないように人員を分けたというが、電気通信省へ赴いた人びとの心境はかなり進歩的なものだったろうと推察できるのである。当時名古屋の東海電気通信局にいた佐藤亮が中田にしたがい、優秀なデザイナーをということで国方秀男も電気通信省へ割愛された。昭和二十二年に逓信省に入っていた内田祥哉や大場則夫、あるいは洞爺丸で不慮の死をとげた橋爪慶一郎らの俊秀も加わって本家の郵政とは違ったカラーを盛りあげていったのである。そうして昭和二十七年八月に日本電信電話公社として再発足することになった。名古屋の笹島電話局（昭和二十九年）や霞ヵ関電話局（三十二年）などがこれまでの逓信建築と違ったドライさと骨太さをもって出現し、電電公社建築の存在をにわかに主張しはじめたころの印象は、たしかに強烈であった。

昭和三十六年には日比谷に電々公社本社ビルが建ち、国方秀男は建築学会の作品賞を受けた。しかし電々の建築は、そのころから設けられた標準設計室の作業に象徴されるように、人よりは機械・装置を収納する建築の企画・新技術の開発研究、標準設計の確立、そうしてそれから導き出されるプレファブ化、工業生産化への傾向を強めていったようである。本家の郵政が、郵政局舎などを主要な対象として、生活水準・労働水準、あるいは地方における郵便局舎のあり方など、あくまでも日本的な人間臭さの中に近代建築のあり方を定着しているとき、電々の建築は、もっと無機的なものへの追求、建築が装置に解体してゆく先端を追い求めていたのである。三十一年に電々公社から東大へ帰った内田祥哉が、そのビルディング・エレメントの研究と体系化をもって、異彩を放つにいたったのも、この電々の気風とまったく無縁だとは思われないのである。

標準設計室の室長だった佐藤亮は、国方秀男、布施民雄らとともに、昭和三十八年五月に電々を出て株式会社日本総合建築事務所を創立した。また中山広吉のあとをうけて郵政省建築部長となり、そのデザイナーとしての才能を管理職の中に埋没して脾肉の嘆をかこっていた小坂秀雄も、同じころ民間に出て丸ノ内建築事務所を設けた。小坂の後、設計課長から建築部長に昇進した薬師寺厚も七―八ヵ月で民間に出て藤田組相談役となり、奥山恒尚がその後をうけている。ながい逓信営繕の歴史も、電々公社を含めて大きく変貌してきた。

逓信営繕の発祥と佐立七次郎

郵政・電々の母胎である逓信営繕の歴史は古い。日本の官庁営繕機構の中でも老舗のうちに数えられるものである。

逓信省そのものの発祥は明治元年会計官中に設けられた駅逓司にはじまる。これが駅逓寮・駅逓局と変遷を重ねて、明治十八年十二月内閣制度創設に当って逓信省として発足した。駅逓・電信・燈台・管船の事務を所管するのである。そうして、その営繕関係も自省の中で担当するようになった。これまでは明治三年に設けられていた工部省の営繕寮が逓信関係の営繕も行なっていたが、この内閣制度創設の時に廃省となったからである。

この工部省時代、すなわち逓信省設立以前の逓信関係の建築にも歴史に名をのこすものがかなり建てられている。逓信建築の前史である。いま日本橋川に架っている江戸橋の南詰に日本橋郵便局（昭和四年）が建っているが、ここがもとの四日市駅逓寮の地である。最初に逓信の本拠となった地で、明治七年駅逓寮の建物が建てられた。木造シックイ塗り、隅角に石を貼った二階建てで、正面玄関は一・二階とも柱廊によって開放する明治初期の典型的な洋風建築、一般市民にもよく知られた建物で、設計は工部省営繕寮の技手林忠恕（一八三五―九三）である。彼は大工からたたきあげた建築家、辰野金吾ら高等教育を受けた邦人建築家が社会に活躍する（明治十年代末）までの間を埋めた官僚建築家の代表者で偉大な存在である。のちに東京大学となった開成学校の建築（明治六年）は彼の設計で、当時の学校建築の典型とされたものである。四日市駅逓寮もまたこれに劣らぬ林忠恕の代表作と目されている。いまの日本橋郵便局の正面玄関の壁には明治三年三月一日、日本にはじめて近代式の郵便制度が行なわれた旨の「郵便発祥之地」の文字額が埋められ、かたわらに最初の駅逓頭前島密の胸像が置かれている。

また日本橋南詰にはもと日本橋電信分局があった。明治十五年竣工の煉瓦造二階建てで工部省営繕課設計といわれる。いずれ林忠恕あたりの息のかかったものだろう。当時の市民の眼をそばだてたらしく「橋南に相接して煉瓦石を累築したる百尺突建の一美観あり。正面は梲に対して高く匾額を掲ぐ。大書して電信局とあり。洋語に所謂テレガラフ」(荻原乙彦、東京開化繁昌誌)と記されている。

明治十一年には日本橋木挽町にウォートルス設計といわれる電信中央局が竣工している。その開業祝宴が虎の門の工部大学校講堂で行なわれ、英人教師の指導で学生たちがアーク燈を点した。日本における最初の電気の明かりがともった日である。その三月二十五日が電気記念日となっていることはよく知られているところである。いずれにしても逓信建築の発祥は、その事業の新しさと相まってはなばなしいものがあったようだ。

明治二十年二月になると逓信省専任の建築家の名前が出てくる。しかも大物である。その名は佐立七次郎(一八五六―一九二二)。逓信建築家山脈最初の高峰である。地味な存在だった彼の名は案外に知られていないが、明治十二年工部大学校造家学科第一回の卒業生。辰野金吾・片山東熊・曽禰達蔵とならんで日本の近代的な建築家の初代で、造家学会(現日本建築学会)の創立者のひとりでもある。

彼は工部大学卒業後ただちに工部省に入り恩師コンドルを輔けて上野博物館(明治十五年)の建築掛となり、当時ほとんど経験者のいなかった煉瓦造建築の工事に恩師直伝の新知識を活用した。後に鉱山局や会計検査院、あるいは海軍と歴任して明治二十年逓信四等技師に迎えられたのである。そのころ、さきの四日市駅逓寮の跡に東京郵便電信局（明治二十五年竣工）の建設計画があり、彼はこの設計にとりかかったが、二十一年から約十五ヵ月の期間、郵便および電信局舎建築法研究のために欧米へ出張を命ぜられたので、クラスメートの片山東熊が後を引き受け、かなり設計を変更して片山お得意の櫛形ペディメントや渦巻飾りがついたパラディアンスタイルで煉瓦造三階建ての建物を仕上げてしまった。

佐立は明治二十四年秋まで逓信省に在職し、名古屋・九段・大阪（中の島）の各郵便局を手がけ、退職後は事務所を自営するとともに日本郵船会社の建築顧問となり郵船会社関係の仕事が多い。上海・香港の支店まで手がけている。明治三十九年竣工の日本郵船小樽支店の建物（現小樽市立博物館、石造二階建て）は現存する唯一の彼の作品ではないだろうか。明治三十九年十一月日露講和条約による南樺太の日本への割愛の調印が行なわれたのもこの建物である。

私は数年前北海道へ明治建築の調査に赴き、この建物の棟札を見て佐立七次郎の設計になることをはじめて知った。彼の名は早くから知っていたが、どんな建築家かまったく知らなかった。辰野たち同級生の名声があまりにも高いため、彼は私にとってただなんとなく〝気がかり〟な存在だったのである。子息に建築家佐立忠雄（大正三年早大卒）や親せきに詩人金子光晴らがいることを知ったのはその後である。

彼の名があまり知られていないのは、彼がその温厚な人柄にもかかわらず、極端な交際ぎらいだったことに原因しているようだ。友人曽禰達蔵もその訃に接して「佐立君の謙遜は其度を過ること余りにも甚だしく、自己の技倆を実価の半分以下として人に接するを常とした。ために誤解を来すことあり、能く君を識るものはこれを歯痒く感ぜること一再に止らず」（建築雑誌、第四四六号）と嘆いていた。

戦前の建築家たち

佐立の後を受けて明治二十五年九月逓信技師となり、大正二年まで逓信営繕の指導者となった建築家は吉井茂則（一八五七—一九三〇）である。明治三十年に逓信省監査局（後に三十六年経理局）に営繕課ができて、機構の上でもはっきり建築専掌の課が出現したから、吉井は逓信営繕の最初の課長ということができよう。

彼は土佐藩士の子、明治四年十五歳で英国へ留学、帰国して工部大学校造家学科に学び、明治十六年第五回卒業生として世に出ている。やはり造家学会創立者のひとりである。明治二十年に臨時建築局四等技師となり、二十三年暮の第一回帝国議会に使用した仮議事堂の工事主任として突貫工事に成功した。しかしこの建築は翌年一月に火事で焼けた。総理大臣山県有朋は次期議会にまに合わせるよう再築を命じたが、この大建築を数カ月で再建することは誰もが危ぶんだ。吉井はこれを引き受けた。当時内務省土木局長だった工学界の元老古市公威がその方策を問うと、彼は現場にアーク燈をともして昼夜兼行でやって見せると断言した。古市もこれに感じて決行を命じ、吉井はわずか六十日で再建して関係者を驚嘆させたという。その功で勲六等を授けられたといわれるから、当時名うての早業の士だったようだ。

逓信省時代も明治四十一年焼失した逓信省の仮庁舎一、二六〇坪を当時遊休の鉄道高架線の拱橋を利用してわずか四十日で完成して話題となった工事を設計・実施するなど、その早業ぶりは見事である。

しかし大正二年に営繕課が廃されて官房経理課営繕係に縮小され、吉井も逓信省を去った。大正八年に再び営繕課が復活するまでは、逓信営繕の暗黒時代ではなかっただろうか。たとえば大正五年には技師はわずか三名だったという。すなわち内田四郎（明治三十四年東大卒）・和田信夫（同四十三年）・武富英一（同四十五年）だけであった。武富と同級の渡辺仁も一時逓信省に籍を置いたというが、その正確な在職時期は不明である。また大正五年芸大（当時上野美術学校）を卒業した前田健二郎も、このころから逓信営繕に参加したのであろう。

しかし大正八年に営繕課が復活し内田四郎が課長となった。大正六年には大島三郎、七年には岩元禄、八年には吉田鉄郎、早大卒の十代田三郎、九年には分離派の山田守らが加わり、逓信営繕は大きく体質改善されたようである。大正十一年には技師の数も十一名に増えている。山田守の名に惹かれた山口文象がいちばん末席の製図工の席についたのは大正九年九月である。その山口が中心となって大正十二年十一月創宇社建築会を結成したとき、それに参加した梅田穣・小川光三・専徒栄紀・白木亀吉らはみんな営繕課の図工や技手だったというから、すでにフツフツとたぎるようなエネルギーが醸されていたことがうかがえる。

山口文象は大正十三年には逓信省をやめて帝都復興院の橋梁設計にあたり、やがて竹中工務店を経て石本喜久治の事務所へ移ったのであるが、山口の眼を通した当時の逓信営繕形成期の建築家像は、この本の〈山口文象の出会った人びと〉に紹介したから、それにゆずることにしよう。

岩元禄の青山電話局、あるいはそれに先行した京都西陣電話局をはじめ、山田守の中央電信局（大正十一―十四・九）など、すでに逓信営繕はその輝かしいスタートを開始していた。関東大震災の復興に忙殺されていたころの逓信営繕の記録を見ると、前記の建築家の他に、張菅雄、八島震、上浪朗らも活躍していたことがわかる。復興建築には吉田鉄郎や山田守らが他官庁にさきがけてメートル法を採用し、神田や京橋など復興に当って自動交換化する電話局六局の設計を民間に外注するにあたっては、首席技師の和田信夫が一種の立面の標準設計を作成している。

（これは昭和六年ころまで応用され、外注設計の混乱を防ぐに効果があったが、反面その類型化によって中央電信局を契機として脱皮しはじめていた逓信建築のデザインにいくらかのブレーキになった、という見解もある――。日刊建設通信社発行『郵

政省の建築』昭和三十三年、八頁)

また震災に先行する大正七年ころから、東京付近の電話交換分局に、さかんに鉄筋コンクリート構造が応用されるようになったが、収容する機器が高価であるという理由もこの構造採用の大きな原因だったという。機械に弱い国民性といってしまえばそれまでであるが、今日の電々の建築に、なにかそのまま直結しているものがあるようだ。

吉田鉄郎と逓信の木造建築

それはともかく、逓信省営繕の建築が、大正中期からにわかに日本近代建築の主流を構成するようになった理由としては、もちろんその建築家たちの優秀さがあげられる。それと同時に大正十四年まで課長の席にあった内田四郎が、建築家としてはともかく、あまり細い指示をせず、かなりノビノビと課員が仕事ができたということがあげられている。内田の後をうけて藤本勝往(昭和七年まで)・和田信夫(昭和十一年まで)・大島三郎(昭和十五年まで)と歴代課長がつづき、昭和十五年四月から山田守が課長となって戦争を迎え、戦後建築部に昇格してから中山広吉・小坂秀雄・薬師寺厚・奥山恒尚と部長が交替したのである。

山田守の課長就任当時は、一年先輩の吉田鉄郎がもちろん健在だった。むしろ昭和十四年に大阪中央郵便局を仕上げて、ある意味で意気軒昂だったと思われるが、吉田は自ら希望して課長を山田に譲ったという。彼は設計に没頭していたかったのである。ヒューマニストで、しかも頑固な平和論者の吉田鉄郎は、戦争中はやはり陰に陽に精神的な迫害を受けたといわれる。しかし昭和十八年に大阪府佐野市に竣工した高等海員養成所や、同じころの鶴見燈台寮などは、彼の清澄な眼光のように輝く名作である。日本の木造建築に対する深い理解に支えられたもので、戦後の逓信省の木造建築に決定的な影響を与えた。小坂秀雄も、さきにふれた東京逓信病院高等看護学院の学会賞受賞のアイサツにおいて、この吉田のふたつの作品（それは戦局がおし迫っていたため、ついに発表される機会がなかった）にふれて、その作がもしそのまま残っていたら、今回看護学院の建築など到底足許にもおよばないものであったと思う、といっている。彼の謙遜もあろうが、やはりそれだけの評価に値するものを残して吉田は戦争中に逓信省を辞し、郷里に帰ったのである。

この吉田の気品に溢れた作品が完成した直後、昭和十九年に国防電話局なる鉄筋コンクリートのおバケが山田守によって設計されているのを今回はじめて知った。東京の最重要回線三、〇〇〇を収容する耐爆局舎で、スパン三十三メートル、長さ四十七メートルの鞍型シェルの形をもつ地下二階、地上三階、延約一、〇〇〇坪におよぶ無窓建築である。鉄筋一、二〇〇トン、セメント二、五〇〇トン、当時の逓信省割当ての乏しい資材の大半を投入したというこの建物は、その後どうなったか知らない。しかし、マイヤールのスイス博の美しい鞍型シェルとは似てもつかないものであることは、その写真を見てもすぐ判然とするものである。戦争に対応したふたりの近代建築家のそれぞれの心情を示しているようで興味深く感じた。

小坂秀雄

昭和十年東大建築を卒業した小坂秀雄が逓信省に入ったのは十二年である。今の第二丸ビルの場所に国際ホテルを想定した卒業設計を行ない、卒業論文には空港ビルをとりあげた彼が、ホテルオークラやニュー・オータニの設計委員に名をつらね、羽田空港ビルの基本計画にタッチしたことはよく知られているところである。雀百まで……というところであろう。

彼は大学を卒業して松田軍平の事務所に一年半ほどいた。平田重雄がチーフ・デザイナーで活気にあふれたモダンな事務所だった。とくにスパニッシュの住宅になかなか傑作が連続していたころである。また当時土浦亀城の作品にも惹かれるものが多かったと小坂は語っている。ちょうどそのころ山田守の逓信病院ができ上りはじめていた。それにすっかり魅せられた小坂は、ヤもタテもたまらず逓信営繕にとびこんだのである。はじめは山田の班に、ついで吉田鉄郎の班に属して逓信営繕の手法を身につけていった。

彼の入ったころの逓信営繕には山田や吉田の先輩をはじめ、中山広吉、木村栄二郎、上浪朗、関口謙太郎らの錚錚たるメンバーが揃っていた。木村は大正十年東大卒。純粋なデザイナー肌の人で、築地あたりの料亭や待合など粋な建物の設計にも腕をふるっていたという。今は春秋社代表取締役、上浪朗は木村の一年後輩。デザインよりはマネージメントに才腕をふるっていた。世話好きな技師で、現在は構想建築設計研究所の所長、独立後の小坂の事務所の協力建築事務所となっている。関口は純粋なデザイナーだったという。いまは飛島土木の顧問。

彼はこれらの先輩技師にとりかこまれて育った。そうしていわゆる今日の郵政スタイルの原型を薬師寺厚らとともに築き上げてきたのである。とくに終戦直後の逓信省木造建築のデザインの混乱ははげしかった。目茶苦茶で、喫茶店のファサードをさかさにしたようなデザインも見られた。これではいけないと本省で講習会をたびたび開催し、標準設計の確立を目指すとともに、設計会議（その起源は大正十四年ころに遡るというが）を開催し、郵政建築の思想統一が図られた。合理主義・機能主義の考え方を徹底的にデザインに導入し、予算その他の制約の多い、シビアな条件の中で、公共建物を練り上げていくきびしい創作態度が求められた。昨年浪速芸大のコンペで気を吐いた高橋靗一（二十四年―二十九年在職）が参加していたのも、このころのことであろう。

問題作ではあるし、大胆な試み、はげしい個人的傾倒があったとしても、戦前の逓信建築には、やはり試みの甘さがあった。それが魅力でもあるが、変革期の不安定さがあった。その逓信建築が、戦後郵政建築となるにしたがって個人的な試みは厳重にチェックされ、安定したスタイルとして定着してきたのである。それはやはり小坂秀雄の時代になってからの成果といえよう。と同時におもしろくなくなったのも事実である。輝かしく燃え上って、しかも焔がはげしく明滅する戦前の逓信建築の情熱は、いまやほとんど少しのチラツキもなく恒久的な照明と化した。均一に明るく、たしかに合理的・機能的な明るさである。だが影がない。陰影が生まれない。

もちろん私は、これをかんたんに責めることはできない。いや、むしろそのきびしい官庁建築家の自己形成の歴史に賛辞を送りたいほどである。これほど見事に、きびしく、忠実に官庁建築のあり方を追求した設計組織は他に例を見ないであろう。それは輝かしい先人の名声に十分に応えるものである。そうしてその機能主義に徹した設計態度は、日本における近代建築の未来に対して、彼らなりの賭けをしているものであろう。広く日本の近代化に関する議論が展開しているとき、郵政建築のゆき方は、たしかに筋の通った見事な歴史への貫入の仕方を示すものである。

しかし、鋭く未来へつきささってゆくにはあまりに燃え上るものが少ないのではなかろうか。設計会議にかけられて、なおそれをパスするだけのはげしい試みが、はたしてどれだけその内部における日常の設計活動において提案されているだろうか。体当りするはげしさがどれだけ再生産されているだろうか。設計会議を無難にパスすることだけに汲々として、つぶされてもつぶされてもまた持ち出すはげしさと執拗さが若々しく息づいているだろうか。郵政の建築は、建築の創造の難しさと、公共建築のあり方の難しさを重ね合わせて、今日、この時点においてわれわれに大きな問題を投げかけているように思えてならない。それは日本における近代建築の〝数奇な運命〟を思わせるものである。

小坂秀雄は昭和三十八年郵政省をやめて丸ノ内建築事務所をはじめた。その所管の建築設計をほとんど部内で処理して外注しないのが郵政建築部の伝統だから、小坂の事務所が郵政へ寄食するとみるのは早計である。しかし郵政関係の外郭団体の仕事はたしかに多い。恵那峡のヘルス・センターや房州鴨川の老人ホームをはじめ、郵政の保険事業団の仕事が多い。また、彼の卒業設計以来のホテル建築の仕事も多くなりそうだ。所員は十四—五名。丸ノ内のビルの一室を借りて、彼はきわめて忙しそうである。

だが、議会へ引き出されたり、一日中面白くない役所の会議に出ているより、はるかに楽しく生甲斐を感じているようだ。どんなに忙しくてもメシより好きな建築の設計に関係することだからであろう。官僚建築家中最右翼のデザイナーと目され、その優れた資質を役所の雑用に埋れさせていた彼の存在を惜しむ声は昔から大きかった。それだけに、彼も水を得た魚のような現状であり、その転身を祝福する人も多い。だが当然のことながら疑問は残る。小坂はそれでよい。よかった。だが後に残った郵政の建築家たちはどうなのだろうか。小坂と同じプロセスをただ再生産するのだろうか。官庁営繕の建築家のあり方は、今後ますますシビアに検討されねばならぬ問題である。とくに輝かしい伝統を有する郵政省建築部の人びとの動向は、これから注目すべきものがあるように思える。

電々公社の建築家たち

逓信営繕の伝統を合理主義・機能主義の建築とすれば、その線をもっとも徹底的に純粋につきつめてきたのは、電々公社建築部（のちに局）といえよう。郵政の建築が郵便事業というあくまで人間中心のものであるのに対して、電々のそれはむしろ無機的・機能的なものである。しかも猛烈に金額のかさばる機器を収容することが多い。最近の例では、ある電話局新設の建築費が四億に対して、内部の機械装置が七十億円というものがあった。しかも、その中味の技術的な変化の速度はおそろしく早い。最近の電子技術の進歩が、まさに日進月歩だからである。そうして十五年もつと見透しをつけたものが一年で増築しなければならぬ羽目におちいったり、五年間に五回も増築するケースもある。電話事業の猛烈な拡充が行なわれているからだ。因みに、電々公社昭和四十年度の建設予算（土地・建物・ケーブル・機器を含めて）は全体で約三、〇〇〇億円、建物関係だけでも七〇〇億円に達している。

風雲を望んで逓信省から電気通信省へ、さらに電々公社へ移ってきた建築家たちのハリキリかたは、たいへんなものであろう。経済的に、合理的に、徹底的に電々の建築を分析し、再構成していった。たとえばエア・コンディショニングなど、当然専門の電気屋や機械屋がいたが、電々の建築とエアコンとは区別して設計できぬと頑張り、やっと建築家の仕事とするなど、かなりつきつめて、それだけにプライドをもって建築の機能面を追求してきたところがある。そうして、なかには建築であることから飛び出して器具や装置にまでなってしまったものもある。もちろんプランニングの標準化からプレファブ化までつきすすめるのである。

「電々の建築、とくに電話局の建築はどうしても理屈っぽくなる」といわれる。建築から機械や器具へ収斂してゆくのであるから当然であろう。これはまさに近代建築のひとつのゆきつく点を暗示しているものではないだろうか。そうして建築家の英雄時代も、ここではすでに終焉に近づいている。したがって建築家山脈に登場する建築家なし、とするのが正しい認識ではないだろうか。あるいはこれまでとまったく違った視点で、この建築の終端に活躍する人びとの像をつかまえなくてはならない。近代建築の〃数奇な運命〃という実感は、電々公社の建築において、とくに強くひびくのである。

また電々の建築には無機的なひとつの押しどころがある。ことごとに建築を予算だけ、金だけで拘束しようとする力に対してである。たとえば自動交換局として田舎に鉄筋三階建ての電話局を建てる。きまって田舎にそんな建物はゼイタクだという批判がでる。

「なにをいうか。中に入る機械は東京でも田舎でも同じだ。それがゼイタクなら、モシモシでやれ」という調子である。人びとの生活条件や、その他もろもろの政治的・人間的バランスの上に微妙なやりくりをし、妥協を重ねなければならない他の官庁建築と、本質的に違うものをもっているのである。あるいは人は、人間が第二義的なものとなった建物は、すでに建築ではないというかもしれない。したがって極論すれば電々の建築局には建築家はいないということになろう。しかし、オートメーション化が進んだ工場建築でも、どんなに強弁しようが人間の空間は第二義的なものになっている。それをなお建築と称する以上は、電々の建築も依然として建築であり、建築家の存在意義は重要である。事実、たとえばマイクロウェーブ回線の増大に伴って京都や奈良に巨大な電信・電話局を設けねばならない。高い塔も必要である。そうしてそれからの街の自然景観との調和の問題をいかに処理するか、真剣に、誠実に悩んでいる電々の若い建築家を私は個人的に知っている。

電信電話公社建築局の標準設計室長佐藤亮が、国方秀男や布施民雄ら約二十五名の人と公社を去って、渋谷に日本総合建築事務所を設けたのは昭和三十八年五月である。いまはすでに所員約五十名、今年はさらに新卒十名の採用も決定している。すばらしい拡張ぶりである。

佐藤らが公社を出たのは、決してほしいままのものではなかったという。すなわち電話拡充五カ年計画に伴って、公社としては、それに対応するだけの人員をこれ以上増加することもできず、むしろ外部にあって協力してくれる組織の必要を痛感したからである。また建築ができねば、自分たちの事業も進展しないと考えた通信・電気関係メーカーの多くが株主となっているのを見ることもできる。ある意味で幸運の星の下に生まれた組織であろう。事実郵政と違って設計外注の多い電々公社の仕事が、昨年度の仕事量の五十%ていどを占めているようである。しかし佐藤らの本心は、おそらく痛し痒しというところではないだろうか。いずれにしても、電々の下請け組織と見るのは早計のようである。たとえば本年一月竣工した藤倉電線佐倉工場などは、鉄骨の巴シェル（スパン二十四メートル）の連続する美しい作品である。

明治の初年にその起源をもつ、郵政・電々の建築とその建築家山脈は、まことに多彩な展開を見せてきた。たしかにまとまった官庁営繕機構の成果としては最高の成果をあげてきたといえよう。その建築家の群像もまた多士済済、とくに大正中期からの建築家の活躍ぶりは見事である。そうしてその誠実に追い求めた近代建築の理念が、一方では前向きの保守主義といわれるほど、よい意味での公共建築の典型として定着し、一方では、徹底的に合理化・プレファブ化を推進して建築そのもののゆきつくところを示唆するようになったのである。わが国の建築の近代化における公共建築の役割りはきわめて大きかった。逓信営繕の歴史は、まさにそれを実証している。

もちろん官僚支配におけるもろもろの批判に対して、逓信営繕の歴史がまったく無傷であったとはいえない。しかし、壮烈に現在の時点へ崩れこんだ歴史的蓄積の大きさ、ポテンシャルの高さは賞賛に値するものがあろう。しかし、いまやその歴史も一〇〇年になんなんとしている。大きな変革期に当面していると思われる。その認識はどうか、その覚悟はどうか、静かに構えた郵政の建築家に、あるいは電話事業の大拡張計画に忙殺されているであろう電信電話公社の建築家たちに、私はそれを聞きたい。

おそらく建築家山脈に代わるべき視点が、そこから発見されるであろう。

Ⅵ　建設業の建築家たち

建設業に属している建築家、もっとわかりやすくいえば、建設業の内部で設計活動にたずさわっている建築家（西欧的な意味でのアーキテクトという呼び方は混乱を招くのでやめる）の活躍は、日本の近代建築史における未発掘の部分である。

設計と施工は分離すべきであるという西欧的なアーキテクト観が経となり、請負業者・土建屋という必要以上の低姿勢が緯となって、彼らの仕事にはことさらにヴェールがかぶされ、外部の〃先生大事〃で〃お手伝いをしただけです〃と韜晦をこととするのが多かった。そこには近代日本の建築界の歴史の特性があった。いやむしろ歪みといったほうが当っているかもしれない。この歪みを日本社会の近代化の歪みを反映したものであるとし、設計・施工が一貫されることに前近代性を見る立場もあろう。またそれとまったく逆な立場から、そうしたなにもかも西欧的な考え方によって日本の建築家を律しようとするからこそ、この不幸が、歪みが生まれたのではないか、とする意見もある。少なくとも私は後者の立場に立つ論者であるが、この問題はにわかに決着がつくものではない。日本社会全体の近代化に強いかかわりのある問題だからである。

それはともかく、事実として、建設業にあって活躍してきた建築家を無視することはできない。今日さらに建設業の設計・施工一貫の傾向は推し進められる気運にある。好むと好まざるとにかかわらずそれは事実であり、その事実の中から新しい建築家の社会がつくられるべきであると私は考えている。もちろん、建設業の設計のあり方、その建築家の志向すべき方途、それは他の民間や大学や、あるいは官庁にある建築家とおのずから異なったものであろう。したがってとくに大きな建設企業にあっては、その経営全体の機構の中で、彼らの果すべき役割、あるいは直接生産に結びついている組織の中の建築家としてのあり方が、きわめて強い関心の的になっている。ここ数年来、大手の企業の設計組織が、それぞれ大規模な変革を行なっているのも、こうした傾向を反映したものである。外部の建築家と強いて事を構える姿勢はもちろんないが、組織としてより合理的・より科学的な体制を目指している点では、まさに近代企業に共通する意識である。その競争がはげしいだけにその熱意、その真剣さは、いわゆる民間のアーキテクトの事務所を抜く点が多いと思われる。

もちろん建築の設計、建築のデザインのよさといったものは、こうした合理的・科学的な設計組織や、管理によって一義的に生まれでるものではないし、まったく反対の、きわめて個性的・職人的な設計環境の中から傑作の誕生することも多い。しかしそれらは建築のあり方、あるいは評価の問題であって、建設業の設計部は、それなりの建築設計を目指しており、それなりの良さを生むことにその全力を傾けているのであろう。

われわれ第三者から見て、建設業の設計部、あるいはそこに活躍している建築家の対外的な姿勢は、それぞれ千差万別である。積極的に建築家活動をアピールするもの、設計・施工一貫にはっきりした腹をきめながらも、できるだけ〝家庭の事情〟の枠内におさめて低い姿勢をとるもの等々。また企業内部のデリケートな問題にひっかかっていて、明確な姿勢を外部に打ち出すことのできないものもあろう。

しかし、建設業の建築家の存在とその評価は、これからますます高まることはあっても、従来のような日かげ者として終ることは、もうないだろう。この時期に当って、従来建設業の内部で活躍してきた建築家の主なる人びとをあげて、その列伝を構成してみるのも、けっして無意味ではないだろう。

それは建築家山脈というには、一見してあまりに断続的なものであり、当事者以外によく知られていないことが多すぎる。――これは冒頭にふれたように、従来の建設業が、彼らについて語るところが、あまりにも少ないためである。遠慮があり、必要以上の低姿勢のためであろう。建設業の「社史」を繙いてもっとも不満を感じ、隔靴掻痒の感を強くするのもこの点である——だが、いずれは手をつけねばならないテーマである。今回の建築家山脈は、この無謀にも近い試みにあてられたのである。

明らかでないスカイライン

先日、日本の近代建築史上の主要作品を年代順にいくつか列挙するために、数人の建築史家・評論家が集まった席があった。そのときしばしばその名前と作品が話題になった建設業所属の建築家がいた。竹中の石川純一郎と大林の木村得三郎の二人がそれである。

石川は大阪堂島川に面して黒と金の思い切ったデザインの大阪朝日会館（大正十五年）や、大きな外壁面で人目をそばだてた京都朝日会館（昭和十年）の設計者としてよく知られた建築家である。建設業の設計・施工した作品のほとんどが、担当した個人の建築家（社員）名を公けにすることのない慣習の中で、石川純一郎の名前だけがかなりよく知られているのは珍しい例に属するだろう。それはまた竹中という建設会社が他の大手建築会社とやや違って、いわゆるアーキテクト的な設計に重点を置いてきた特徴ある歴史を反映するものであろう。木村得三郎はすでに故人である。私がその名を知ったのは比較的最近である。大正三年上野の美術学校（現在の東京芸術大学）を卒業した木村は、学校時代の恩師岡田信一郎（一八八三—一九三二）を援けて東京の歌舞伎座（大正十三年十二月竣工）の設計に当ったのである。この建物はもちろん大林組の施工したものであるから、木村は施工者側から出て〝お手伝い〟をしたものであろう。〝岡田さんは病身であのころはドテラを着ておられ、ほとんど外へ出られなかった。大林の木村という人が、だいぶ手伝った〟ということを、当時の事情にくわしい先輩からうかがったのは、つい最近のことである。その後、大林組の設計・施工した大阪松竹座（大正十二年一月竣工）や東京劇場（昭和五年四月竣工）の設計の中心になっていた人が木村得三郎であったことを知って、強く関心を惹かれるようになった。

石川にしても、木村はなおさらのこと、日本の近代建築史において、まさに発掘されはじめた建築家である。しかし建設業の建築家の山脈において、彼ら二人が、とくに抜きんでた山容をもっているかどうかは、まだわからない。その山脈そのものが、まだまだ暗いモヤにつつまれていて、そのスカイラインが分明でないからである。それに、建設業内部では、すぐれた建築家かならずしも設計部に所属して設計活動に終始したとは考えられない。企業全体の中にあって設計活動以外の技術全般、あるいは経営そのものにその才能を発揮することが要望されたこともあろう。彼らの中にはすぐれた設計者としての天分をもちながら、企業そのものの全体を統括する重任のために、その設計の〝楽しみ〟から不本意ながらも遠ざからざるをえなかった人物もいたはずである。すぐれた建築家はまたすぐれた管理者であることを思えば、かなり多くの貴重な才能が、現場に、技術に、あるいは経営に投入されたであろうことは疑うべくもない。だからといって建設業はすぐれた建築家・設計者を育てえない、とはいえない。見方によれば彼らはもっと大きな局面において建築を、建設業そのものを設計し、監理してきたからである。日本の建築文化に対する貢献の度合は、いわゆる設計者としての建築家に勝るとも劣らぬものである。私の狭い知見によっても、たとえば清水建設の原林之助（一八五七―一九一二、彼は技術者ではなかった。だが辰野金吾を通じて曽禰達蔵らから建築について多くを学んだという）・清水釘吉（一八六七―一九四八、明治二十四年東大造家学科卒）、竹中の十四代をついで今日を築いた竹中藤右衛門（現相談役）、あるいは清水の大番頭として自他ともに許してきた小笹徳蔵（大正二年名高工卒）などその典型例ではなかろうか。小笹は岩井商店横浜支店（大正八年）をはじめ秀作が多いし、また関東大震災後の海外遊学において、厖大な量の建築図集を買い集めて帰国し、スパニッシュの建築設計に腕を振るったといわれている。大林の松本禹象・白杉嘉明三（亀三）も、まさに大番頭と目された人物であったが、大きな意味ですぐれた建築家といえよう。

また戸田建設会長の戸田利兵衛（大正二年東大）・子息の社長戸田順之助（昭和十七年早大）、大成建設社長本間嘉平（大正十一年東京高工）、竹中社長の竹中錬一（昭和八年早大）、大林組社長の大林芳郎（昭和十六年東大）、鹿島建設副社長の鹿島昭一（昭和二十八年東大）らはすべて建築学科の出身で、それぞれ日本の建設産業を代表する大企業の首脳者たちである。彼らの中にもすぐれた設計者の素質をもつ人物もいるはずである。もっとも若い鹿島昭一など新しい設計組織を求めて新鮮な頭脳をしぼっているという。しかし、彼らには彼らの役割がある。みずから建築家として設計作業にたずさわることはほとんど不可能であろう。

したがって、ここで建設業の建築家山脈をたどるには、かなり限定した視野をもって当らなければならない。建設業内部にあって設計者、あるいはデザイナーとして活躍した人々の系譜にそれはなるのである。

石川純一郎と竹中の建築家たち

石川純一郎は大正十一年東大建築学科を卒業して竹中工務店に入社した。この大正十一年組には東大名誉教授の岸田日出刀、構想建築設計研究所を営んでいる上浪朗、大林組取締役設計部長を退任して今日同社顧問の小田島兵吉、同じく西沢藤生、設計事務所自営の土浦亀城、松井建設社長の松井角平、福井大教授の吉田宏彦らが健在で、故人では建築史学の長谷川輝雄、建築構造学の田辺平学らの俊秀がいた。

竹中の設計部は建設業の中ではもっとも作品主義的であり、ある意味でいちばんアーキテクト的な傾向をもっているとの定評がある。〝施工部門をもった設計事務所〟とまでいわれるところである。今日の建設業界ではもっとも古いノレンを誇り、創業は慶長十五年(一六一〇)ととび抜けて古い。現相談役の竹中藤右衛門が第十四代の当主となって、名古屋から神戸に本拠を移した明治三十二年(一八九九)をもって〃承業〃第一年としているようだが、今日の竹中の伝統、あるいは設計・施工一貫をもって、よい作品の必要条件とする気風は、この竹中藤右衛門の気質・主義によるところが多い。したがって企業内部における設計部(それがいつから正式に設計部と呼ばれるようになったかはわからないが)の立場は、古くからかなり高かったようである。ややもすると〃余計者〃扱いをされてきた他の建設業と比べて、これは大きな違いである。家族主義の中における一種の治外法権がそこにはあった。そうして積極的に優秀な建築家を集めていた。石川が入社する以前にすでに大正二年東大卒の藤井厚二(一八八八—一九三八)、同じく大正六年卒の鷲尾九郎らが先輩として在籍していた。藤井は大阪朝日新聞社(大正五年竣工)の仕事に関係したのち、大正八年には欧米巡遊の旅に出て翌年帰国し、ただちに新しくできた京都大学建築学科講師に迎えられたから、石川とはまさにスレ違いに終ったわけである。むしろ鷲尾の先輩としての指導が大きかったのではなかろうか。

また石本喜久治が石川の二年先輩としてその設計部にいた。石本は大正九年東大建築卒。このクラスの六人のメンバー、すなわち石本・滝沢真弓・堀口捨己・森田慶一・山田守・矢田茂らが、卒業に先立って分離派建築会の宣言を発し、日本の近代建築運動のさきがけとなったのは、よく知られているところである。石本は当初そのもっとも首領格であったが、卒業後竹中に入社したのである。分離派の代表的作品といわれた東京朝日新聞社(昭和二年三月竣工)は、竹中の設計部において石本喜久治をチーフとして設計されたのである。逓信省営繕局から山田守にしたがって帝都復興局で橋梁のデザインにうちこんでいた山口文象も、竹中に入社してこれに当った。しかしこの仕事が完了すると間もなく石本は日本橋白木屋の第一期工事(昭和二年九月—三年十一月)の設計をもって竹中を去り、独立して設計事務所を開設したのである。山口文象もこれにしたがって石本喜久治建築設計事務所のチーフとしての仕事をはじめたが、やがて石本と意見のくいちがいをみるようになって事務所を辞め、グロピウスのもとに渡ったのである。

ともあれ、東京でのこうしたゴタゴタから離れて石川は大阪において、精力的な設計活動を続行したのである。すでにふれた大阪朝日会館（大正十五年）、京都朝日会館（昭和十年）のほかに大阪朝日ビル（昭和六年）、生駒山航空道場（昭和十五年）などが、その作品として有名である。大阪朝日ビルの金属パネルなど、おそらくわが国における最初期のもっとも大胆な応用例といえよう。もちろん、これらの作品はすべて公式には竹中の設計・施工とされるものである。石川は現在竹中をはなれて大阪府豊中市で設計事務所を自営している。

一方、大阪朝日会館の設計者として松下甚三郎（一八九二—一九二七）をあげる人もいる。松下は大正五年の早大建築の出身、逓信省営繕課を経て大正九年竹中工務店設計部に入社している。石川と松下の協力関係が竹中の内部で、どのように構成されていたかはわからない。しかしとにかく若くして亡くなった松下の才能は惜しむべきものがあったようだ。

石川と同じ年に竹中へ入社した小林三造は大正七年の名古屋高工建築科の出身、現在武庫川女子学園の講師を兼ねて竹中の嘱託になっている。石川のような華やかさはないが住宅や茶室などにすぐれた腕を示し、今日でも設計部員のよき相談相手であるという。彼の名古屋高工一年後輩の小林利助は日比谷の日活国際会館（昭和二十六年）の設計を指揮した。

今日の竹中の設計部を支えるものは東京の伴野三千良、大阪の小川正の両取締役である。伴野は昭和八年の早大建築卒。社長の竹中錬一や日建の岡橋作太郎、昭和十年鹿島建設の最初の設計課長になった神谷竜（現専務）らと同級。小川は同じく早大の昭和十二年卒。母校の教授をしている武基雄、三座建築事務所の徳永正三、もと九州地建建築部長の安田臣らと同級である。この二人が大阪と東京で車の両輪のように高速回転しているのは、外部から眺めても見事である。国立劇場コンペに一等に入選してジャーナリストの注目をにわかに集めた岩本博行は設計部長である。また名古屋大学工学部講堂（豊田講堂、昭和三十七年）の秀作で建築学会賞を獲得した槇文彦は竹中藤右衛門の孫。現社長の甥である。彼はハーバード大学建築科の助教授。竹中の社員ではないが、その設計部とタイアップして前衛的〝タレント〟として活躍している。最近竣工した千葉大学の講堂も、こうした協同作業の結果である。これは建設業がその内部の設計組織を充実させ、新しいタイプの建築家を育てるとともに、外部のフリーな〝タレント〟と協同する新しい傾向を代表するものである。鹿島昭一の友人高瀬隼彦と鹿島の設計部との協同もこれに似ている。それは外部の大先生に臣従したかつての〝お手伝い普請〟とは本質的に違うものであることは、いうまでもない。

大林の木村得三郎

大林組の建築家としてはまず木村得三郎（一八九〇―一九五八）があげられる。彼は大正三年東京美術学校を卒業すると、ただちに大林組に入社。監査役・東京支店設計部長・建築技術長などを歴任して昭和二十年十一月退任している。大林組本店設計部次長の辻秋次氏からいただいたメモと那須武雄氏からの履歴書によれば、木村の作品歴としてはつぎのようなものがあげられる。

春海商店（大阪、大正十一年三月竣工）

大阪松竹座（大正十二年一月、外壁のテラコッタは別注アメリカ製、窓スチールサッシュ嵌込み、内部観覧席は

二層のバルコニーを備え、竣工当時もっとも豪華な映画劇場とされた）
東京歌舞伎座（大正十二年十二月、これはさきにも述べたように岡田信一郎に協力したもの）
京都先斗町歌舞練場（昭和二年三月）
東京劇場（昭和五年四月）
日本劇場（昭和八年十一月、これは他の建築事務所の設計により他社施工であったが、都合で工事を中止していたものを大林が受けつぎ、木村の指導でデザインを改め完成したといわれる）
弥栄会館（祇園、昭和十一年十一月）

その他、曽根崎新地歌舞練場、大阪旧歌舞伎座（プランを完成したが予算の関係で一時中止、その間洋行がきまり、小田島兵吉があとを受けて完成したという）などの設計に関係したことが知られている。当時のいわゆる〝近世復興式〟の様式や、弥栄会館に見られるような和風を鉄骨・鉄筋コンクリート構造に生かした手法に、並々でないデザインの才能をあらわしている。建設業の建築家として出色の人材といえよう。

明治二十五年大林芳五郎（現社長芳郎の祖父）が大阪に創業した大林組は、今日の大手五社の中ではもっとも歴史が新しい。それだけにその社史を繙くと〝追いつけ追い越せ〟の気迫がみなぎっていたことがわかる。大正十四年日本建築士会が「建築士法」案を議会に提出したさい、全国の著名建築家にその法案に対する賛否のアンケートを発した。木村得三郎をはじめ谷口廉児・田中多三郎・坂口利夫・大出康一・吉井長七らの大林の建築家たちは、申し合わせたように「賛成。ただし第六条撤廃なれば」の回答を寄せているのが目につく。第六条は、いわゆる建築士の資格制限で、建設業あるいは建材業等を営むことを禁ずるものであった。これがこの法案の最大の論点であって、この第六条の撤廃は「建築士法」案そのものの否定に通ずるほど大きな意味をもっていたのである。したがって、第六条撤廃なれば賛成という回答は、実は強い反対の回答であったわけだ。その意気は見事といわざるをえない。

大成の建築家たち

明治六年大倉喜八郎が創始した大倉組商会が、今日の大成建設の遠い前身である。大倉は有名な政商・実業家。他の大手建設会社四社がそれぞれ建築や土木の技術者を始祖としているのに比して、きわめて特色がある。しかし大倉は渋沢栄一・藤田伝三郎らと共同して明治二十年日本土木会社を設立し、当時の土木・建築の有力な技術者を網羅した。この会社は資本金二〇〇万円という当時としては類例のないマンモス会社で、官公庁工事その他の独占をねらったものであった。中央官庁の建築工事や陸海軍の工事はほとんど特命見積式、それも内示をもらって受注するという黙約を前提として発足していた。

この途方もないマンモス企業に吸収された技術者は、建築分野では高原弘造（工部省出身）・新家孝正（明治十五年工部大学校造家学科卒）・鳥居菊助（同）・船越欽哉（十六年同）・田中豊輔（明治十九年帝国大学造家学科卒）・中浜西次郎（二十一年同）らをはじめ、著名な人びとを揃えて、あたかも一大技術王国の観を呈した。辰野金吾ですら帝国大学に残るか、ここに入社するかで一時迷ったといわれるほどである。しかし明治二十二年公布の会計法によって独占の夢も破れ、二十五年末に解散。大倉は自力で大倉土木組を経営することになり、その後たびたび組織および社名を変えて、昭和二十一年今日の大成建設を名乗るようになったのである。その〝大成〟は故大倉喜八郎の戒名に因んだとかいうが、大倉一族の同族会社的色彩は早くから失われ、実力主義の会社になっているようである。

大成に設計係が生まれたのは、大正十四年九月である。逓信省営繕課から技師の武富英一（一八八七―一九四九）を迎えて設けられたものである。武富は明治四十五年の東大建築科卒業。ただちに逓信省に入った。今の東京中央郵便局の原設計をし、吉田鉄郎がそれを受けて完成したことは、このあとの〈山口文象の出会った人々〉で述べるとおりである。彼はのちに常務取締役、取締役会長を歴任して終戦の難局を処理し、公職追放令によって昭和二十二年に大成建設を辞した。建築家というよりはむしろ経営者・管理者としての才能に恵まれていたように思える。しかし反面〝阿寒〟の号をもつ俳人でもあった。大成の設計部でもっとも建築家らしい生活を送ったのは清水一であろう。彼は大正十五年、すなわち武富によって設計係が設けられた翌年東大建築を卒業して入社し、つい最近ホテル・オータニの建設に出向するまでその設計部を盛りたててきた人物である。随筆家としてもよく知られている。清水一の後をうけた現在の設計部長は吉家光夫。昭和十一年東大建築の卒業である。また大熊喜邦（一八七七―一九五二）の子息大熊喜英も長くこの設計部にあって、とくに住宅の設計ですぐれた力倆を示している。彼は昭和七年早大建築の出身である。なお、昭和三年に桜井省吾を迎えて建築設備部門が新設されたこともつけ加えておく必要があろう。桜井は大正九年の早大建築卒、戦後大成の建築技師長となったが、今は自営している。

しかし正直なところ、大成の建築家はあまりパッとしない。その歴史において実に多くの大建築を施工し、今日でも建築界の話題をさらうような名建築の工事を担当しながら、その多くが外部の設計か、あるいは著名な建築家・学者などで構成する設計・監理の委員会機構によるものが多い（もちろんこれには大成側も人を出しているが）。最近のホテル・オータニはその典型的な例である。したがってその社史にも施工した代表的な建築をあげながら、その設計・管理者名を入れてないことが多い。大成の建築家、たとえば清水一や大熊喜英の作品が、むしろ瀟洒な小住宅に佳作が多い（その施工は、水沢文治郎の水沢工務店のものが多い）のは、一見きわめて趣味的な印象を外部に与えるものである。

他の大手建築会社は、今日でも依然として同族あるいは創始者の子孫による個人的な性格を強くもち、強いアクを残しているとともに、棟梁一家的な結集意識がはげしい。これに比べて大成は早くから大倉一族の手をはなれ、近代的、あるいは合理的な機構を形成したのであるが、それが逆に自社の建築家の設計を看板に掲げることを不可能にしてしまったのではないだろうか。能率のよい近代化された施工会社ではあっても、建設会社ではないという批判もでよう。

しかし建設会社の設計のあり方は、とくに施工と密接な関係をもたなければならない。いわゆるアーキテクト的な設計者をその内部において育てるより、もっと新しい型の建築業者独自の設計組織が追求されるべきだとすることもできる。プレファブ工法その他研究されるべきテーマは多く、それに対応する設計機構と人とを要求する建設業者もあろう。いわゆる作品主義的な華やかさに欠けていることだけで、性急にそこに建築家の不在を云々するのは間違いであろう。第三次産業革命とか技術革新とかいわれるこの文明史上の画期的な時代に際して、建設業の設計部、あるいはその建築家のあり方も大きく変革しつつあるのではなかろうか。

鉄筋コンクリートが生みつけた建築家—清水の場合—

清水建設はもっとも早くから、もっとも密接に日本の建築アカデミーと結びついていた。建築アカデミーとは、端的にいえば帝国大学工科大学造家学科の支配者だった辰野金吾(一八五四—一九一九)その人であり、また彼が君臨した造家学会(今日の日本建築学会)そのものである。辰野を通じての建築アカデミー、渋沢栄一の指導による財界、この両面からのコンタクトは、ちょうど車の両輪のように清水を走らせて、いち早く業界の雄にしたのである。

幕末の江戸に大工渡世の店を開いた初代清水喜助、あの錦絵で有名な築地ホテルや第一国立銀行を建てて新時代の建築へ清水を向けた二代清水喜助は、いずれも棟梁、すなわち技術者だった。しかし三代の満之助は武士の子から入籍した素人であった。店主が素人になれば、当然技術上の最高指導者が必要となる。大番頭の原林之助や渋栄一の線で辰野金吾に依頼して坂本復経（一八五五―一八八八）の入店を見た。明治十九年のことである。坂本は工部大学校造家学科明治十四年（第三回）の卒業。彼は清水の実質上の初代技師長となった。この年創立された造家学会第一回例会が、清水の店を借りて行なわれたというのは、きわめて象徴的である。ともかく、こうした縁故から清水は日本の建築アカデミーと密接不離な関係で成長し、そこに一生を終えた建築家、あるいは在籍した建築家のうち著名な人物だけあげても、厖大な数にのぼる。それだけで優に一巻を構成するほどである。

坂本はしかし明治二十一年五月若くして急逝した。帝国大学助教授だった中村達太郎が非公式な顧問としてその欠を補った。いま「清水建設一五〇年」によってその歴代技師長を列記するとつぎのようになる。

(1) 技師長　坂本復経（明治十九―二十一年在任）
　　囑　託　中村達太郎（〃二十一―二十四年）
(2) 技師長　渡　辺　譲（〃二十四―二十七年）
(3) 〃　清水釘吉（〃二十七年）
(4) 〃　岡本銺太郎（〃二十七―大正二年）
(5) 〃　田辺淳吉（大正二―九年）
(6) 〃　田　中　実（〃九―昭和二年）

(7)　〃　海野浩太郎（昭和二―二十一年）

関西技師長　八木憲一（〃八―十五年）

(8)　技師長　矢田茂（〃十九―二十年）

(9)　〃　小林隆徳（〃二十一―二十四年）

(10)　〃　桜井博（〃二十四年）

まことにそうそうたるメンバーを揃えたもので他に隔絶している。また昭和四年から七年まで佐野利器（一八八〇―一九五六）が副社長として在任したのは有名な事実である。彼は停年まで数年を残した東京帝国大学教授の椅子をなげうったのである。この佐野が入店して機構改革をしたとき、技師長制度が一時廃され七代技師長海野浩太郎は設計部長になったが、昭和八年再び旧に復した。

清水に設計部長制度が正式にきまったのは昭和十九年で、技師長と設計部長がはじめて分離し、海野技師長の下に矢田茂設計部長が誕生したときであるとされる（前掲社史、一三五頁）。矢田茂（一八九六―一九五八）は海野の三年後輩、すなわち大正九年東大建築卒で、分離派建築会創設者のひとりである。しかしその機構の名称はともかく、清水に属した建築出の人たちの設計活動は、古くからきわめて活発だった。またそれだけの能力と名声のある建築家を揃えていたといえよう。歴代の技師長はまたすぐれた設計者でもあった。

その設計体制がとくに充実しはじめたのは田辺淳吉（一八七九―一九二六）が第五代技師長に就任した大正二年ころからで、これまで「製図場」と呼ばれていた設計室もにわかに活気づいたという。その背景には、明治末からようやく実施例を見るようになった鉄骨や鉄筋コンクリート構造のすさまじい発達があったのである。田辺の下に、田中実・西村好時（田辺の推せんでのちに大正八年第一銀行へ入った）・堀越三郎・横山虎雄・小笹徳蔵らの俊秀がさかんに設計活動を展開した。岡田信一郎や佐藤功一（早大建築科の創始者）もかつて清水に籍を置いたのである。

こうして大正初年から急にはりきりだした清水の設計陣を動揺させたのは、大正六年十月日本建築士会が制定した「業務報酬規程」や、同じく八年十一月に修正された「会員規約」など、一連のいわゆる西欧的なアーキテクトの資格を明確化するための動きであった。中条精一郎や長野宇平治、あるいはかつて清水に在籍した堀越三郎らが熱心に「建築士法」制定を目標として活躍をはじめていた。清水の設計部の建築家たちが、はりきっていればいるほど、彼らもまた西欧的なアーキテクトの理想をかかげたのは、当時として当然のことであったろう。日本のいわゆる請負業の中にあって、建築家としての存在を主張するには、当時の時点としたら日本建築士会の掲げる建築家像と同じものを掲げる必要があったと思われる。今日のように独自な行き方など、まだ想定される段階ではなかった。清水の設計部独立運動が起こった。しかし清水釘吉の家族主義を標榜する説得によって、この火の手は消えたといわれる。その間のくわしい事情は不明だが、日本の建築家の歴史においてきわめて関心を惹く事件であった。

この大正初年は、さきにも述べたように明治末から展開した鉄骨や鉄筋コンクリート、とくに後者のはげしい普及に対応して、一方では「わが国将来の建築様式」が問題にされるとともに、一方では野田俊彦の「建築非芸術論」（大正四年）に代表される構造・技術至上論が展開され、明治時代を通じてやっと形成された建築芸術意識が、息つく間もなく変貌をしいられていた時代である。それは一方で日本建築士会（大正三年設立）のようなプロフェッショナルな建築家の組織をうむと同時に、建設業者はまた建設業者でこの新しい技術を自家薬篭中のものにして業界のイニシヤチブをとることに専念したのである。このころ大手の建設会社がにわかにその設計部を充実させ、あるいは組織を変えて対応したのも、そのためである。明治のレンガや石の洋式建築の設計では工部大学校出身の建築家たちにおくれをとった。先生とこれ仰いで、その設計と指導のもとに施工させてもらうよりほかはなかった。しかし新しい時代に際してはみずからの建築家によって設計・施工しなければならない。おくれをとることはできない。こうした強い気持こそ、大正初年に急速に整備されはじめた建設業設計部を支えるものだったであろう。清水の設計部がそうであり、明治四十二年仏人技師三人を招いてアンヌビック式の鉄筋コンクリート工法を導入し、その建築部門を鉄筋コンクリート部と造家部（レンガや石造木造の建築を対象とする）に分けた大成建設（当時は大倉組土木部）の建築家の歴史など、まさにその典型的なものであろう。極論すれば鉄筋コンクリートが日本の建設業に建築家を生みつけたのである。

鹿島の土岐達人と内田祥三

武蔵の国入間郡の人、初代鹿島岩吉が神田淡路町に創業したのは天保十一年（一八四〇）というが、鹿島の設計部の歴史は新しい。鉄道工事をはじめ土木工事で大をなしてきたためでもあろう。

昭和十年建築部の中に設計係が誕生したが、これが今日の鹿島建設設計部の芽である。現在専務の神谷竜が中心となっていた。神谷は昭和八年早大建築の出身。同期に竹中社長の竹中錬一、同じくその設計担当重役の伴野三千良、あるいは日建の岡橋作太郎らがいたことはすでに述べた。昭和十三年ころには設計室としての形態を整えるようになり、十七年には設計部の名称と組織ができあがった。しかし戦局がはげしくなるにしたがって、ただ忙しいだけで、まともな設計活動は展開されなかったようである。設計部は会社の〝盲腸〟のように見られていた。

戦後昭和二十三年になって意匠・構造・設備などの機構が一応整備されて設計部としてのバランスがとれるようになった。昭和三十五年一月には設計部の組織を設計企画と実施設計とに分けて、建設業設計部独自のあり方を示すようになった。

こうした改革をねばり強く、しかも緻密な計算のもとに遂行して、設計の科学的管理体系をつくりあげたのが、常務取締役設計部長の土岐達人である。彼によって鹿島の設計部は他に例を見ないような合理的・科学的な設計組織をもつようになったと考えられる。建設業の設計部はけっして〝盲腸〟ではない、これだけ企業に貢献しているではないかと、その成果を数量的に証明することを彼はやってきた。バランス・シートが完全にできているからである。こうした考え方は昭和十三年に社長に就任した現会長の鹿島守之助が、科学的管理法の権威者でもあることとピッタリ適合して、鹿島の設計部の特色を構成するものである。

土岐は従来鹿島の設計・施工した建築を建築種別・工費別など、あらゆる角度から統計的に分析して、設計の簡易化、ベルトコンベヤー・システムを考え、その一部は現実化している。鹿島の設計・施工の割合がいちばん多いのは工場だが、これはあまりにもバラエティーが多すぎる。これにつぐのが中小企業の中層ビルで、これはもうデザインをいじくりまわしても無理である。むしろこれの設計の簡易化を行ない、施主に対してコスト・ダウンのサービスをすることこそ建設業設計部の使命ではないかと、彼らは考えているようだ。また工事の各工程を分析して、たとえば仮設・土工事にまだ改良(商売)の余地があるとし、設計当初からの総合的な計画の必要を唱えるなど、きわめて積極的である。既成の建築家とはまったく変った、むしろ設計管理者とでもいうべき存在であるが、これはまた建設業の建築家の新しいあり方を象徴しているようでもある。

こういうと土岐がいかにも鋭く切れ、物事をスピーディーに処理してきたかのような印象を与えるが、事実は驚くほどスローモーであった。彼自身が誇りをもって認めるところである。彼が戦後住宅営団資材部長から鹿島へ迎えられるとき、物事はすぐはじめられぬ、時間と人と金を出してくれ、そうして最初の三年間は黙って見ていてくれという条件を出したのは有名な話である。そのスローモーは驚くべき自信に支えられており、姿勢を正し、筋を通して準備を進め、はじめたら徹底的にやるためのスローモーである。彼が大阪支店長から設計部長に戻って、その組織の改革にとりくんだときも、経理からベテランを一年間派遣してもらい、さらに新組織の実現のために一年の準備期をおいて、設計部のバランス・シートを完全につくりあげたという。

建築の設計・監理という仕事を、技術を身につけて、しかもこのように事務的に、管理的にまとめる土岐の才能は、彼の恩師であり上司であった内田祥三の教育・指導の賜物であると、土岐は今日でも感謝している。しかし、むしろ内田は将来こうした人材こそ珍重されると見て、その素材を土岐に発見し、彼の考えどおりに土岐をつくりあげてしまったと見るほうが適当ではないだろうか。それほど内田祥三の教育はきびしく、しかも強い影響力をもっていたのである。極端にいえば、内田は将来こうした人材が必要とあれば、魔術師のようにその人間をつくりあげてしまうのである。そうしてまたそれに応える素材も彼の周辺に多かったのも事実だろう。

土岐は大正十四年東大建築学科の出身。同級には大林の稲垣皎三・東大施設部長の柘植芳男・松尾工務店の長倉謙介・東大名誉教授の浜田稔・渡辺要、同じく東大名誉教授で鹿島建設の副社長におさまった武藤清、東工大名誉教授の二見秀雄、横浜国大の山越邦彦、元田建設事務所の元田稔らが健在である。この前後には、とくに有為な人材が東大から輩出しているが、大正十四年ちょうど四十歳の教授兼営繕課長の内田祥三の峻烈・剛直な教育・指導が大きく影響していると思われる。

土岐は卒業するとただちに東大営繕課へ入った。当時の東大営繕課は東大関係の震災復興計画を実施しており、安田講堂・図書館その他の大建築をつぎつぎに手がけていた。内田は教え子で建築の西も東もわからぬ若者たちを相手に、鬼の心をもってこの大事業を遂行していた。年齢的にもいちばん油の乗っていた時期だし、大蔵省営繕管財局に対する強い対抗意識もあったようである。なみなみならぬ決意を抱いていたであろう。土岐・柘植・渡辺をはじめ彼らの二年先輩の岸田日出刀、一年後輩の故小野薫らが、営繕課で内田から徹底的に鍛えられた。同じ構内の建築教室と営繕課の間を往復する内田祥三は、まさに偉大なシュール（教場）の主宰者だった。彼は建築に三つの面があるとしていた。学問とデザインとそれを事務的にまとめること（管理）とである。そうして建築の技術者であって管理のできる人材こそ将来珍重されるだろうと考え、その白羽の矢を土岐にたてたのである。彼は土岐に〝君をこう仕込む〟と宣言した。否やをいえる相手ではなかった。そうして土岐は満四十歳まで営繕課にあって内田によって〝造られた〟のである。今日からみればずいぶん無茶な点もあり、内田をめぐる伝説、エピソードも多いが、彼が偉大な教師・指導者であったことはだれでも文句なしに認めるところであろう。これはまた〝内田山脈〟ともいうべき巨大な存在である。

ともかく土岐は内田によって〝造られた〟。その間内田のもとで浴風会の厚生施設浴風園、伝染病研究所・医学部一号館・公衆衛生院・東大弓道場・野球場・農学部温室・大塚の癌研究所および付属康楽病院（昭和九年）などの設計にあたった。昭和十三年にはサンフランシスコとニューヨークの万国博覧会日本館の建設を監理するため内田に代って渡米した。施工者側の大成（当時は大倉土木）の清水一も同行した。またこの間に塩野義の乙卯研究所や佐々木隆興の佐々木研究所（昭和八年）の設計も手がけている。佐々木研究所は日本の近代建築史に出色の作品で、土岐が単なる〝建築設計の事務屋〟ではないことを物語るものである。この両者とも構造は成田春人（昭和六年東大卒、現在東京建築研究所長）が担当した。成田もまたじっくりと基礎から出発するタイプで、この仕事のために当時の学会の構造ハンドブックを丹念にチェックしてそのミスプリントを指摘し、真赤に朱を入れたものを持参して、武藤清を仰天させたという。

こうして土岐は満四十歳。ちょうど彼が大学を卒業したときの内田祥三と同じ年になるまで仕込まれ、日立製作所本社建築課長として東大構内を出たのである。さらに終戦直後住宅営団に入り、やがて鹿島に迎えられたのである。

こうした経歴をもって鹿島の設計部に新しい構想を展開している土岐達人は、内田の夢を建設業の内部において着々実現していると見ることもできよう。土岐の建設業設計部のあり方に関する合理的・科学的な考え方によれば、競争のための武器も必要である。その設計部構造課長の伊東豪夫の「鹿島トラス」などは、さしずめかなり強力な武器といえよう。昭和二十八年東大建築卒でさらにハーバード大学に学んだ副社長鹿島昭一の若々しい活躍と相俟って海外の設計市場の開拓も着々と進行しているようだ。

日本の建設業の建築家は、鉄筋コンクリートによって建設業内部に生みつけられ成長したものである。この新しい技術を迎えた建設業者は、本能的に、恐るべき機敏さをもってみずからの内部に建築家を、設計者を育てなければおくれをとると判断したらしい。これまで述べた大手の建設業者の建築家の歴史を見て、この推測はそれほどピントはずれとは思えない。はたしてこれが、建設業内部に建築家がいることが、その設計・施工の一貫が、わが国建設界の前近代性の証左であろうか。新しい環境のもとに発生した新しい形質を、既成の分類学によって分類する愚をおかしていなければ幸いである。

しかも時代はまさに、そうした議論をあとにおき去りにして展開している。そうしたアーキテクト論議はうしろ向きになってしまったようである。建設業の建築家は再び大きく変質しようとしているようだ。その歴史的な位相はかつて大正初年に彼らが生まれた時代に勝るとも劣らぬ重要な様相を呈している。

Ⅶ　東京市建築局と同潤会の建築家

震災復興と東京市建築局の作品

華やかに燃えて消えさった火のほうが、まだ輝きつづけている燈より美しいことがある。一瞬夜空に咲いた花火の幻覚と同じである。日本の近代建築史にも、その花火に似てかつての華やかさ、美しさを偲ぶものがある。関東震災の復興建築事業、とくに大正末年から昭和初年にかけて東京市建築局が建設した鉄筋コンクリートの小学校建築の多くと、同潤会が建設したアパートメント・ハウスは、まさにそのような美しさをもっているものである。

戦前の東京市建築局は、今は東京都住宅局庁舎営繕部として機構上の伝統は、もちろん絶えてはいない。しかし複雑・厖大な都の機構の中にあって、かつてのように輝かしい近代建築の数々を生み出すメカニズムとバイタリティは無いといってよいだろう。公共企業体の営繕部門の機能が変化してきたという背景もあるから、もちろん、あながちに責めるわけにはいかない。しかしそれだけに、関東震災直後から昭和初年にかけての東京市建築局の作品は、あざやかにわれわれの近代建築史に浮かびあがるのである。

たとえば、四谷第五小学校（昭和九年）・忍岡小学校（七年）・麻布小学校（八年）など昭和六―七年から十一―十二年にかけての鉄筋コンクリート小学校建築などは、今日の眼から見ても、なかなかすばらしい近代建築である。明快な平面、大きなガラス窓の、もたもたしたところのない外観など魅力にあふれている。近代建築史の図集の編さんなどにタッチして、これらの小学校の写真を手にとるたびに、私はなにか不思議なものを見るような思いがした。そういっては悪いが今日の東京都の営繕の不幸な状態を頭の片隅において、しかも総じて日本の近代建築が未だ受難時代に四苦八苦していた戦前にであることを思うと、これらの作品はなにかシンキロウのように見えるのである。不思議な感じがする、というのはこのことである。

もちろん、このころの東京市建築局の作品は小学校建築に限られたものではない。他にもなかなか傑作がある。いまここに「建築の東京」という大判の建築写真集がある。昭和十年六月八日に行なわれた大東京建築祭を記念して出版されたもので、編集は石原憲治、発行は東京市土木局内の都市美協会、関東震災後約十一年間、約十億円(昭和九年物価)の建築投資で復興した東京市内の建築美を誇るとともに、数年来続いて当時ドン底にあった不景気の風を一掃しようとする意欲にあふれた出版である。これに掲載された東京市建築局の設計作品はきわめて多い。上記の小学校建築はもとより、中央卸売市場築地本場(昭和九年)、麴町・麻布・牛込・四谷などの各区役所、電気局目黒自動車車庫(九年)、駿河台図書館(四年)、大塚病院(三年)・本所病院(五年)などをはじめとする数ヵ所の市営病院や療養所、山口貯水池公舎(八年)、市営第二・第三塵芥処理場(七年)をはじめとする屎尿処理場・消毒所・ポンプ場、あるいは日比谷公園(四年)や吾妻橋(五年)・飯田橋(六年)などの街頭(公衆)便所、下谷産院および付属乳児院(八年)、大塚(三年)をはじめとする多くの市民館、丸の内食堂(六年)や深川食堂(七年)などの市営食堂、多摩墓地納骨堂(九年)、浜町公園プール事務室(六年)などが目白押しに並んでいる。築地市場や塵芥処理場、あるいは下谷産院などは、小学校建築に劣らぬ傑作と思われるし、また東京市公園課設計の公園にもよいものが多い。しかしこの出版の翌昭和十一年には二・二六事件、メーデー全面禁止、日独伊防共協定の締結といった暗いできごとが続出し、十二年には中国での戦争が勃発して急速度に破局へつき進んだのである。だからこの出版の契機となった大東京建築祭は、戦前の日本建築の掉尾を飾るものとなったわけである。それだけにここに見る〝よき時代〟の建築、とくに東京市の建築は、なにか余計に、さっそうと懐しく見えるのかも知れない。

佐野利器が大方針をきめた

この同じ本に東京市土木局建築課長の小野二郎が、東京市の現存全建築に対する市営建築の意義について統計的な報告を寄せている。それによれば昭和九年当時の東京市域は五五〇平方キロ、人口五七〇万人、その建築九一七万棟、延二、五〇〇万坪、うち市営建築の総数は延坪で全体の約三％(八十三万坪)、市内公共建築の約一割となっている。その市営建築全体の坪数のうち約四十五％が鉄骨・鉄筋コンクリート構造であることも注目されよう。また八十三万坪の市営建築のうち五十五万坪余が小学校建築で、他の市営建築の用途別坪数を一桁も二桁も抜いていることは、さらに注目される。しかもその五十五万坪のうち二十万八千坪が鉄筋および鉄骨構造によるものであった。したがって、他の建築にも傑作があるとしても、東京市建築局の作品を質・量ともに代表するものは、その鉄筋コンクリート構造の小学校建築であるといっても間違いではないだろう。

震災で破壊・焼失した東京市の小学校は一一六校、これに一校を加えて一一七校が鉄筋コンクリート構造(一部体育館など鉄骨)で復興されたが、厳密な意味での帝都復興事業は大正十二年から昭和四年まで七年間約八億円の予算で実施されたのであるから、さきにあげた小学校はいずれも復興計画後のものである。しかし、それらは震災直後の復興小学校(第一号が本郷湯島にある湯島小学校、大正十三年である)から、もちろん多くの面での進歩はあったが、ずっと一連の設計方針を踏襲したものである。そうして、〝復旧などとケチなことをいわずに復興と行け〟という帝都復興院総裁内務大臣後藤新平の意を体して、復興小学校建設の大方針を定めたのが佐野利器である。彼は大正十二年九月二十七日設置された復興院の理事・建築局長として、大学での教え子の多くを擁して、この難局を乗りきったのである。

しかし大正十三年二月、難波大助事件のため山本内閣が総辞職し、清浦内閣となって復興院は規模が縮小され復興局となった。後藤新平以外の人の下で働く気のなかった佐野は直ちに辞職して、本務の東京帝国大学へ戻った。だが翌三月には今度は東京市へつれ戻された。当時の永田秀次郎市長が新設した建築局長として佐野の兼任（東京帝国大学教授と）を要請したのである。復興院時代東京市の建築、とくに小学校を全部鉄筋コンクリートでやると決めたのはあなただ、今度はその実施を見てくれというわけである。佐野は断ったが、懇望はますます強い。思いあまって後藤新平に相談したら〝頭を下げずに仕事のできるのは天皇陛下だけだ。永田も困っているだろう。助けてやれ〟といわれ、仕方なしに引き受けたという（追想録「佐野利器」）。そうして大正十五年七月までこの気の重い役目をつとめたのである。しかし、この役職への佐野の就任が、東京市建築局を、彼の弟子たちの手によってあれほど輝かしい業績をあげるに役立ったのである。佐野のカバーの下で、若い建築家たちがかなり自由に動くことができた効果は見逃がすことはできない。

現在安藤建設相談役の古茂田甲午郎が、文部省建築課から東京市建築局学校建築課に移ったのは、恩師佐野利器がその局長に就任したときである。戦前アメリカに赴いたとき〝more than hundred の小学校を設計監理し、二億円使った技師だ〟と豪語して向こうの新聞記者を驚かせた古茂田である。震災復興から戦前に至るあの東京市の小学校建築の、いささかナゾめいた見事さに漠然とした不審を抱いていた私が話をうかがうには、まさによき人が健在であった。老人というにはまだ若い。かくしゃくとして、いささか頑固そうなオヤジさんである。だがその話はじつに楽しかった。よき時代の東京市建築局の建築家山脈である。

古茂田甲午郎と建築局の人びと

明治二十七年甲午の年に生まれた古茂田は、大正八年東京帝国大学建築学科を卒業した。石原憲治、横浜国大の名誉教授江国正義、三菱地所の鷲巣昌、亡くなった吉田鉄郎などが同期であった。分離派建築会を結成した石本・滝沢・堀口・森田・山田らの一年先輩で、第一次大戦の戦後インフレの激しい年だった。また市街地建築物法・都市計画法の公布された年でもある。

このころの建築学科卒業生を売り捌いていたのは佐野利器である。古茂田ら五人の新卒は束にされて文部省建築課におしこまれた。当時の政友会内閣は人気取り政策として全国に高等学校や専門学校をさかんに建設していたから、人手不足だったのだろう。地方に木造二階建ての校舎がさかんにやられていた時代である。反逆精神旺盛な古茂田にとってなんとなく気にくわない仕事ばかりだった。地方に出るのをいやがっていたが、ついに郷里の水戸高等学校（旧制）工事の現場へ出された。鉄道大臣になった地元出身の内田信哉が、ぽんと一〇〇万円寄付して始まった工事だが、地元の土建屋に物凄いオヤジがいて、監理は難行していた。先輩の中村寛らが奮闘していたがうまく行かない。そこへ出身地だということで派遣され、三代目の出張所長となったのである。彼は徹底的にこのオヤジと抗争した。身の危険にさらされたこともしばしばあったが、とうとう気合負けさせてしまったという。終いには古茂田に惚れこんでしまったのであろう。

この工事が終って東京高校（旧制）の工事を監理している途中で、佐野によばれ大正十三年東京市に移ったのである。よばれるというと体裁はいいが、あるいは佐野が見かねて引っぱったのかも知れない。当時の文部省建築課長はながく柴垣鼎太郎であった。彼は佐野の一年先輩だが設計を外部の建築家に頼むことにしていた。自尊心の強い古茂田には気にくわなかったらしい。大げんかを繰り返していたので、東京市建築局長になった佐野が手もとによび戻した、とみるほうが当っているようだ。やはり子飼いの弟子である。

古茂田がはいった大正十三年当時の東京市建築局は、もちろん誕生したばかり。局長は佐野利器。当時の記録によると市場建築課・学校建築課・営繕課・庶務課の四課に分れている。建築局の誕生する前までは建築課があっただけ、また大正十五年七月佐野が局長を辞した年の十二月には職制が改革されて建築局は縮小し、土木局に属する建築課となっている。まったく佐野のために特設された局のようだが、それはともかく、古茂田は学校建築課の係長の席を与えられた。課長は渡辺浚郎、佐野と東大建築科同期の卒業生である。また古茂田の三年ほど先輩で海軍技師から転じた三輪幸左衛門が大正十四年二月から十五年三月まで技師として在職している。また蔵前出の平林金吾、あるいは大正十三年東大卒で、復興小学校の第一号、湯島小学校を設計した杉本常磐らが、学校建築課にいたことが、古茂田の話やいろいろな記録からうかがわれる。一時は課員二〇〇名以上もいたというから、賑やかに、しかも忙しく学校復興に飛びまわっていたようすが想像できる。

これらの学校建築課の他にも、建築局には（残念ながら正式な所属・職制は不明だが）加護谷祐太郎（明治三十七年東大卒、東大寺大仏殿修理主任技師などを経て、大正十一年東京市建築課長、十四年辞職、独立して設計事務所を開き、同潤会猿江共同住宅などの設立に当る）。小野二郎（のちにずっと土木局建築課長を勤めた）・志知勇次・阪東義三、古茂田より早く市にはいって都市計画に当っていた石原憲治・田中希一らをはじめ、福田重義・中村琢治郎らの元老的な存在、大正十三年東大卒で築地中央卸売市場の設計に当り、のち鹿島建設の取締役となって一昨年亡くなった甲野繁夫などの名が知られる。

東京市の建築・営繕関係の歴史について私はまだよく知らない。しかしたとえばコーネル大学建築学科を卒業して帰国した妻木頼黄（彼は明治の官僚建築家中最高のボスとなった）が、明治十八年東京市土木課家屋橋梁掛に就職して、官僚建築家としての第一歩を始めているから、かなり古くから営繕関係の職制はあったようだ。ついで、われわれの前に顔を出す建築家が三橋四郎である。彼については、〈蔵田周忠を育てた人びと〉でふれるが、明治三十九年から四十一年まで東京市技師・営繕課長をつとめている。明治三十九年に創刊された雑誌「建築世界」をバック・アップしていたというから、かなりノンキに営繕課長をつとめて後に設計事務所を開いたのだろう。なお彼が営繕課長時代、尾崎市長から建築学会へ依頼のあった東京市建築条例案作成の橋渡しをし、みずからも学会の起稿委員として活躍したことは注目される。

受けつがれた佐野の精神

復興小学校建築の当初のものを見てみよう。「建築雑誌」大正十五年八月号には、一例として錦華尋常小学校があげられている。敷地は神田猿楽町一丁目の一、四六三・一三坪、建坪四九五・一坪、延坪一、二九七・七坪、起工大正十四年八月、竣工十五年五月。工期は三〇〇日である。地下一地上三階。軸部は鉄筋コンクリート、基礎は栗石二十七センチメートル、捨てコンクリート七センチメートルの上に厚さ七十七センチメートルの総スラブを打っている。この基礎構築方法はほとんどすべての復興小学校建築に用いられたようである。

昭和に入り復興事業の最終年度のころのものに、日本橋本石町の常磐尋常小学校（昭和三・三—四・五）・京橋の泰明尋常小学校（昭和三・六—四・六）などがやはり「建築雑誌」に紹介されている。鉄筋コンクリート三階建ての校舎である。窓の上辺にはアーチを用い、全体に丸みの多い表現派的な臭いがあって、まだいささか古いデザインである。しかし、たとえば昭和六年十月起工、七年十月竣工の忍岡小学校（下谷区池ノ端七軒町）になると、大きな四角のガラス窓を持ち、鋭角的なデザインで、すっかり近代建築様式になりきっている。

だから、われわれが東京市の小学校建築とよぶもののうち、もっとも魅力的なものは、厳密にいえば、震災復興事業計画が一応終了してから後のものである。この事業計画が一応目ハナがついたころ、すなわち昭和三年から四年にかけて、古茂田は、そのころから問題になりはじめていた東京市庁舎新築の勉強のため欧米を視察している。ベルリンでは、ブルーノ・タウトも訪ねた。その彼が帰国してから、従来の規格にとらわれない新しい構想で小学校建築にとりくんだのも、この変化のひとつの原因とみられる。さきにあげた「建築の東京」の中で、帝国大学教授の岸田日出刀は、近ごろできた中央郵便局・日本歯科医専などとともに数々の小学校を指して、「何れも至極簡単な形体をもち、色彩も清楚な白を基調としたもので、一見素人眼には平々凡々な芸のない意匠に見えるであろう。窓なども古い様式の意匠のものよりはずっと大きいから、工場のようだとあっさり片づけてしまう者もあるかも知れない。だがこれらの建築は、清新な現代的な感覚を正しく盛ったもので、今日の東京に建つ建築として正しい意匠精神をもつものだということができる」と推賞している。これらの小学校建築の当時における前衛的性格をうかがうことができるのである。

それらの小学校建築の大方針を樹立したのは佐野である。彼は大正十五年には東京市建築局長を辞しているが、その合理主義者としての精神は、後に残った建築家たちに引きつがれたようである。彼は建築家は大工ではない、として従来教育局が学校の校長などと相談して教室数や配置など略設計をつくり、建築局に持ってきて本設計を依頼する慣習をまったく逆にしてしまった。また水洗便所や暖房などゼイタクだと考える教育局を、衛生思想の普及その他の理由をもってやりこめたのも佐野である。形式主義者の教育局・学務委員・学校側、および市長や助役を相手に、作法教室（タタミ敷き、よく先生方の一パイやる場所だった）を設けることを絶対に認めなかった佐野の大ゲンカぶりは、よく知られているところである。震災前から工事中の小学校に作法教室がつくられているのを知って、取りこわさせたほどの激しさであった。

この佐野の合理主義者としての信念が、その後の小学校建築の見事な開花を促進したとすることができよう。学校建築課では設計および施工指針のハンドブックを作成し、メートル法を徹底的に採用して、メートル法の指金もつくった（因みに、佐野はわが国のメートル法推進運動の指導者のひとりである）。骨組みやディテールの標準化も行なわれた。スチールサッシュも採用し、暖房は蒸気暖房にした。課長の渡辺浚郎の指揮の下に、東京全市のボーリングを実施して精密な地盤図を作成したのは、とくに大きな事業だったと考えられる。しかしその資料を戦災で焼いてしまったのは惜しい。

古茂田と小学校建築

若い古茂田たちはなんでもやりたがった。永田町小学校では、アメリカの文献をとりよせて、はじめてパネルヒーティングを試みた。神田駅近くの今川小学校は、敷地がもと神田お玉ガ池の跡というので、自重を軽くするためアメリカからHやIセクションの鉄骨を取りよせ、大島の火山岩の砂利で軽量コンクリートをつくり、鉄骨コンクリート構造も実施した。芝浦に届いた鉄骨は、メートル・尺・フィートの換算違いのため長さが足りなかった。大騒ぎした結果電気熔接を採用することにした。もちろん長さの不足をカバーするためだったが、古茂田としては、もともと熔接をやりたくてたまらなかったのである。当時某海軍技師が自宅に実験工場を建てて熔接を研究しているのを知って、何度も訪問して研究し、ついに強行したのである。しかし鉄骨を食ったのではないかというので市議会で不正工事としてやかましく追求され、強度的にもなんら遜色のないものだということを証明するために、恩師の内田祥三に頼みに行ったが、慎重な内田は鑑定のためには一年かかるといった。それではどうしようもない。早稲田の内藤多仲の門を叩いた。内藤は〝ほいきた〟とばかり二、三日で証明書をつくってくれたという。両者の人間像の対比がおもしろい。

鉄筋コンクリート打ち放しも試みた。木の仮枠の寸法に合わせて窓寸法をきめるなど苦心したが、三十四—五年経過した最近それを見て、表面の甘皮がとれ凝灰岩のようなものすごい肌になっているのを知った。古茂田は今ではこれを若気のあやまちとしているようだ。

当時の小学校建築について古茂田は卒直に反省しているところがある。基礎の設計と工法についてである。当時は佐野や内田の主張する剛構造の理論全盛時代である。小学校建築も剛に剛にと造られたので、どうしても自重が重い。そうしてプランは棒のように細長いものが多かった。当時二十メートルも三十メートルも杭を打つ満足な杭打ち機械がなかった。下町の地盤の悪いところでも、仕方なく気やすめていどに四—五メートルの杭を打ち、さきに述べた錦華小学校の例のようにコンクリートのベタ基礎を厚く打ったのである。しかしその基礎はいわゆるフーティングファンデーションで壁面線から四—五メートルも外に伸びているから、新潟地震におけるようにクイックサンド現象に遭っても転倒するようなことはないだろうが、不同沈下が心配だというのである。まだ水・セメント比もあまり知られていなかったころである。"more than hundred"と豪語した彼にも、心配の種はつきまとっていたのである。

古茂田はその後、東京市庁舎建築の担当になり、文句の出そうな佐野利器や大熊喜邦・佐藤功一らを顧問会議に祭り上げて、横山不学や山本唯介（彼はラッシュ時のビル内の動線の研究に先鞭をつけた）らの若い人びとを集めて基礎的な研究を続けたが、ついに陽の目を見なかった。ついで彼は昭和十五年に行なわれる予定だったオリンピック東京大会の企画を十三年ころから担当している。これはついに実現しなかったのであるが、施設関係は東京市が一括して実施する方式であった。今度のオリンピック大会の駒沢公園は、このときメイン・スタジアムを建設する予定地だったのである。岸田日出刀らの協力とともに、古茂田もまた今回のオリンピック東京大会の蔭の功労者といえよう。

古茂田は昭和十五年東京市を去った。彼によれば〝上方の生活〟に憧れたというが、川崎重工業の営繕に入り、和歌山県淡輪に大ドックを建設することになった。だがこの仕事は結局戦争のため未完成に終った。戦後ふたたび東京にもどり、敗戦直後の建設業界を代表してG・H・Qとの交渉に奔走した。ことに建設業関係の労働事情・雇傭慣習について彼我の相互理解に尽した功績は大きいといわれている。

古茂田のその後のことはともかく、震災復興から戦前にかけての東京市の小学校建築は、ときに昭和十一年の疑獄事件のような不幸なケースを伴いながらも、日本の建設業にとっても不景気のドン底時代をしのぐ大きな仕事だったようだ。また昭和九年九月には第一室戸台風のため関西地方の木造校舎が多数崩壊して、その鉄筋コンクリート構造化が強力に推進された。このため関西地方にも優秀な小学校建築の工事が多数行なわれ、業界を刺激するところが大きかった。たとえば今日の戸田建設株式会社（当時戸田組）は東京で二十校以上もの復興小学校建築を手がけているが、大阪に支店（当時出張所）を設けたのは昭和十年八月である。やはり大阪・神戸地方の小学校校舎建設を直接の契機とするものであった。大阪出張所に派遣される同社の社員は自ら「室戸台風決死隊」と称するほどのハリキリかたで、この地方に地歩を築いたという。

同潤会の設置

財団法人同潤会は大正十三年五月二十三日正式な設立許可が内務大臣（水野錬太郎、彼は同潤会の会長でもある。後、歴代の内務大臣が会長になった）から下りた。昭和十五年住宅営団となるまで約十五年間の住宅経営の成果は、わが国の住宅政策史にも特筆されるものである。とくにそのアパートメント・ハウスは、住宅史の上からも、また近代建築のデザインの歴史からも注目される存在である。日本の近代建築史に関する書物をひもとくとき、その青山、あるいは渋谷、または江戸川のアパートの写真を掲載しないものはない、といってよいほどである。小型ではあるが、ドイツを中心とするヨーロッパ諸国のジードルングと対比して考察することもできる。わが国における最初の本格的な市民アパートが同潤会によって建設され、経営された。

関東大震災の被災世帯数は六九四、六二一世帯、住宅建築の被害は東京・横浜両市で二二四、〇〇〇棟にのぼり、死者九一、三〇〇人、行方不明一三、三〇〇人の犠牲者を出した。国の内外から義捐金が集まり、大正十三年五月末までに政府が扱った金額は、五、九〇一万余円にのぼった。うち二、一六一万余円が外国からのものである。政府はこの義捐金のうち一、〇〇〇万円をもって同潤会を組織させたのである。後に七四六万円余が追加された。義捐金支払い項目のうちでは、他を一桁以上も引きはなした巨額で、この事業への打ちこみ方は、たいしたものだった。同潤会の名は、「沐同江海之潤」という古語からとったもので、国の内外の人びとの温かい心に浴しようというわけだ。大正十三年五月十日の設立申請書に見るこの会の使命は、一、住宅の経営。二、不具廃疾収容所ならびに授産場の経営。三、その他震災救護に必要な施設をなすこと、であった。このうち第二の事業は昭和三年三月啓成社の事業として分離した。また昭和三年度末ころには、当初政府から命令されていた住宅建設計画も一応完了したので、その後は既存住宅の維持管理とともに、余力をもって一般住宅の供給ならびに不良住宅地区の改良事業などを行ない、社会政策的な寄与をすることを目的とし、昭和五年五月規則の一部改正が、内務大臣から認可された。同潤会事業の大半を詳細に知るためには、同会編集ならびに発行の『同潤会十年史』（昭和九年五月）がある。これによれば、その主要な事業としてつぎの七つが行なわれたことがわかる。

一、仮住宅の建設と貸付・管理・譲渡、託児所・授産場・仮設浴場・就労奨励等の事業も含む。二、普通住宅の建設・貸付・経営、付帯施設も含む。三、アパートメント・ハウスの建設・経営、付帯施設も含む。四、共同住宅（不良住宅地を改善、掃蕩して建設した集合住宅をこう呼ぶ）の建設。五、分譲住宅の建設・経営・管理。職工住宅を含む。六、住宅相談事業。七、諸調査、研究、住宅設計案の懸賞募集も行なった。

主要な事業

これらが昭和九年ころまでに行なわれた事業であるが、もう少し詳しく見ると、一の事業は、震災後一年経ってなお公園・学校・神社境内などにバラックを営む者が一六、四〇〇世帯もあったので、それらを収容するために、一戸八畳一室（平均六坪）の木造平家長屋建ての応急住宅二、〇〇〇戸を、まず建設したのである。大正十三年十一月起工、同年十二月三十日までに七ヵ所に予定戸数を完成し、その後の分も含めて二、一五八戸を建てた。

二の事業は、二間ないし三間の平家あるいは二階家（上下別々の世帯のものもある）の木造住宅で、大正十三年度に東京に七ヵ所二、四二〇戸、横浜に四ヵ所一、〇〇〇戸、計十一ヵ所三、四二〇戸を建てた。十四年度にも二、五〇〇戸を建設する予定だったが、住宅事情がやや緩和し、需要者もまた交通便利な市内居住を望むようになったので、アパートに重点を移し、ほとんどこの種の住宅の建設は行なわなかった。結局十二ヵ所、計三、五二二戸が建設された。児童遊園、テニスコート、診療所、隣保館、託児所・授産場などの施設も設けられた。

三の鉄筋コンクリート・アパートメント・ハウスは、大正十四年度から二、〇〇〇戸を計画。まず十四年八月に本所区向島中ノ郷アパートを起工。青山・渋谷・柳島と同年中に相つぎ、用地買収・着工・竣工と小気味のよいほど快調である。そうして十五年度に青山・中ノ郷・柳島・渋谷および清砂通（旧大工町）の五住宅七〇〇戸が竣工。好評で、十五年五月二十日から申込みを受付けた青山と中ノ郷は七―十倍の競争率だった。それぞれ第二期・第三期の工事も進められ、昭和五年度末までは十四ヵ所二、二三二戸が竣工した。また昭和七年十一月には、戸数二六〇戸の江戸川アパートを起工、九年五月に竣工した。この江戸川アパートや、昭和五年五月に竣工した大塚女子アパートなどは、かなりデラックスなものだったが、他は二―六階、三階建てが主で、一戸当り約十坪強、家賃も月八円―十円の中流階級向きのものである。しかし、建具を堅固にして盗難を防ぎ、炊事および暖房用ガスの設備、水洗式便所、ダスト・シュートの施設、衛生上タタミを廃しコルクを下敷きとして二枚重ねのゴザを使用する、など一貫した合理的なデザイン・ポリシィが通っていて、好評であった。

四の共同住宅は、大正十五年五月土地収用法による土地を収用しうる団体としての認可を受け、七月にまず深川猿江裏町の第一期工事に着手、翌年二月には竣工、昭和四年度末までに鉄筋コンクリート三階建て、十七棟二九三戸（うち店舗四十三戸）を完成している。福利施設として善隣館（R・C・三階一棟）も設けた。さらに横浜市中区の南太田町。日暮里三丁目などにも共同住宅を完成している。

五の分譲住宅は、震災復興の一段落した昭和三年七月から建設を行ない、八年十一月までに東京および横浜に十四ヵ所四〇五戸を完成。また昭和七年神奈川県下の工場労働者から図案を募集した職工向き小住宅の建設も行なわれた。当時の不況とそれを契機とする産業合理化運動の進展とを合わせ考えると興味深い。

六および七の住宅相談や調査・研究事業は昭和五年ころから活発になったようで、住宅営団時代を通してわが国の住宅計画、建築生産についての理論的な研究が、ここを根拠に推進されたのである。さきに私は、昭和十五年住宅営団発足と同時にここにはいった西山夘三と、彼をめぐる石原憲治・市浦健・森田茂介・中村伸・新名種夫・亀井幸次郎らの活発な動きを紹介した。暗転する戦局を前に、この人たちの真摯な研究は、近代建築家の良心の輝きを見る思いがする。同潤会は、そのようなリベラルな空気を育てていたのであり、建築科学・建築生産論の発達史の面からも高く評価される組織である。

川元良一に会う（付　三菱銀行と丸ビル）

大正十三年八月から昭和三年三月まで、同潤会初期の建築技術面を担当した最高責任者は建築部長の川元良一である。彼は遠藤新・小野二郎・石原信之・下元連・清水幸重らと同期の大正三年東大卒。出身は津軽藩作事方棟梁の家柄。同潤会を辞めて設計事務所を開き、同潤会虎の門アパート、軍人会館（昭和六年）の実施設計、田村町日産館などの設計にたずさわったが、今でも元気な、そして素朴なしかもときどき鋭い眼が光る老人である。暮の忙しい時間をさいていただいて同潤会の建築について話していただいた。ただ近代建築史の一コマとしてしか知らなかった同潤会のアパート建築についても、蒙を開かれるところが大きかった。川元が大学卒業から同潤会の建築部長に迎えられるまでに、約十年の歳月がある。彼はこの間、三菱地所にいたのである。同潤会の話に入る前に、彼にうかがった三菱銀行本店（大正十一年竣工）や丸ビル（大正十二年四月竣工）の話はおもしろく、貴重だと思われるので、わき道ではあるが記しておこう。

大正三年、川元は石原信之とともに三菱の地所部に入社した。地所部は三菱合資会社の三部のうちのひとつで、発祥は明治二十三年政府から払下げられた丸の内一帯の開発に始まる。コンドル博士を顧問に、曽禰達蔵らが基礎を固めてきたものである。川元が入所したときは桜井小太郎が技師長。川元らの後から大学では先輩の藤村朗や山下寿郎らも加わった。石原は三菱仮本社を担当、川元は桜井の下で三菱銀行本店の実施設計を担当させられた。三菱銀行本店は、辰野金吾の日本銀行、横河民輔の三井銀行と鼎立する三菱金融資本の牙城である。鉄骨鉄筋コンクリート四階建ての古典様式の建築。佐野利器の耐震構造で、川元が鉄材を計算してカーネギー社から取りよせた。剛構造のお手本のような頑丈な建物だ。

しかし工事途中で第一次大戦に遭遇、巨大な鉄骨は組み上ったが、資材は暴騰し、工事も一時中止せざるを得ない羽目になった。雨ざらしの鉄骨を見て、もったいない、スクラップで売ったらどんなにもうかるだろうと噂される始末で、十年近くもかかって、やっと大正十一年に完成したが、工費も大幅にオーバーして、上層部からは叱られ、地所部の連中は面目丸つぶれであった。

丸ビル出現のアプローチには、まずこの名誉挽回を図った地所部の意図がある。本社から金が出ないので勧銀から借りた。それからもうひとつ、アメリカ資本の進出である。第一次大戦後の不況克服のためアメリカ資本は、しきりに極東、とくに中国への進出を図った。有数の建設会社フラーも、オリエンタル・コーポレーションをつくって、中国・満州進出の足馴らしとして東京での建設工事施工を計画していた。このふたつのアプローチがたまたま交叉したのが丸ビルである。工費の点でも工期の面でも名誉挽回に腐心していた地所部の面々は、いながらにしてできるアメリカ式でやろうというので、フラーと提携したのである。早く、安くということにあまりにもひかれすぎたようだ。教科書通り確実に、という三菱地所の伝統が一時放棄されたところに、ミスが生ずる結果となった。フラー社のフォアマンはこんな工事はカナダでは六カ月でやったと豪語していたが、来日して日本の建築事情を知り、工期を二カ年とふんだ。それでも地所部では安全率を見て三十カ月として大正九年十一月に工を起したのである。早くできればそれだけ名誉挽回になる、というわけだ。工費も一、〇〇〇万円というのをフラーから一〇〇万借りて一、一〇〇万円と水増ししておいた。

工事は順調に進み、東京・大阪を往復していた三菱の首脳は、一週間して帰ってみると鉄骨が一階分上っている、と喜んだ。しかし、大正十一年四月二十六日東京地方に強震があり、アメリカ式の構造法のこのビルはかなりの被害をうけた。急にヨシズを張ってクラックをかくし、対策を考えた。テラコッタをはがして鉄筋コンクリートで巻いて補強するには金がかかりすぎる。予算オーバーだ。第二案の鉄骨ブレースを挿入して補強した。当分こんな地震はないだろうと考えたのである。皮肉なもので早速翌年九月に関東大地震のお見舞を受けた。それでも工費はとんとん、工期も約束通り三十カ月で大正十二年四月に竣工した。しかし、読んでおいたサバの効果は帳消しになったわけだ。技師長の桜井は責任をとって辞め、地所部は地所課に縮小され、目ぼしい技術屋としては藤村と川元だけが残った。

関東大震災で丸ビルはかなりやられたが、他もやられたので、案外気は楽だったと川元は述懐していた。それよりあれだけ笑いものにされた三菱銀行本店がビクともせず、行員は地震を知らなかったように平常通り執務して市民を驚かした。これで川元の面目はたったのである。その後同潤会理事の内田祥三から話があって、彼はその建築部長におさまった。

第一次大戦後から日本の住宅改良運動は空前の盛況を呈していた。田園都市の構想が紹介され、ジードルングの建設が刻々と報じられ、住宅改良団体が続出し、市営住宅の建設が行なわれ、大庭園を解放して住宅地として賃貸する富豪も現われた。大正十四年に住宅専門雑誌として「新建築」が創刊されたのも、こうした一連の気運を敏感に読んだためであろう。川元も早くから住宅問題に関心を抱いていたので、内田の誘いに直ちに応じたのである。

川元良一の話

同潤会建築部長に就任した川元を待っていたのは、ちょうど敗戦直後のような住宅事情であった。まず学校・公園などの不法占拠者の一掃のための仮設住宅、普通住宅の建設、彼の年来の目標に近いアパートメント・ハウスの建設などの難事業が目白押しに控えていた。建設部の人材としては五年後輩の鷲巣昌をはじめ、黒崎英雄（川元退任後の建築課長）・柘植芳男（東大施設部長）・土岐達人（浴風会関係・現鹿島建設設計部長）ら東大大正十四年卒の、いわば内田祥三のスクールの若手たちも参加し、内田教室の出張所の観がある。事実、最初のアパートの中ノ郷の設計は、大学の内田の教室で岸田日出刀が担当したという。蔵前出身の人びとも七―八名、総員二十―三十人だったが、席の温まる暇もない忙しさだった。それでも内田からは人間が多すぎるといわれたそうである。川元は極力アメリカ式の執務方式を採用、仕事中はタバコも禁じた。鷲巣など、ずいぶん苦しんだという。普通住宅には約十種の標準設計を作成し、極力設計の合理化を図ったが、施工については中途半端な合理化は、かえって混乱を招くとして慎重な態度をとったというから、現実についての認識もたしかだったろう。アパートについても、室内を洋式に統一すると家具が必要だ。当時まだ家具工業は十分な発達を見せていない。和式にも使えるように、しかし、タタミは不衛生だとしてコルク張りの床を採用するなどの苦心も見せている。

アパートにはダスト・シュートをつけたが、風が上らぬようにするためさんざん図面を書き直して苦心した話。一戸当り平均十坪のため水洗便所にはじめて一穴の方式を採用したこと。塵芥処理の方式に苦心し、ある発明家に相談して腐敗槽を設け、これから発生するメタン・ガスを使って共同浴場を設けた（渋谷アパート）こと。丸ビル工事のときはじめて知ったマスター・キーの便利さを応用するため、シリンダー錠を各戸に用いようとしたが、予算がなく、泣く泣くタンブラー式にしたことなど、彼の話は尽きなかった。

そこに一貫するものは、合理的な、しかも堅実な精神であって、これを大正デモクラシーの残映と見ることもできよう。あるいは、第一次大戦後、昭和十年ごろまでの住宅改良思想の頂点をなすものと見ることもできよう。

ともかく関東大震災の痛手は大きかったが、その復興に示された建設の逞しさ、ゆたかな夢とその成果は、震災の被害を補ってあまりあるものがあったと思われる。東京市の小学校建築についても、同潤会の建築についてもである。そうして、それを指導した佐野や内田の毅然とした存在、夢中になって働いた若者たちの逞しい人間像は、実は復興建築よりも、はるかに魅力あるものだったと思うのである。

Ⅷ　横河民輔とその工務所の人びと

第一回日本建築祭の日に

オリンピックの余燼さめきらない十一月一日から四日にかけて、第一回日本建築祭が開催された。その第二日目、代々木国立屋内総合競技場体育館における総集会は、五千人の参加者をえて中心行事にふさわしく盛会であった。とくに日本建築界の先覚者五氏の遺徳顕彰の式は、そのクライマックスとなった。

共催八団体が選んだ先覚者は、清水喜助清矩・辰野金吾・横河民輔・中条精一郎・佐野利器。ともに故人である。しかも第一回の顕彰にふさわしい建築界の偉人たちといえよう。清水喜助は築地ホテル館をはじめとしていち早く洋風建築にとり組んで棟梁から近代建設業者としての道を拓いた人。辰野はいうまでもなく日本建築界の元勲。オールラウンドの功績は絶大と評価されている。中条は近代的な建築家の職能確立に殉じた人。佐野は耐震構造学の先駆者。では横河民輔は、なにをもってここに顕彰されたのだろうか。

当日頒布された小冊子「先駆者小伝」は、横河が日本の建設業に対するすぐれた指導者・調停者だった点にとくに力点をおいて叙述されているようだ。横河工務所を設立運営して建築家としての活動をつづける一方、自ら直営工事をひきうけて多くの大建築を建て、また横河橋梁・横河電機などの事業を興すなど、彼の経歴はある意味では建築家の常軌をはずれている。事業家といった方がより適切であろう。異才である。しかし、その広い視野と温順高潔な人柄をもって日本の建設業に親身の指導・世話やきをした徳は、今でも深く敬慕されていることが、その小伝からうかがえる。明治四十四年に一流業者を網羅して結成された建築業協会に請われて理事長として入り、やがて会長として多年にわたって貢献した横河である。「請負いを見たら泥棒と思え」といわれた時代、帝国大学造家学科出身の建築家（大正四年には工学博士）で、進んでこの業者の仲間に接してくれたことは、よほど嬉しかったにちがいない。もちろん横河の功績はほかの分野でも第一回顕彰にふさわしいほど偉大なものがある。けれどもあえて横河の名を出したのは、おそらく業界の線であろう。他の四名とならんで彼が加ったことによって、この人選は不思議なほど安定したものになっている。まことに珍しい存在である。

八団体を代表する日本建築学会会長から記念品が贈られた。それぞれの遺族が万雷の拍手のなかでそれをうけたが、横河のものだけは遺族ではなかった。横河工務所相談役の中村伝治が満八十四歳の不自由な身体を精いっぱい運んで記念品をうけた。子供のようにひたむきな気持があふれていて感激的な光景だった。遺族は所用のためと司会が報告していたが、おそらく遺族の方がたは、この日の栄誉を中村に譲られたに違いない。童心にかえっている中村も、ほんとうに横河の子供のつもりでそれをうけたのだろう。カンぐりすぎたかもしれないが、もしそうならかくれた美談である。そうしていかにも横河民輔の人柄にふさわしい話だと思った。横河は、そのような陰徳の士だったからだ。彼は関係した多くの学会・協会に気まえよく私財を投じた。これによって急場をしのぐことのできた団体も多い。また個人的にも彼の陰徳をこうむった人は、たとえば竹田米吉や伊藤為吉など、かなりの数にのぼろう。横河と十六の年齢の開きをもつ中村伝治は、明治三十七年（一九〇四）東大建築を出てすぐ横河工務所に入ったからちょうど六十年の工務所暮しである。昭和二十年に横河と死に別れたが、それでも四十年間以上をともに暮したわけである。「頭には建築と横河のことだけ」といわれるほど、一途に横河とともに生きた中村は、ある意味で遺族以上に横河の遺族ともいえる。しかし横河工務所とともに過ごした長い生涯そのもののもつ価値は、近ごろ珍しいものだろう。やはり明治の気骨というべきか。

横河民輔は鷹揚な人。スケールのきわめて大きな人物で喜怒哀楽を決して面にあらわさない寡黙の人と評されている。しかも〝機械のように人を使う〟人ともいわれる。やはり将に将たる器であろう。その彼を、この建築家山脈にたとえるならば、やはり雄大な山容を呈する大山脈を形成する。そうしてもちろん、その山脈の主軸は特異ではあったが、彼が建築家として座を占めていた横河工務所の歴史を一貫しているのである。

田中正蔵に会う

横河民輔の名が、どのていど戦後の若い人びとに知られているか、ちょっとつかみどころがない。明治末から大正はじめにかけて「今日は帝劇、明日は三越」という言葉がはやった。その帝国劇場や三越を建てた人といえば一般にも少しはとおりがよい。その帝劇も最近取りこわされ、三越も改修・増築を重ねている。さらに丸の内の日本工業倶楽部、兜町の東京株式取引所、銀座の交詢社など東京名所といえる建築を設計してきた横河工務所の所長だった人。あるいは明治三十五年竣工の三井営業総本店（三井銀行本店という方がとおりがよいかもしれない）に、鉄骨構造をはじめて試み、わが国の鉄骨建築の先駆者となった人、とだんだんむずかしくなるにつれて建築分野の方でも知らない人が多くなる。それより横河橋梁製作所とか横河電機製作所の創立者という方がいちばんとおりがよいだろう。また人によっては陶磁器の横河コレクションの主という方がピッタリくることもあろう。とにかく建築家というにはあまりに実業的分野において成功しすぎた人である。それだけに建築家としての印象を稀薄にしている面もあろう。スケールアウトの人物で、たんなる建築家の伝記には納まりようもない。それでも横河民輔の評伝はいくつか書れている。たとえば中村伝治を編集委員長とする「横河民輔追想録」（昭和三十年）、語り手中村伝治、聞き手蔵田周忠による「民間事務所の先覚者、横河民輔先生」（人物風土記、建築士、昭和三十四年一月号）。村松貞次郎「鉄骨建築の開拓者、横河民輔」（室内、昭和三十五年四月号）。神代雄一郎「コンツェルンをめざした横河民輔」（新建築、昭和三十七年十月号）などがあげられる。そうして、それらのもっとも中心となっている資料提供者、スポークスマンはいずれも、もっとも古くから横河を知っていた中村伝治である。側近というか〃忠臣〃というか、中村の横河に対する敬慕の念が横溢して、しかも、ヒイキのひき倒しになっていないのは見事である。そうして、この中村のような人をえた横河の人物の大きさを間接に、しかも、きわめて効果的に物語っている。

しかし中村も老体。こんどは横河工務所常務の田中正蔵氏にお目にかかって、横河山脈に関するいろいろなインフォメーションをえた。田中正蔵は当年六十二歳。矮軀短少ながらガッチリした身体つきの人物。ゴルフ仲間では〃田中正蔵ではなくて田中心蔵〃とよばれるとか、ファイトにあふれた〃壮年〃である。この建築家山脈の「山口文象の出会った人びと」のなかに、田中の名がちょっと出てくる。山口設計の日本歯科医専校舎の構造を担当して、ピロティを拒否する当時の警視庁建築課とわたり合った熱血漢である。彼から聞く横河民輔の人間像とその建築家山脈もまた新しい視界を展開するものである。

計画者としての横河民輔

横河民輔が帝国大学工科大学造家学科を卒業したのは明治二十三年。同期には清水の第四代技師長となった岡本鏊太郎、辰野金吾と辰野・葛西事務所を開いた葛西万司、片山東熊のもとで奈良博物館などを手がけた宗兵蔵らがいた。卒業と同時に日本橋区鉄砲町に建築事務所を開設したというから、日本における民間建築設計事務所の嚆矢といってよかろう。明治二十一年工科大学造家学科講師の職を退いたコンドル博士が民間に設計事務所を設けたのが、わが国で最初といわれるが、横河のそれは、おそらく邦人のものとしては最初ではなかろうか。生涯まったく官界と無縁だった横河の実業家的な特質がすでにその歩みの第一歩に見られるようだ。翌々明治二十五年には三井元方の嘱託となった。長兄規一（安弘）が三井組にいたから、その縁故もあっただろう。この間に東京法学院の改築（明治二十五年）、久松座（今の明治座、宗兵蔵設計、横河監督、明治二十六年）などの仕事があった。二十六年に女子教育家として有名な棚橋絢子の二女下枝と結婚、二十八年に三井元方に就職、三井営業総本店の建築設計をはじめている。三井元方は、ちょうど三井銀行地所部といったもの。主人役は三井八郎衛門、益田孝が番頭で横河はその技師長格であった。三井営業総本店は三井同族会・三井銀行・物産・鉱山などの三井財閥の中心機関を収容するもので、三井としても総力を結集し、当時隣接する日本銀行本店につぐ大建築であった。ふつう三井銀行本店ともよばれ、わが国の鉄骨構造建築の歴史に著名なものであった。鉄骨建築の開拓者として、あるいはその経験が成長した横河橋梁製作所の創始者としての横河民輔の経歴にも画期をもたらした建築であった。

昭和十年建築学会で長老を集めて創立五十周年の回顧座談会を行なったことがある。その席上横河はこの三井営業総本店にふれて、自分が三井傘下の主要機関を一箇所にまとめる有利さを説いてその企画をまとめた、と語っている（建築雑誌、昭和十一年十月号）。寡黙な横河としては珍しく口をすべらせたものだが、一介の建築家で終らなかった横河の企画者としてのすぐれた素質を示すものである。錚々たる三井の経営者たちにも、たんなる技術者以上の信用をえたであろう。三井の益田孝、あるいは鐘紡の武藤山治らが「一介の建築技師にしておくのはおしい。実業の経営に当らしめたら当代一流の人物となろう」と語ったといわれるが、たしかにそのような天分を備えていたのである。三井元方就職の際の月給が二百円。破格の高給だが、その才を十分に認められての待遇であろう。

もうひとつ似た話をあげれば、明治四十年東大を卒業して横河工務所に入った笠原敏郎の追想談である（前記、追想録所収）。笠原はある鉄骨造の事務所のプランを練っていたとき、横河から「この仕事は向こうから註文をうけたわけでなく、こちらから、こういうものを建てなさい。これだけの収益がありますとすすめるのだから、もっときりつめて経営上採算のとれる有利なプランでなければいけない。建築家はすべて積極的に働きかけて自ら進路を開拓せねばならない」という意味のことをさとされて、「それまで建築士も医師と患者の関係のように、註文主が依頼してくるのをまっておればよい、くらいに思うておったわたくしには非常に啓発されたものがあった」と述懐している。建築家の仕事が、既成観念による分野からさらに発展して計画者・開発者的領域にまで拡大しなければならないとされている今日、横河民輔の言動はまことに示唆に富むといわねばならない。

三井営業総本店は地下室付四階建て、レンガ壁体中に鉄骨を挿入した、いわゆる補強式鉄骨構造で、外装は相州青石を鋸で引き釉をかけてレンガ色に焼きあげたもの。間仕切りは鉄骨ラス張りモルタル仕上げ、床は防火床構造、屋根小屋組みも階段もすべて鉄骨。窓はスチールサッシュ、といった具合に鉄材を積極的に応用した最初の鉄骨構造建築ということができる。もっともこの建築以前に明治二十七年京橋区西紺屋町に秀英舎印刷工場が全鉄骨構造として建っているが、本格的なものとはいえない。建築家による鉄骨構造の建築は、この三井の建物にはじまるといってよい。横河はこれによって「鉄の建築家」第一代の栄誉をになうことができた。彼が三井元方の嘱託となったまえの年、すなわち明治二十四年に濃尾大地震があり、三井の幹部もレンガ造について思い悩むところがあったし、横河もまた構造をいかにするかで苦慮したという。イギリスの雑誌からはヒントがえられなかった。アメリカの建築雑誌によって鉄骨構造を知り、三井の人びとを説得してこの構造にふみきったと彼は語っている。隣りの辰野金吾設計の日銀本店が固くいかめしいルネサンス的古典様式であるのに対して、当時の三井営業総本店が、くだけた民間的な意匠であったのも、こうしたヒントによるところもあっただろう。もちろん鉄骨は国産されていない。彼は部下の瀬戸文吾がまとめた鉄骨の図面をもって明治二十九年暮から約五カ月をかけてアメリカに渡り、カーネギーから鉄材を購入している。この建築は関東大地震にもほとんど被害はなかったが、荷物がおかれていたシャターが閉らず火が入って全館焼けてしまった。この設計のディテールを担当したのが明治二十九年東大を卒業して三井元方にきた鈴木禎次である。彼は後に名古屋高工建築科の実質的な創始者・主宰となった建築家。彼もまた大きな山脈の主峰となった人物である。横河の渡米留守中大雨にあって土留めが崩壊し、隣りの小学校が傾いた責任をとって腹を切ると駄々をこね、益田孝にたしなめられたという話がある。剛毅な鈴木らしい話だ。明治三十四年竣工の三井銀行大阪支店、同三十七年の京都支店を横河の監督下に設計し、当時神戸に進出した竹中藤右衛門と知り合った。のちに（明治四十年）大阪で発足した横河橋梁製作所の当初を担当した瀬戸文吾も、大阪支店現場の次席としてその交流に加わっている。

資本主義の建築家

明治三十五年十月三井営業総本店が落成した。当時の建築業者はもちろん鉄骨施工の経験を十分にもち合わせてはいなかった。したがってこの工事で、彼はたんに設計者であるばかりでなく、施工の実際を指導し、材料の発注までやらねばならなかった。これでは一括請負に出すことはできない。直営工事にならざるをえなかった。彼はお抱え棟梁の立場に立たされたわけだ。この建築の竣工の翌年、横河工務所という特異な建築家の活動形態を創始したのも、この経験によるものであろう。

横河工務所は明治三十六年四月、横河民輔によって日本橋区三代町楓河岸に開設された。横河は昭和十八年一月、これを長男の横河時介（大正十一年コーネル大学建築科卒）・中村伝治・松井貴太郎の三名の理事に譲るまで、この組織の所長であった。横河工務所が設けられた年、辰野金吾もまた葛西万司と辰野・葛西建築事務所を東京京橋に設けている。そうして三十八年には大阪に辰野・片岡建築事務所をおき関西方面の拠点とした。大阪で最初の本格的な建築事務所といわれたもので、やがて波江悌夫・安井武雄らが育ってゆくのである。横河もまた三十九年東大建築を卒業したばかりの松井貴太郎を配して横河工務所大阪支店を設立。三井系の仕事を処理している。三井元方時代の実績がものをいったのは当然考えられるところである。関西ではこのほかに河合浩蔵が明治三十八年神戸に建築設計事務所を開設している。河合は明治十五年に工部大学校造家学科を卒業、妻木頼黄らとドイツに留学し司法関係の建築に腕を振るった人である。さらに大阪を本拠とする住友財閥もまた明治三十三年にその住友本店臨時建築部技師長に野口孫市（明治二十七年東大卒）を迎えて本店建築の大計画の一歩をはじめている。三井元方が横河民輔をえて、その営業総本店の建築にとりかかっていたことが住友の人びとに意識されたにちがいない。横河や野口の先輩に曽禰達蔵がいる。彼は呉鎮守府建築部長を退官して明治二十三年九月三菱に入社し、三菱レンガ街の建設に取りくんだのである。コンドルが招いたともいわれている。三菱・三井・住友の日本財界を代表する三家が、符節を合わすようにして明治二十年代から三十年代初めにかけて、帝国大学出身の建築家を擁してその営繕事業を開始しているのは注目すべきことだろう。

三菱の曽禰のところからやがて曽禰・中条事務所と三菱地所部が、三井元方から横河工務所が、住友から長谷部・竹腰建築事務所やさらに今日の日建設計工務株式会社が生まれてきた歴史は、日本の資本主義の興隆と建築家の生成との間にきわめて密接な関係のあったことを示すものである。ともかく壮観である。

話を横河工務所にもどそう。明治三十六年の創立から昭和十八年横河民輔が引退するまでの間をとっても、ここで設計監理された建築の数は無数にのぼり、辰野金吾の事務所あるいは曽禰・中条事務所と肩を並べる大事務所であったことが想像できる。横河民輔が積極的に指導していたと考えられる（もっとも彼は自ら図面をかかない建築家として有名である。部下をして機械のように図面をかかせた）昭和初年ころまでの著名な作品をあげると、つぎのようなものがある。

第一生命保険相互会社（明治三十九年）・有楽座（四十一年）・帝国劇場（四十四年）・三井二号および三号館（大正八年および九年）・三越呉服店（大正三年）・東京銀行集会所（五年）・日本工業倶楽部（九年）・猿江小学校（十一年）・千代田生命本店（十三年）・東京株式取引所市場および本館（昭和二年、六年）・交詢社（四年）などである。

有楽座は現在のピカデリー劇場のところにあったもの。木造二階建てだが本邦最初の椅子式の劇場で、帝国劇場の習作とも考えられる。小山内薫の自由劇場が明治四十二年十一月にここで旗上げし、島村抱月の芸術座もまた大正二年第一回公演をこの劇場でもっている。日本の演劇史に著名な場所である。大熊喜邦の略歴（建築雑誌、昭和二十七年二月号）によると、彼が帝国劇場の基本設計をしたことになっている。大熊は明治三十六年東大卒。四十年五月に大蔵省へ入るまで大学講師などをしていたから、この間に横河の事務所に出入りしていたのかもしれない。尤も、その構造設計は石井敬吉が、デザインは明治三十八年東大卒の葛野壮一郎が担当していたともいわれる。

工務所の人びと

中村伝治が東大建築学科を卒えて直ちに横河工務所に入所したのが明治三十七年。創立の翌年である。翌年には葛野壮一郎が、さらに翌三十九年には松井貴太郎が、ともに東大を卒業して入所し、松井は大阪支店に赴いた。四十年には笠原敏郎と石井敬吉が入所している。笠原はいわゆる新卒だが、石井は明治二十四年東大卒。横河のたった一年後輩にすぎない。しかもその経歴は大物である。二十五年には東京帝国大学助教授となり、造家学科ではじめて本格的な日本建築史の講義を開始した人として有名である。伊東忠太や関野貞の先輩ともいえる。卒業論文の日本仏寺建築沿革を発展させたものだが、やがて構造方面に関心を移し、とくに鉄骨構造の造詣が深かった。卒業後数年にして耳を患い日常会話にも不自由するほどだったというから、大きな心境の変化もあったにちがいない。三十一年には東大をやめて、いよいよ建設が具体化していた東宮御所（赤坂離宮）御造営局技師となり、その鉄骨関係工事の設計に関係した。四十年六月この工事もほぼ終了したので横河工務所へ入所、帝国劇場の構造設計に当ることになった。

もちろんそのころには日比忠彦や佐野利器らの俊秀が、鉄骨や鉄筋コンクリート構造の理論的な研究と体系化を開始していたから、石井のものは、おそらく経験的な実際的なものであったろう。しかし、彼は昭和六年横河工務所を退所するまで（翌七年三月死）横河関係の主要な建築のほとんどすべてにわたってその構造設計にあたっている。建築設計事務所の構造家は、今日でも地味な存在であるが、耳の遠い、年齢的にも古い石井は、若い茶目気たっぷりな所員のなかにあって縁の下の力もちのような存在ではなかっただろうか。「建築今昔」（昭和二十三年）、あるいはそれに改訂を加えた「職人――一建築家の回想――」（昭和三十三年）で洛陽の紙価を高めた竹田米吉（大正三年早大卒。竹田建設工業社長）が、横河工務所に入所したのは明治三十九年十二月である。大工棟梁の子として神田に生まれた竹田は、苦しい徒弟奉公のかたわら築地の工手学校（夜学）に通って新しい建築技術に対するなみなみならぬ意欲を示していたが、友人〝O君〟の話で、横河工務所に就職。わずか数ヵ月だったが、以後陰に陽に横河民輔の庇護をうけたのである。彼がその「建築今昔」に書いている入所のときのこと、当時の横河工務所の様子などは、横河民輔の風貌人柄を示すとともに、この事務所がいかに隆々たるものであったかをいきいきと伝えている。

「O君の進言により私は民間唯一の建築事務所であった、今は亡き横河博士の横河工務所に勤務せんとした。ただいかなる手蔓で入所できるか、これはO君といえども五里霧中である。結局横河先生に直接面会して懇願するより方法はない。私は紹介もなくひとりで横河工務所へと出向き、先生に面会を申込んだ。ところが学生らしくない学生の私に、当時建築界の巨星であった先生がただちに会って下さった。先生が開拓された民間建築事務所は、当時隆々たる盛況を呈していた。先生に面会できた嬉しさで、私は口も利けないほどだった。……明日から勤務せよとの先生のお言葉。天にも昇る心地で家に帰り、父に報告し一家を挙げて大いに前途を祝したことだった。

明治三十九年十二月二十八日。私はもう大工ではない。私は早朝から横河工務所へ出掛けた。……やっと正午ごろ先生が出勤される。朝から小僧がきて、先生云々の自己紹介をしていると幹部の者が報告すると、先生は昨日のことを思い出されたか『そうそう、使ってやれ』ということになって、やっと仕事をする場所を定めてもらった」。彼はこうして明治四十年二月工手学校を卒業した。横河に報告するとその月から月給十二円を支給されることになった。さらに事務所のようすを伝えて、

「所員には大学出身の工学士が四名ほどいたし、図面の上手な錚々たる青年建築家が五、六名いて賑やかな事であった。当時の建築の雑誌に発表される立派な設計、私達が工手学校時代、渇仰と羨望の対象であったような設計を、此処では実際にどしどしやっているわけで、私の目にはどのような人の描いている図面も、ぞくぞくする程巧いものに見えた。私は八時ごろには出勤して所員の顔が見える十時ごろまでの間に、憧憬の図面を片っぱしから薄美濃に写し、さらに既成の建築の保存図面をも引張り出して盛んにコピーしたものだ。………横河工務所は横河先生を中心に、三井銀行建設当時からの人達で固められていた。大学出の者は役所の高等官然として、一般所員とは離れた別室で設計していた。当時の横河の所員は、一段とハイカラな颯爽たる人達ばかりのように私の眼には映じた」と述べている。石井敬吉・中村伝治・葛野壮一郎・笠原敏郎らの学士建築家や、瀬戸文吾・宍戸清輝らの働き手がいたのである。石井と葛野は帝劇を、中村は三越や鐘紡工場にかかっていた。四十年春横河工務所が設計施工中だ

った鐘ヵ淵紡績東京工場で現場技術者の増強が必要になったので、竹田は中村伝治に伴われて鐘紡に赴き、その臨時職員として勤務することになった。横河との縁は一応形式的にはきれたわけだ。しかしさんざん苦労して新しい施工技術を覚えた彼が、さらに向学心を燃やして明治四十三年早稲田大学の予科に入学して建築学を学ぼうとしたとき、おおいに励まし、その学資を援助したのは横河民輔である。竹田はこうして大正三年早稲田建築科第二回の卒業生として世に出た。

昭和十年本郷金助町に横河が設立した合資会社建築施工研究所も、また竹田と横河の縁につながるものであった。大学を卒業して請負業を始めていた竹田米吉は、鉄骨コンクリートの仮枠を鉄板で、特殊な締め付け金物を用いて合理化することを考え、くふうをめぐらしてきたが、横河もそれを援助し、かなりの研究試作費を投じた。そうしてその成果を実際に応用するために興した会社である。しかし間もなく戦争となり鉄製品の使用が不可能となったので、この研究所の組織人員をそのまま島藤建設に合併した。しかしとにかく工務所を設けて設計監理から直営工事の代行までしてきた横河民輔は、建築施工の技術と、その経営については深い関心と経験とをもっていたわけである。お高くとまっていて、〝請負いを見たら泥棒と思え〟と暴言をはく建築家の多い時代である。建築業者にとっては学問と実地とを結びつけていた横河民輔は〝どの方面から考えても理想の人〟戸田利兵衛、前掲追想録、座談会）であった。明治四十四年清水の大番頭原林之助らが一流業者を糾合して建築業協会を創立したとき、乞われてその理事長に就任、長く業界のまとめ役となったのも当然のようだ。

トレーシング・ボーイ田中正蔵

田中正蔵が横河工務所に入ったのは大正七年四月である。蔵前高等工業学校（現在の東京工業大学の前身）の付属職工徒弟学校を卒業して、トレーシング・ボーイとして雇われたのである。一時代まえの竹田米吉と似ている。

田中は群馬県伊勢崎市の宮大工の子供として明治三十五年三月に生まれた。大正四年前橋中学に入学式の日だけ入学したが、家業の建築方面に進むには徒弟学校をと思い直し、単身上京して入学した。一年前期を終えて成績がきわめて優秀だったので、この田舎弁まるだしの小柄な少年は特待生にあげられ、後の二年半はまったく授業料なしですませた。同級に山口文三（山口文象）がいた。山口はそのフォアマン教育が気にくわず怠けてばかりいたが、田中は、まじめなかわいい生徒だった。本校（蔵前高工）の校長手島精一が実習を見にきたとき、作業台に背伸びしている子供を見て、特別に踏み台をつくってくれたという話がある。蔵前に講師としてきていた中村伝治に、とても可愛い秀才がいる。横河でどうかという話が伝って卒業と同時に就職ということになった。

横河工務所では、もっぱらトレース。朝早く出勤しては墨をすって所員の製図机に配っておく。所員が出そろうのは十一時ころ。横河はさらにおそい。テーラーの科学的管理法をいち早く日本に紹介し、その事業に当ってはきわめて合理主義者であった横河も、建築の設計だけは別ものと考えていたようである。その代り所員の帰りもおそい。正則英学校と後藤慶二の名札も講師のなかにあった中央工学校と、ふたつの夜学に通っていた田中だけは早く帰してもらった。大正九年には早稲田の選科に入学した。これから十二年三月卒業までいちおう横河から離れたが、卒業と同時にふたたび入社した。早稲田へ入るとき佐藤功一と岡田信一郎宛の紹介状を書いてくれと中村伝治に頼みにいったが断られた。パスする自信があるのかときかれて、遠慮して〃ない〃と答えたら、自信のないようなやつを紹介することはできんと断られたのである。口答試問のとき佐藤功一から、なぜ中村の紹介状を持参しなかったか、中村はおれの一年後輩だといわれ、ことのしだいをありのままに答えたら試験官一同大笑い。無事に入学できたという。早稲田では内藤多仲にとくに目をかけられて、構造学の才を伸ばすことができた。

早稲田を卒業して横河のもとにもどると関東大地震である。横河は直ちに構造をやれと命じて石井敬吉の下につけてくれた。人使いのうまい、人を見る目の抜群だった横河らしいテキパキした処置のように思われる。このころ横河工務所でやっていた仕事に東京株式取引所立会所の工事があったが、震災で中断していた。基礎杭を打ち周囲の擁壁もできていた。建物の主スパンは八十二呎、両側に十呎の廊下を計画していたが、震災後変更されて廊下を廃しスパン一〇二呎のものにしなければならなくなった。もっとも荷重のかかる柱の位置に柱が建てられなくなった。石井は基礎の打ち直しからやらねばダメだと主張していたが、横河はそうしたことをしないですむ新しい方式を考えていたらしい。ある日田中を高輪の自宅に招いて、造船の原書三冊を渡し、なにもいわずに船の構造を至急勉強してみろと命じた。十日ほどしてふたたびよばれ、今までの基礎をかえないで一〇二呎をやれないか、船の構造は波によってたえず支点と力点の変化する荷重に耐えるようになっている。建築も杭の耐力の変化に応ずる構造が考えられないかというわけである。田中は一日の猶予を願って、地下室を船の竜骨と想定する新しい構造法を考案して横河に示し、この建物の構造担当は石井から田中へ移されたという。横河のアイディアの卓抜さを示す話であろう。この構造計算で出願した先の警視庁建築課強度計算係長が石井桂だった。今は参議院議員、日本建築士会連合会の会長である。彼は田中をよび出して〃とんでもない計算方法だ。どうしてやったのか、おれにも調べさせろ〃というわけで、かなり時間をかけて検討したらしい。もちろん認可されて現在の建物が無事竣工した。

その後も田中は横河から船のことを研究しろとたびたびいわれた。しかし結局横河の死ぬまで、その後の報告をしなかった。もちろん論文として発表するようなこともなかった。それだけが心残りで、今もって申しわけないと述懐していた。

山口文象と田中正蔵

田中正蔵の横河民輔についての印象は、喜怒哀楽を決して面にあらわさぬ人、叱りもしないがほめてもくれぬ。株式取引所の構造設計はその後不同沈下も起こらず、田中としたら内心大トクイだったが、いつも和服姿の横河から、なんのおほめの言葉ももらえなかったという。それでいてこわい先生であり大いに惹かれるところがあったらしい。所員もノビノビと、しかも大いに茶目っ気を発揮して悠々たる仕事ぶりだったようだ。横河の人を見る目は鋭い。ものにならないと見たら直ちに処分したのではなかろうか、ほめもせず、さりとて叱りもせず、ではあったが、彼がその膝下においた人びとは、彼が自信をもって選択した人間である。放っておいても大丈夫だったからに違いない。そうして後から、目に見えない糸であやつるように人を使ったのである。特異な能力というほかはない。

こうしたなかで、所員も一応上司に断っておけば適当なアルバイトも、あるいは工務所外での仕事もできたらしい。田中も岡田信一郎の構造計算を手伝っていた。山口文象の日本歯科医専付属病院の構造設計を担当したのも、こうした背景のもとであった。もちろん職工徒弟学校以来の縁があったわけだ。のちに述べるように、警視庁建築課とはげしく対立した田中正蔵について、警視庁から横河工務所に照合があった。どうせ、とんでもない男だという意味のことだったろう。これをうけた中村伝治が、やんわりと、しかもキッパリはねつけて田中を擁護したところなど、横河事務所の面目が躍如としている。

さきにも書いたように山口文象設計の日本歯科医専付属病院はそのピロティが警視庁建築課長北沢五郎の気に入らなかった。北沢は佐野利器の弟子。当時の耐震構造は関東大震災の経験によって耐震壁の効果がものすごく強調されていた時代である。彼には壁のない建物などは考えられなかった。ピロティなど西洋かぶれの青二才の考えだと思ったにちがいない。山口は、いわば四面楚歌のなかで設計を始めていたわけである。〝正ちゃん大丈夫かい〟という山口をたすけて田中は奮闘した。壁がない。柱と梁と窓だけとはけしからんとしきりに憤慨する課長の下では、有名な構造学者でもあった構造係長の水原旭も、計算は合っているがといいながら、困ったような顔をするだけで判を押すことができない。警視庁建築課の大テーブルをはさんで大ぜいの役所側と中原校長・山口文象・田中正蔵三人の対決が行なわれたが、とうとう結論がでなかった。しかし泣く子と役人には勝てない時代である。厚さ十センチメートルくらいの壁をつけさせられてしまった。もっともこんなものは構造的には少しも意味をもたない。妥協北沢も内心あきらめていたらしい。ほんとうに彼の主張をとおせば、こんなことでは許可できるはずがない。妥協したつもりだったようだが、やはり薄くても壁は壁、デザインの立場から見ても山口のうけた被害は大きい。しかし、田中のガンバリは見事だった。山口は今もってその友情と見事な構造家ぶりをたたえている。

横河民輔の山脈

〝忠臣〟中村伝治と同じように田中正蔵の横河民輔に対する思慕の念は深く、その想い出話はつきない。徒弟学校を卒業して横河の事務所につとめていたころ、彼は親せきのある事件を解決するため思いあまって横河に三千円の借金を申し込んだことがある。十八歳のトレーシング・ボーイ、月給は三十円そこそこの少年である。事情を聞いた横河は借用書もとらないでポンとその場で小切手を書いてくれた。この人のもとでは飼い殺しになっても仕方がないと覚悟したと田中は述懐していた。これに類した話は横河の周辺に数多くある。公私にわたってである。建築学会の事務局長高杉造酒太郎氏が、横河先生は学会で伊藤為吉さんに会うと、いつもこっそりそのたもとにお金を入れてあげていたと話してくれたことがある。伊藤為吉は独学の建築家。明治の中期から耐震家屋について種々の考案を発表し、またコンクリートブロック構造についてもすぐれた発明をしている。晩年永久動力機関の発明にとりつかれて困窮していた。異色異端の建築家で、横河の人間の幅のひろさを示す話でもある。

横河のはじめた工務所以外の事業について、ここにふれる必要はない。彼のもとで育ち、彼の影響をうけた建築家の数は多い。これまであげた人びとは、そのほんの一例にすぎないといえよう。横河工務所を主軸とするやはり大きな山脈である。

横河民輔は昭和二十年六月二十六日、宿痾胃潰瘍のために小田原の別荘で亡くなった。八十二歳である。空襲の下で葬儀が行なわれた。その悠々たる性行を思うとその死は時期的にやや不運だった。

亡くなる二年まえ、昭和十八年に彼は横河工務所を長男時介と中村伝治・松井貴太郎の三人の理事に委ねて引退した。戦争中の工務所の主な仕事は日本製鉄関係工場の設計監理だった。終戦後は横河時介のコーネル大学での友人が占領軍におったため、占領軍関係施設の設計・監理に松田軍平（松田は横河のコーネルでの二年後輩である）らと活躍した。アメリカでの経験が、調停役として存分に生かされたようである。田中もまた各地の施設に活躍した。しかし、どうもこの方面にあまり長く、深入りしすぎたようである。横河工務所は、やや立ちおくれたようだ。頭を下げて仕事をもらうような訓練は、中村も田中もうけてこなかった。昭和二十七年には田中正蔵を加えて理事は四人となり、二十九年には株式組織に改め、中村が取締役会長となり、やがて松井に代り、中村は相談役となった。その松井貴太郎も昭和三十七年十一月に亡くなった。今は横河時介が社長、田中正蔵が常務取締役で、立ちおくれを必死にばんかいしようとしている。所員は大阪支店と合わせて約一二〇名、横河民輔の山脈もしだいに山容を変えようとしている。

IX

山口文象の出会った人びと

大正中期以降のいわゆる日本の〃近代建築〃が、なにをもって近代建築であるかと考えるとき、その建築家たちが邂逅接触してきた同世代の人びととの影響が、それ以前とまったくちがっているのに気付く。人は人によってのみ育てられるというが、日本の近代建築家の歴史をみるとき、彼らの建築家としての資質をつくったものは、学校における教師や学会ではなくて、彼らの仲間であったことに強く興味をひかれるのである。それはいわゆる大正デモクラシーの成果かもしれない。（同時代の）同じ世代が、同じように考え、行動するのは当り前であるが、こんなに仲間が仲間を育てた時代は、いまだかつてなかったのではなかろうか。私は日本のいわゆる〃近代建築〃のそれ以前の時代ときわだって異なる点は、ここにあると考える。たとえば大阪の新建築家集団（ＮＡＣ）など少数のグループをのぞいては語ることのない、集まることの少ない泰平無事の現代に、不安と危険を感ずるのも、こうした私なりの〃発見〃に意義を認めているからである。まことにささやかで、なにを今さらといわれるかもしれないが、私にはやはり重大な〃発見〃であった。そうして、その発見を導いてくれたのは、ＲＩＡの山口文象である。

山口文象――人によって育てられた人

日本の近代建築史、とくに近代建築運動史を、そのまま肯定するにしても、また再検討を試みるにしても山口文象の名を落とすことはできない。分離派建築会から創宇社を経て山口は近代建築運動の主流に立って、またそれゆえに苦闘を継続して今日に至っている。門閥・財閥・学閥といった背景をまったくもたない彼が、今日なお若い情熱をもちつづけて、しかも建築界に堂々たる地歩を占めているのは、まったく驚異である。さいきん宿痾も癒えて毎日ＲＩＡに顔をだしては、若者たちとカンカンガクガクたる議論を展開しているという。かつて若い時代に胸に燃やした社会改革への焔を、今も変らずに燃やしつづけているのだろう。植田一豊・三輪正弘・近藤正一らＲＩＡ

同人の青年建築家たちもびっくりするほどのはりきりかたである。

もちろん山口のすぐれた資質と、貪婪なほどのはげしい勉強、それを支えた反骨の気慨を無視することはできない。しかし東京の下町の没落した棟梁の家に生まれた多感な少年が、宗教を考え、社会を考え、やがてマルキシズムに傾斜し、さらに社会改革のために建築家を志して今日に至った過程をみると、そこには、つき当り、互いに揉み、文字通り切磋琢磨してきた歴史がある。人との結びつきの中から育ち、鍛えられ、磨かれた建築家という強い印象を否定することはできない。そうして彼が、その今日までの生涯で出会い、接触してきた人びとをみるとき、彼らの多くもまた、山口と共通するものをかなりもっている。大正の子であるその人びと、それを山口の経歴を通してみていこう。これはまた、いままでここであつかった建築家山脈とかなり異質なものである。

逓信省営繕課に入る

山口文象は明治三十五年（一九〇二）一月十日、東京に生まれた。浅草田町の〝袖すり稲荷〟の近くというから、江戸っ子も、それも典型的な下町っ子である。戸籍名は山口滝蔵だが小学校四年のころ姓名判断で文三と改められたが、それがハナシ家の名前と同じだというので、蚊象という名に勝手に改め、やがて一時叔父の籍に入って岡村蚊象。叔父の死によって再び山口蚊象。四十歳のとき現在の山口文象に改めたという。蚊象は動物のいちばん小さいものといちばん大きいものをとった。文象は「虫を下す」という意味らしい。これまでに五つの名前をもったわけだが、ここでは山口文象で通すことにする。

祖父は相当な宮大工だったが、父が道楽もの。すっかり家産を蕩尽してしまった。小学校の成績は抜群だったので先生のすすめで当時の府立一中を受験、見事パスしたが、家庭の経済が入学を許さず、蔵前高等工業学校（現在の東京工業大学）の付属職工徒弟学校へ無理矢理に押しこまれてしまった。この学校は世間で「職人学校」とよばれていたもので、三年制のいわゆる職長（フォアマン）を養成する学校だった。その大工分科、すなわち棟梁養成の学科に入れられたのである。多感な少年山口には、どうも不向きのようだった。ようやく卒業して清水組（現清水建設）に入社した。現場やといの常夫で、土方や人夫といっしょになって下働きをさせられた。

やがて名古屋の百五銀行の現場へ派遣された。といっても主任兼現場員兼小使のあわれな立場だったようである。そのころ市内の納屋橋際にすばらしい銀行建築が建った。山口はすっかり感心して建築家になりたい、デザイナーになりたいと心から思ったそうである。当時銀行建築の名手として活躍していた長野宇平治（一八六七—一九三七）の作品だったというから、おそらくそれは大正八年竣工の明治銀行名古屋西支店ではなかろうか。長野は明治二十六年東大卒。奈良県嘱託となってあの日本様式で有名な奈良県庁（明治二十八年）を設計し、やがて日銀技師として、日銀関係の諸工事を指導し、さらに三井銀行・横浜正金銀行・明治銀行関係の各地支店を、さかんに設計・指導した折衷主義の建築家であった（神代雄一郎著『黎明期の建築家たち』参照）。このころ、すなわち大正前半のころの長野は、大正二年独立して事務所を設け、六年に日本建築士会初代会長に選ばれ、中条精一郎とともに建築家の職能確立の運動に活躍していた。一方設計の方も、彼の生涯でもっとも油の乗っていた時代であった。

長野は明治四十二年の台湾総督府庁舎コンペをめぐって恩師の辰野金吾と争ったこともあるが、その作品はついに折衷主義の時代を超えることのなかった人物である。それが山口をうって、建築家になろうとさせたのであるから面白い。名建築には作風・様式をこえて人に迫り、人をうつものがあるからであろう。

それまで、山口はまだ自分の方向を見出すことができず、悩んでいた。没落した下町っ子で学閥も門閥もない。あるときは小説家になろうとしたり、またあるときは宗教に傾いて海老名弾正の門をたたいたりした。こうした思想の遍歴はその後もつづくわけだが、彼はまず建築家になろうとした。ひとつの建築が多感な少年に与えた影響力は恐ろしいほど強いものだ。やがて清水組を辞めてしまった。清水の下請けのまた下請けのようなことをしていた彼の父は、古風にも彼を勘当した。

建築家になるための職さがしが始まった。ここで彼の前に登場するのが中条精一郎である。当時の建築界における一大山脈を形成して、その主峰となっていた人物である。山口はツテを求めて中条に会い、彼の事務所への入所を頼んだ。もちろん図面も持参した。丸の内の赤レンガの建物に事務所があったという。毛並みの揃っていた曽禰・中条事務所に風来坊のような彼が入れるわけがなかった。それでもしばしばおしかけ、ついには駒込にあった中条の自宅にまでおしかけた。中条も根負けしたらしく、他への就職の紹介状を書いてくれた。当時大正九年ころは第一次大戦後の反動恐慌が激化していたころである。建築事務所も当然そのアオリをくっていたときであるから、なかなかチャンスはなかった。文部省その他の官庁へも足を運んで、やっと逓信省経理局営繕課のいちばん末席の製図工の職をえることができた。大正九年九月のことである。日給三十四銭、一カ月フルに働いても十円になるかならぬかの薄給である。当時の東大新卒の月俸が二十五—二十六円だった（この他に手当が八割ほどついたが）というから、その生活はおして知るべきである。

長野・中条と三十四—五歳の年齢の開いた大家たちから直接に導かれて逓信省に入った彼の前に、思いがけない人物がいた。その年東大建築を卒業してここに入っていた山田守（一八六四—）である。山口より八歳年長であるが、世代の差はにわかに縮まった。就職運動中の山口は、たまたま当時の建築雑誌「建築世界」で、山田守の卒業論文を読んだ。しかしまったく論旨が分からなかった。しかし、なにかうたれるところがあったのだろう、編集部気付で質問状を出したが、ナシのツブテだったことがある。そこで逓信省に勤めるとすぐに山田に会って、なぜ質問に答えてくれなかったかと聞いた。山田は詫び、かわりに彼を分離派建築会の会合につれて行くようになった。建築家山口文象の生涯を画する舞台に彼は足を踏み入れたのである。

逓信省営繕の人びと

その前に、当時の逓信省経理局営繕課のようすを見ておく必要がある。一言でいって、当時の営繕課は新旧の交替期にあったようだ。課長は内田四郎（東大明治三十四卒）。その下に和田信夫（四十三年卒）、武富英一（四十五年卒）、大島三郎（大正六年卒）らの東大出の技師がおり、渡辺仁（四十五年卒）も一時籍を置いていたし、美術学校大正五年卒の前田健二郎もいた。しかし彼らは皆、いわゆる折衷主義の建築家だったといえよう。課長の内田はのちに大正十四年独立して設計事務所を開設したが、逓信省時代は、まったくの官僚だったという。彼のもっていた特許に流下防止装置というのがあって、これは窓の上端水切りのつくあたりにパイプを埋めて水を通すものだった。この特許を用いると窓の形がきまってしまい、立面の創造をする余地が残らない。しかもこの特許を使わないと課長が図面に判をおしてくれないという。まことに妙な仕組みになっていて、若い岩元禄などは、さんざん苦しんだといわれる（神代雄一郎著『黎明期の建築家』）。

しかし一方、自分は設計をしないので、若い連中はかなりノンビリ自由にやれた。それが逓信営繕のその後の発展を可能にしたのではないかと山口は回想する。震災前の、不景気ではあったが、それぞれ絵画や音楽あるいは文学を楽しんでいた大正デモクラシーが、ここにも反映していたのであろう。貧しい製図工山口も、仕事が終ると本郷春木町にあった岡田三郎助の美術研究所にデッサンを勉強に通っていた。新しい靴を買う金もなくて、底のない靴でペタペタと歩いて通ったという。この研究所で山口は猪熊弦一郎をはじめ多くの画家と知り合った。それもまた彼の人間形成に大きな役割をはたしたと思われる。

それはともかく、折衷主義の技師たちが上位を占めていた逓信省営繕にも、ちょうど山口が入ったころには、新しい次代を開拓すべき任務を負った俊秀が雌伏していた。岩元禄（大正七年東大卒）、吉田鉄郎（八年）、それからすでに述べた山田守（九年）らである。山口は、ここで始めて建築家らしい人に会ったというが、実感だろう。下っ端の製図工山口を含めて、彼らによって逓信省営繕は、戦前における日本近代建築史のきわめて主要な流れを構成するようになったのである。戦後郵政および電々公社に尾を引くその建築家の群像は、これまであげた山脈とは異質ではあるが、見落とすことのできぬ大きさをもっている。山口がもっとも傾倒した逓信省営繕の建築家は岩元禄だったようだ。岩元は大正七年東大を卒業して逓信省に入ったが、数カ月で兵隊にとられ、病弱のため、翌八年五月復職。大正十年一月には東大助教授として本郷に帰り、翌十一年の暮に二十九歳で夭折した。だから彼は逓信省には実質的には二年足らずしかいなかったことになる。役所での山口との触れ合いはわずか三―四カ月であったが、創造にあこがれて清水をやめてここに来た山口が、岩元禄を〃発見〃したことは、山口にとってきわめて大きな意義をもっていたし、たいへんな幸せだったと思う。山口はついには役所を休んでまで東大に去った岩元の下宿（上野桜木町の彫金家海野清のアトリエ）におもむいて彼の助手兼看護夫の役をした。岩元は晩年重症の肺結核に苦しんでいたからである。このアトリエには山口のほかにも、堀口捨己・滝沢真弓らがよく集まったという。岩元と山口の涙をさそうような師弟愛の美しさは、前記神代雄一郎の描写にゆずるが、建築家山口文象のめぐり合った人びとの中で、一段と光彩を放つ人物は、流星のようにはげしく、しかもはかなく消えた岩元禄だった。

つぎに吉田鉄郎（一八九四―一九五六）がいる。彼は芸術家肌の岩元禄とは対称的であった。ケント紙が破れるまでケシゴムで消し、昂然たる意気であたりを震撼させていた岩元の隣りで、コツコツ勉強していたという。机にはドイツの参考書や雑誌がうず高く積まれ、ハンブルグ派のシューマッヘルをモディファイしたような図面を画いていたという。人とディスカスすることのほとんどなかった吉田は、あこがれのスターたちの間にあって心を躍らせていた山口から見ると、あまりにも地味だった。ヴァスムート（独文建築雑誌）に熱心に眼を通してはコピーしている吉田に、もっと新しい人のはずだが、と首をかしげたという。

昭和九年竣工の東京中央郵便局は、吉田鉄郎の代表作のようにいわれるが、これは吉田が彼の上席者武富英一のデザインの後始末をしたものである。武富も折衷主義の立場にあった建築家だったが、中央郵便局の設計のため渡欧し、ウィーンのセセッションの作品やダルムシュタットの芸術家村なども見学し、それによってエスキースをつくったのである。それを図面にし、パースも画いたのが、製図工山口文象だった。山口によればプロポーションは、ウィーン・セセッション、軒にはオーナメントが付いていたという。そういわれてみると、東京中央郵便局の立面は、ウィーン・セセッションの指導者オットー・ワグナー設計になるウィーン郵便貯金局（一九〇四—〇六）のそれにどことなく共通するものがある。窓のプロポーション、深い廂、そのパラペットの代りに一層を重ねると中央郵便局に似てくる。

それが関東大震災で一時中止になった。武富は忙しくて、かかってはおられない。しかも大正十四年には大倉土木へ去ってしまった。基礎工事だけがすんだ状態で、永い間放置されていた。この後を引きうけたのが吉田鉄郎である。大変だったにちがいない。武富のオーナメントだけは風呂屋で垢を流すように洗い去ったが、プロポーションは変えることができなかった。山口には、これで吉田は近代建築をやめたかと思えたそうである。

しかし、昭和十四年竣工の大阪中央郵便局で驚かされた。これまでの吉田の沈黙の修練の偉大さをはじめて思いしらされたという。山口が改めて敬愛の念を新たに語る建築家のひとりが吉田鉄郎である。

分離派から創宇社へ

逓信省へ入った山口は、山田に誘われて分離派建築会の会合に出席できるようになった。いうまでもなく分離派建築会は、日本の近代建築運動の発火点になったものである。山口が逓信省に入る数ヵ月前、すなわち大正九年二月卒業を前にした東大建築科の学生石本喜久治・滝沢真弓・堀口捨己・森田慶一・山田守・矢田茂らは、東大構内において同人習作展を開催し、同年七月には日本橋白木屋で第一回作品展を開いて、その宣言を発表したのである。

「我々は起つ。過去建築圏より分離し、総ての建築をして真に意義あらしめる新建築圏を創造せんがために。……総てのものを愉悦の中に献げ、倒るるまで死をまで期して」と。その反響は大きく、新聞・雑誌にもとりあげられて非常にはなやかなスタートを切っていた。自分より八―九歳も年上の、しかも帝大出の秀才たちのハイカラな雰囲気は、すっかり山口を魅了した。しかし職工学校出の山口には彼らがやたらに使うドイツ語やフランス語のまじった議論にはなかなかついていけなかった。そこで語学その他教養を独学で勉強して、やがて会員に推せんされた。蔵田周忠もそうだが、このあたりの反骨の気概とともに学問への猛烈な意気ごみと実行力は、山口のように階級の底辺からせり上って、時代の先頭を切った日本の近代建築運動の闘志たちに共通するものがある。今日のわれわれを強くうつところである。

分離派の仲間に正式に入れられた山口の感激は、ひとしおだっただろう。会の名を汚すまいと懸命に勉強したという。今日の山口をつくりあげた大きな力である。山口もしみじみとそれを認めている。岩元禄と分離派同人によってまず山口は建築家としての洗礼をうけ、スタートを切ったのである。

しかし分離派を支えていたエネルギーは、明治維新以来、明治一代を通じて編成、強化されていた建築アカデミーの桎梏に対する反逆の意識にほかならなかった。不況とそれをテコにして強行されていた産業合理化、すでに頻発していた小作争議、ストの波。そうしたものは彼らの視野に入っていなかった。それは明治四十三年四月創刊された同人雑誌「白樺」に象徴される大正デモクラシーの限界であった。大正の子らが、明治を築いた彼らの父親たちの生産本位の文化観に対抗して、私生活の充実という消費本位の文化観の成立する余地をかちとるための闘争だったともいえよう。それはちょうど「白樺」同人が有島武郎・生馬・里見弴・志賀直哉・柳宗悦・長与善郎・千家元麿・岸田劉生ら主として学習院出身の華族およびブルジョアの息子たちによって構成されていたことと対応するものである。また分離派建築会発足約十三ヵ月前に、同じ東大法学部学生によって創立された「東大新人会」(大正七年十二月設立)の綱領と、分離派宣言とに共通するものが発見されるのも、あながち偶然ではなかろう。「新人会」の綱領はいう。「一、吾徒は世界の文化的大勢たる人類解放の新気運に協調し、これが促進に努む。一、吾徒は現代日本の合理的改造運動に従う」。そのわずか一年前、一九一七年に開始されたロシヤ革命を、長期にわたって世界の大勢を決するものであろうと判断した点で、「日本の大学生らしい敏感さを示すとともに、ここにはすでに決ってしまった世界の大勢に、日本の大衆に先だって協力するという受身の姿勢」(鶴見俊輔、大正期の文化、岩波日本歴史、現代二)を見るのである。分離派の宣言の趣旨と、昭和三年九月第七回展を最後に彼らがアカデミーに、あるいは事務所に官庁に回帰して行った姿勢と、新人会出身の社会主義運動指導者の昭和時代、とくに満州事変以後の経歴とには、重なり合うものがかなり多いように思う。

ともあれ分離派の芸術至上主義、そのロマンチシズムは、やがて山口の鼻につくようになった。世代の差、エリートたちと山口との生活感情の差は抜きさしならぬようになった。山口は逓信省営繕の同僚たちと語らって大正十二年十一月、震災の余燼のさめやらぬ銀座の十字屋楽器店で、創宇社結成の第一回展を開催した。仲間は梅田穣・

小川光三・専徒栄紀・白木亀吉ら、すべて逓信省に勤める製図工あるいは技手の二十歳から二十二歳くらいの若者たちであった。

創宇社の宣言は「我等は古代人の純情なる創造の心を熱愛し、模倣てふ不能なる風潮に泣き……」といった分離派を上まわる美文に飾られたもので、作品もまたロマンチックなものが多かった。しかしそこに見られる構成主義の傾向は、分離派の表現主義と明らかに一世代新しいものをもっていた。それはまたペルツィヒ、メンデルゾーンから、グロピウス、コルビュジエ、さらにバウハウスに至るヨーロッパの建築造型の微妙な変革を、的確に反映するものだった。しかし創宇社同人の労働階級への連帯感はますます強まって第四回展（昭和元年）あたりから作品のテーマにも反映するようになった。空想的コンポジションは影をひそめた。翌年第五回展の梅田穣の「労働会館」案は、とくに左翼陣営の批評家の関心を惹いた。この年、西欧的な建築家の職能確立を目指して日本建築士会が「日本建築士」を創刊したが、併せて考えるとまさに狂乱怒濤の時代であったことがわかる。海老原一郎（美校昭和五年卒）・平松義彦（同昭和三年）・広瀬初夫（同昭和五年）・野口巌（早稲田工手学校大正十四年）・山口栄一（文象の弟）・竹村新太郎・渡刈雄・古川末雄・崎谷小三郎・道明栄次らをはじめ、河上肇の「貧乏物語」に登場する書生今泉善一も加わった。渡刈はかつて帝都復興院で建築局長佐野利器のカバン持ちをしていた。

彼らとの交友、「メテオール」・「ラトー」の各建築運動との交流、さらに村山知義らによる造形団体「マヴォー」（大正十二年第一回展）、さらに「マヴォー」と合流した「三科造形美術協会」（大正十三年）らの美術家との交友を通じて、山口文象の世界は驚くほど拡大され、同時に民衆の建築家として急速に成長していった。歴史の生んだ子が歴史によって大きくなり、育っていったのである。その多彩な交友をひとつひとつたどれば、ゆうに一巻の書をなすだろう。

橋とダムの唯物論

震災の翌年、大正十三年山口は逓信省をやめた。震災後の東京を復興するため後藤新平を総裁とする帝都復興院が設けられたが、逓信省の山田守はその土木部橋梁課の嘱託を命ぜられた。震災で破壊した市内の橋梁を架けなおす、その橋梁デザインのためである。なにしろ厖大な仕事なので、山田は、山口文象を技師として橋梁課へ招いたのである。山口はここで清洲橋・八重洲橋・数寄屋橋などのデザインに当った。中でも数寄屋橋は当時としては画期的なデザインであった。また浜離宮正門に架る橋も山口のデザインという。東京港遊覧のランチが発着するところである。なお山田守は万世橋・聖橋のデザインに当った。

官僚機構のちがいもあってか、日本では建築家による橋梁のデザインはきわめて例が少ない。ただ当時関西では武田五一が、大阪市内の橋梁のデザインを指導していた。たとえば、昭和二年の渡辺橋、四年の田蓑橋、五年の桜宮大橋などであって、東西呼応するものがあった。また古くは妻木頼黄の日本橋などがあるが、全体として例は少ない。したがって帝都復興事業における山口の橋梁デザインの業績はいっそう高く評価されねばならないだろう。

当時の土木部長は太田円蔵、詩人・劇作家木下杢太郎の兄である。アイデアに富んだ優秀な人物だったが、部下の汚職の責任を負って自殺した。橋梁課長は鉄道技師兼東大教授の田中豊。田中は山口をよく信頼して二十三―四歳の、しかも学歴のない彼に、ポンと大きな仕事をだしてくれたのである。

この田中の縁で、当時富山県土木部長をしていたダムの権威者石井頴一郎に見込まれ、日本電力の庄川水系のダムのデザインに関与することにもなった。最近竣工したクロヨン（黒部川第四発電所）のダムもあの雄大なアーチのカーブは、最終的には建築家の手になったといわれる。ダムの型式およびその具体的な造形、あるいは発電所との関係など、今日でも建築家が、もっと積極的に参加してよい分野である。橋から発電所へ、山口の貪婪な造型欲と、それを支えた才能はすばらしいものがある。やがて彼は日本電力の嘱託となり、昭和十一年には黒部川第二発電所を設計している。当時すでに黒部峡谷の奥にこうした施設をつくることには、風致保存上から反対があった。山口のデザインは今日見てもそんな心配はなかったはずだが、ともかく、親友の前川国男のオヤジさん内務省土木局技監の前川貫一に話をつけてもらったという。今は懐かしい想い出だろう。いま久ヵ原の山口の自宅は、昭和十五年ころの高山民家風の傑作であるが、これはダムのデザインのため木曽や飛騨の山中を歩いた、そのころの彼の収穫のひとつであろう。

復興局にいたころの彼は、役所の仕事を早く片づけては、前のリーダーズ・ダイジェスト東京支社のところにあった外国語学校へ通ってドイツ語を習っていた。彼はすでに逓信省時代から岩元禄のすすめもあり、また分離派の人びとと伍してゆくために独学はしていたが、さらにその学習を深めるためであった。ここのドイツ語仲間と独文の『資本論』の輪講会を始めている。高畠素之訳の『資本論』が刊行を開始したのは大正九年、完了したのは十三年であるから、当時、おまけにドイツ語を勉強する連中のテキストとしては無謀に近い難物だった。遅々として進まなかった。一方、仲間の医者がもってきたヴァン・デ・ヴェルデの独文『完全なる結婚』は、コンニャク版をつくって、たちまち読了したという笑い話がある。このドイツ語の勉強を通じて、山口は唯物論哲学者の三枝博音や岡邦雄らと知り合うようになったという。三枝とはドイツでもいっしょだったし、帰国した山口が「唯物論研究会」（昭和七年十一月―十二年十二月まで存続）に参加したのもこうした縁からであろう。この会は三枝・岡のほかに戸坂潤・小倉金之助・服部之総・永田広志・本多謙三の五人を発起人とするもので、彼らとの交友を通じて山口の得たものは大きかったにちがいない。三枝博音は一昨年十一月の鶴見事故で亡くなった。横浜市立大学学長で日本科学史学会の会長でもあった。

グロピウスのもとへ

復興局の数寄屋橋工事が完成したころ、この橋畔に朝日新聞社（大正十四年三月着工、昭和二年三月竣工）が建てられることになった。竹中工務店の設計施工で、当時竹中にいた石本喜久治が担当していた。すでに橋梁課の仕事は大体すんでいたので、山口も竹中に移り、分離派の仲間石本の下で朝日新聞の設計を担当した。この仕事が完了すると間もなく石本は日本橋白木屋の第一期工事（昭和二年九月—三年十一月）の設計をもって独立し、石本喜久治建築設計事務所を開設した。山口もこれにしたがって石本事務所のチーフとして設計に当ったのである。しかし間もなく石本と意見のくいちがいが生ずるようになった。そうしてついに石本の事務所をやめ、グロピウスのもとに渡るのである。社会主義運動がはげしさを加えるにしたがって、弾圧もまたきびしくなったが、そういうことも石本が山口を危険視する原因になっただろうと筆者は推測する。昭和十二年竣工の山田守設計の逓信病院は、それがとくに平面計画において近代建築に寄与するところが少なく、山田の方が寡黙な吉田鉄郎よりはるかにパーソナリティがあると思っていた山口を落胆させ、またドイツから帰国早々の彼を待っていた日本歯科医専の設計に、山口は共産主義者だと印刷物を配って水を差し、妨害これつとめたのが、かつての分離派の闘将石本喜久治であったということは、歴史研究者として、もうそろそろ記録しておくべきことであろう。日本の近代建築運動もはげしい嵐の前にたって悲劇的な様相を深くしていった。

昭和五年十月、東京朝日新聞社五階で創宇社第八回建築展が行なわれ、その会期中に丸の内保険協会講堂では第二回新建築思潮講演会が開催された。弾圧をさけて渡独する山口の送別の意味もこめられていた。展覧会にはコルビュジエのもとから帰国したばかりの前川国男、昭和三年に発表されたソヴェト・ウクライナ劇場コンペに入賞した川喜田煉七郎、谷口吉郎らのほかに、山本勝巳・平松義彦・今泉善一・道明栄次らが参加して活気あふれるものだった。〝啓蒙は終った。技術はその社会的制約、社会的関連性なしには考えられなくなった〟と、展覧会は明確にその時点を捉えていた。

この昭和五年の暮に山口は、ベルリンのグロピウスのもとに赴いた。当時来日したノイトラに会って、グロピウスへの紹介を依頼したのである。当時デッサウのバウハウスは、グロピウスの後をうけてミース・ファン・デル・ローエが校長となり、山脇巌夫妻が留学していた。ベルリンでは日本から逃れた藤森成吉・佐野碩・千田是也・三枝博音・勝本清一郎らの進歩的文化人が藤森をキャップに、共産党ベルリン支部文化部を構成していたのである。ワイマール憲法下にあったドイツは、まだまだ住みよかったのである。しかしその動静は日本大使館へ筒抜けになっていた。山口は、彼らと交流しながらグロピウスの下で仕事を楽んでいた。渡独前から知り合っていた林芙美子ともベルリンで会った。白井晟一もこのころベルリンにいたが、彼は当時からすでに没世間的な生き方をしていたという。ただ林芙美子とのロマンスの噂だけが流れていた。

やがてナチの嵐が吹きはじめた。これらの文化人もつぎつぎにドイツから追われた。佐野碩のごときは、メキシコへ移住して、現在でもそこに活躍している。昭和八年一月ついにヒットラー政権が誕生した。山口も追われるようにベルリンをあとにし、マルセイユからインド洋を経て帰国した。国内でもすでに反動の嵐が吹き荒れていた。神戸に上陸した山口はその足で三宮警察に拘禁され、釈放されて東京に着いたときは、画家の安井曽太郎が世話してくれた婚約者も失っていた。すでに結婚していたのである。

彼の回想する人

ほとんど懐中無一物で東京の土を踏んだ山口にも、思わぬ幸運が待っていた。それは九段の日本歯科医専校舎の設計という仕事であった。かつてマヴォー、三科会と、山口といっしょに芸術運動をやってきたシュールの画家中原実の父がこの学校長で、山口の帰国を待ちわびていたのである。さきにふれたように妨害事件があって、アカのレッテルを貼られることは、当時すでに甚大な打撃であったが、中原の父の強力な支持で設計を進めることができた。後に田中誠や寺島幸太郎らと創生期の前川国男事務所を支えた道明や崎谷小三郎ら創宇社の仲間が応援してくれた。

この建物は、マイクを使って手術を説明する教授と、見学の学生とをガラス壁によって仕切る方法をはじめて採用したものといわれる。上げ下げ窓の枠を壁におさめる方法などとともに、ドイツ帰りの山口がその修練の成果を存分に発揮したものとして、日本の近代建築史に光彩を放つものである。これによって山口は新興建築家のチャンピオンと目されるようになった。とくに注目すべきは、傾斜地に建つ校舎のためと、学生と外来の動線を分離するために、はじめてピロティを採用したことである。しかし当時の警視庁建築課は法規を楯に、強くこれに反対し、ついに一部に耐震壁をつけざるをえなかった。例の妨害の印刷物が物をいったためだ。建築課長北沢五郎は中原校長に一筆をしたため、若い者は外国の物真似ばかりして困る。老練な設計者に変えた方がよかろうと、まことに越権な行為におよんでいたというから、障害は大きかったと想像される。

この建築の構造を担当して、強く警視庁に抵抗したのが、現在横河工務所の重役田中正蔵である。山口は今もってその見事な構造家ぶりを賞賛し、その同志愛に心から感謝しているようすである。田中と山口とは職工学校の同級生。ただ不平たらたらで怠けていた山口とちがって、田中は真面目な特待生だった。職工学校を卒業してさらに早稲田の専科に学び、内藤多仲の薫陶をうけて大正十二年に卒業した構造家である。川喜田煉七郎も、山口文象の出会った人びとの中で、とくに異彩を放つ人物であろう。ウクライナ劇場コンペの入選十二点中の第四位を占めた彼の案は、ペルツィヒのベルリン大歌劇場をさらに夢幻的にしたような傑作であるが、同じく応募して落選した山口も虚心にそのすばらしさを語っていた。

山口の交友あるいは交際範囲は、聞けば聞くほど驚くべき広さである。今まであげた人びとのほかにも、建築家はもちろん画家・彫刻家・文学者・哲学者との数多い交流があり、豊富なエピソードもあるらしい。安井曽太郎・梅原竜三郎・小林古径・前田青邨・東郷青児らの画家も、彼の生活史の中に重要な意味をもって登場してくる。また同じ東京の下町っ子で、若くして世を去った速水御舟（一八九四—一九三五）の業績をきわめて高く買っているのが印象的であった。今日再び建築と美術との協調が云々され、新しい協力関係が生まれつつある。しかし大正、昭和初期において激しい変革の意識の下に、生活をあげて結びついていた当時と同じような、きびしさが回復されているだろうか。

日本近代建築の特徴

日本歯科医専の仕事を終えて、山口文象の建築家としての活躍は、ますます油が乗ってきた。とくに住宅において名作が多いが、戦争への傾斜がはげしくなるにしたがって、活動も制限されるようになった。戦争、敗戦と苦しい生活がつづいたが、それだけに彼を援けた友人同僚の愛情も輝いてくる。そうして今日のＲＩＡへ、山口の出会った人びとの数はますます多くなるが、すでに紙数が尽きた。

山口文象の出会った人びとを通して、いわゆる日本の近代建築史を構成する一連の人物山脈を概観した。山口とかなり似通った境遇に育ち、彼に劣らぬ情熱をもって成長し、いまもなお心友の交わりをつづけている蔵田周忠をはじめ、記すべき多くの人がまだまだいる。しかしそこには共通するひとつの現象がある。それは、冒頭にも述べたように、建築家としての彼らの成長の仕方が、社会の底辺から貪婪なほど幅広い人びととの交流によって達成されたということである。それは、彼ら以前の日本建築史には見られないことであり、今日ともまた、まったくちがった時代である。大正中期から戦前へかけての、日本の近代建築を強く特色づけるもののひとつは、それを担当した人びとの、このような特色ある育ちかたにあったのではなかろうか。

X

蔵田周忠を育てた人びと

分離派の〝分離派〟

蔵田周忠。あるいは若い読者には聞きなれない名前かもしれない。建築家としては杉並区立杉並公民館（昭和二十八年）、あるいは昭和二十四年の山口市庁舎あたりが戦後の作品として主なもので、概して作家活動は目だたない。戦前においては協和銀行九段支店・同じく大阪土佐堀支店（ともに昭和二年）をはじめ、京王閣遊園（昭和二年）・明治天皇聖跡記念館（同）・東京月華荘（同）・東京等々力住宅区計画（うち四戸実施、昭和十年）・安川邸（九州戸畑、昭和十一年）・貝島邸（東京尾山台）などがあり、かなり活発ではあるが、しかし彼の仲間に比較して寡作といってよいだろう。昭和九年の内田邸など、彼の作品の中では当時の国際建築スタイルの傑作と思うが、蔵田からいただいた経歴書には記載されていない。また大正十一年分離派の人びととやった平和記念東京博覧会の仕事も注目されるし、等々力の住宅区計画など、私鉄の沿線開発計画とタイアップしたいわゆる田園都市計画として、わが国の住宅史上に重要な位置を占めるものだったが、東京急行が土地だけの分譲でおりてしまったので、ついに全体計画が実現されなかったものである。

分離派建築会の会員に迎えられてその第二回展（大正十年十月、日本橋白木屋）以来発表した計画案のなかには、かなり自由な傑作が多いが、総じて蔵田周忠は建築家としてはあまり恵まれた活動を展開したとはいえない。彼のとぼしい学歴や、そのアンチ・アカデミズムの反骨精神がわざわいしたことも多かったにちがいないし、どちらかといえば設計者としての素質より文筆の方により優れたものをもっていたのではないだろうか。

彼は分離派建築会以後、日本に欧米近代建築の潮流を導入するために雑誌の編集や、みずからの文筆をもってさかんに努力した。その建築家としての作家活動より、むしろこの点をわれわれは重視すべきであろう。もちろん、彼自身が建築家だったことは、まさに鬼に金棒であった。大正十一年、彼が関根要太郎の建築事務所の技師だったころ出版された洪洋社の「建築文化叢書」の『エジプトの文化と建築』を最初として、その著書は主なものだけでも二十二冊にのぼっている。

「建築文化叢書」は、大正七年村野藤吾と同期に早稲田を卒業した森口多里が中心となって編集したもので、当時の新しい文化史的立場からする建築史叢書として広く愛読されたものである。蔵田は上記『エジプトの文化と建築』をはじめ、『印度の文化と建築』(大正十三年)・『近代建築思潮』(同)・『ルネサンス文化と建築・上下』(昭和一・二年)を書き、もっとも活発な著者のひとりであったことがうかがわれる。とくにその「近代建築思潮」は、わが国最初の近代建築史の通史としての内容をもち、近代建築のすぐれた紹介者蔵田周忠のその後を決定したものといえよう。

雑誌その他に寄稿した彼の論文は数えきれない。ほとんど独学の彼の類いまれな才に驚くものである。とくに「アルス建築講座」に寄せた「建築論」(大正十五年)は、大正末期の建築ジャーナリズムに一光彩を放つものである。一応分離派のイデオロギー的発展過程を整理し、すすんでつぎの時代に問題をなげかけている。建築論の歴史をたどり、現在のそれは〝広い意味での社会学的な方向をとっていくべきだ〟とする彼の所論は、すでに早くも分離派の表現主義的芸術観の清算を迫り、そのイデオロギーの解体を告げるものであった。そうして建築における理論的思考の合理主義への一歩前進を要請するものであった。日本の近代建築運動の最初の転換期を明らかにする論文である。蔵田が「分離派」の〝分離派〟とされるゆえんもここにあったし、分離派同人山口文象が大正十二年十一月創宇社の旗あげをしたのも、いち早くこの転換点を感じとっていたからであろう。

この年すなわち大正十五年(一九二六)は、ヨーロッパではグロピウスによるデッサウのバウハウス校舎が竣工し、ヨーロッパにおいてこれまで広く滲透していた表現主義に対する合理主義・機能主義の闘いの拠点となった年であった。ギーディオンはこの間の事情を説明して、

表現派の影響は、健全なものではあり得なかったし、建築に対していかなる貢献をもなしとげることができなかった。にもかかわらず、大部分のドイツの芸術家たちに影響をおよぼした。のちに住宅開発の厳しい重要な仕事をはたすようになった人たちも、ロマンティックな神秘主義に心を奪われて、アルプスの高峰モンテ・ローザの峰に立つ妖精の城を夢みたり、あるいは、クラゲのようなぐにゃぐにゃしたコンクリートの塔を建てたりしていた。

これがバウハウス誕生の頃の実情であった。ヴェルクブンドの生きながらえた理想が、その救世主となったのである。それは、そのそもそもの最初から、芸術と工業生活を結合して、健全な現時代的な建築の基調を見いだそうとしていた。（S・ギーディオン、太田実訳、空間・時間・建築、第二巻、五一七—八頁）

蔵田の「建築論」は、あまりにもスケールモデル的な日本の近代建築思潮の歴史の中にあって、やはりバウハウス思想のスケールモデルの域を出なかったが、それはともかくとして、ひとつの転機を指し示したものである。ギーディオンのいう〝妖精の城〟とは、いうまでもなくブルーノ・タウトの幻想的な建築構想「アルプス建築、一九二〇年」をさしたものである。そのタウトがナチに追われて昭和八年来日したとき、蔵田はかなり熱心にその滞在を助けたのである。その著書や論文の翻訳もしている。蔵田が指し示した日本の近代建築運動の転換は、翌昭和二年日本インターナショナル建築会の結成。昭和五年の新興建築家連盟の結成と進展していった。そうしておそらく蔵田自身の予見からさらに飛躍した形で、社会性・政治性を強めていった。その激しい闘争性は、もう蔵田のついていけないほどに激しくなったようである。

三橋四郎と「建築世界」

山口文象と同じように、その親友蔵田周忠もまた先輩により仲間によって育てられた人である。さしたる学歴のない彼らが、その強烈な意志と優れた才能とをもって日本の近代建築を進めてきたかげには、寛容ときびしさを併せもった多くの先輩や仲間がいて、文字通りはげしい切磋琢磨が行なわれた。いわゆる日本の近代建築運動が、その〝近代〟をもってそれ以前とはっきり区別され、またその思想性を云々されるものは、こうした建築家の新しい育ち方にこそ本質があると、私は山口文象の章においていい切った。蔵田周忠においても、その例外ではなかったのである。その蔵田周忠の出会った人びとを、蔵田の足跡をたどって見ていこう。

さきにも述べたように蔵田周忠は明治二十八年二月二十六日山口県萩市に生まれた。父は長州藩士だったが、家族を残して北海道へ渡った。屯田兵としてである。薩長の支配した明治政府ではあるが、やはり時流に乗れなかった人も多かったのである。おそらく下級の士族だったにちがいない。したがって、蔵田は若くしてかなり生活の苦労をしたらしい。しかし、それについては彼は語らなかった。

大正二年九月私立工手学校建築科を卒業して、翌三年三月三橋四郎の建築事務所へ製図員として入所した。工手学校は今の工学院大学の前身。辰野金吾たち明治の工学界の元老となった人びとが有能な助手を養成するために私費を出し合い手弁当ではじめた学校である。明治十年創設の工部大学校(現東大工学部)、同十四年の東京職工学校(現、東京工業大学)とならんで、建築の専門教育の伝統は古い。三橋四郎の事務所には大正四年九月まで、ちょうど一年半いたが、蔵田の生涯にはかなりの影響があったと思われる。まず彼にとって重要なことは雑誌「建築世界」を知ったことであろう。建築ジャーナリズムの先達としての彼の第一歩が、ここではじめられたからである。

「建築世界」は明治三十九年創刊、昭和二十年三月に廃刊になったが、明治二十年創刊の「建築雑誌」を別にすれば、わが国でもっとも古い民間の建築雑誌で、当時としてはユニークな内容と誌名で、戦前派には大いに愛読されたものである。明治末から大正初年にかけては唯一の民間雑誌であったから、建築家の期待も大きかったにちがいない。

蔵田もこの雑誌を追想して、

明治末から歴史の古い建築の雑誌といえば『建築世界』が唯一のジャーナリズムであった。編集は多面的で、雑然としていたけれども、よく集められていた。いろいろなニュースも評論も、講座も解説も、すべて『建築世界』を通じてわれわれに報道されてきた。後になって次々と柱見出しをつけて、幾分は分類されるようになったが、明治・大正時代の記憶とともに消えない文献は、たいていこの『建築世界』の古いところに見出される。

（蔵田周忠、大正末から昭和初期のこと、「新建築」一九六四年六月号）

と、その存在の大きさを物語っている。

この雑誌をバックアップしていたのが蔵田の所長三橋四郎であった。三橋はその創刊当時逓信技師をしていたが、その私財を創刊号に投じ、以来所員の浜松義雄を編集にあたらせ、その面倒を見ていたのである。みずからも該博な知識を誌上に披瀝していた。京都高等工芸学校の武田五一や日本の鉄筋コンクリート建築の開拓者遠藤於菟も協力していた。

下っぱの製図員（ドラフトマン）蔵田は、絵が好きで、パースを画くのが得意だったから、事務所の設計した住宅のパースをペン画で「建築世界」の口絵に画いたりしていた。まだ無邪気なものだったが、しかし彼の建築ジャーナリズムへの関心は、こうした雰囲気の中で芽吹いたにちがいない。

ここで若い蔵田がまず最初に遭遇した高峰は所長の三橋四郎であろう。彼はその『和洋改良大建築学』（四巻、明治三十七年大倉書店）や『理想の家屋』（上下二巻、大正二年大倉書店、下巻は彼の死によってついに出版できず惜しまれた）によって今日でもよく知られている建築家である。旧幕臣旗本の子、明治二十六年工科大学建築科卒、塚本靖や長野宇平治と同級である。陸軍省に勤め、明治三十一年逓信技師、同三十九年東京市技師営繕課長、四十一年官を辞して京橋区南鍋町に建築設計事務所を設けて官衙・学校・銀行その他に活躍した民間アーキテクトの先輩である。その考案になる鉄網コンクリートは広く用いられて有名だった。

また一方、東京市営繕課長時代、尾崎市長から建築学会へ依頼のあった東京市建築条例案作成の橋渡しをし、みずからも学会の起稿委員の一員として活躍したことも注目される。松亭あるいは松華の雅号で和歌や狂歌をよくした彼は、文筆においても傑出した建築家で、曽禰達蔵は三橋の「大建築学」を「明治年間ノ建築界ノ大著述ナリ」と絶賛し、一般青年建築家の座右の書となったと述べている。大正四年九月外務省の委嘱でウラジオストクの日本領事館の建築監督におもむいたが、発病して十一月異郷で死んだ。

当時三橋事務所のチーフは富士岡重一（明治四十四年東大建築卒、ただちに入所）で、当時流行のセセッションをよくしていたが、蔵田のよき先輩は関根要太郎だったようだ。彼は蔵前高工（現、東京工大）を卒業してただちに三橋の事務所に入った建築家だが、若さにまかせてよく騒いだ私をいつも応援してくれたと蔵田は語った。

「日本における構造技術の近代化について」（「新建築」一九六四年六月号）を書き終えた直後の山本学治に会ったとき、彼は「関根要太郎って建築家知っているかい。なかなか面白い意見をもった人だよ」と語った。私もかつてなにかの論文でチラッとその名前は覚えていたが、その素性はサッパリ知らなかったので、さっそく調べてみます、といって別れたことがある。その後、はからずも蔵田の談話から急に私の眼の前にクローズアップされてきたのである。

ともかく、なかなか変った建築家だったらしいが、蔵田にとって啓発されるところの大きかった先輩である。三橋事務所で勉強しているうちに、ますます向学心をたかめた蔵田が美術学校を受験して失敗したのを見て、関根は、もっと多くの先輩と、学問的な雰囲気に溢れた事務所として、曽禰・中条建築事務所をあっせんしてくれた。当時民間最大の事務所で、学士建築家がいっぱいいた。大正四年十月蔵田周忠は曽禰・中条建築事務所の製図員となった。彼はここで高松政雄に会ったのである。

高松政雄に会う

曽禰・中条建築事務所は両者が互いに資金をもちよって明治四十一年一月丸の内に開設した事務所である。この事務所の作品は創設から昭和十二年（この年曽禰達蔵が死んで実質上解散した。中条はその前年昭和十一年に死んだ）までに主なものだけでも約二三〇件におよび、名実ともに日本最大の建築設計事務所の貫録をもっていた。とくに第一次大戦を契機として勃興した日本資本主義の波にのって、その活躍の舞台が急速に拡大していた。東京駅前を飾る海上ビル（大正七年、新館は昭和五年）・郵船ビル（大正十二年）・有楽館（大正十一年）などの設計によって、完全に時代の波にのり、事務所の規模も拡大した。この他、如水会館（大正八年）・華族会館（昭和二年）・東京ＹＭＣＡ（昭和四年）などが、人びとの耳目をそばだて、その事務所は若い建築学生の憧れの的になっていた。中条はその人柄と広い顔によって仕事をとり、またすばらしい事務処理の能力をもって経営一切を切り盛りしていた。それとともに大正三年創立した日本建築士会のリーダーとして、建築士法制定のために熱心な活躍をつづけていたのである。その事務所には高松政雄・徳大寺彬麿・尾山貫一・中村順平・黒崎幹男・網戸武夫らのソウソウたる人材がいて、めいめいの個性を十分に生かしていた。とくにその理論と研究とによって中条の建築士法制定運動を助けた者が高松政雄だった。大正四年十月から九年三月まで在職した製図員蔵田周忠の、師であり、もっともよき先輩だったのがこの高松である。

海上ビルは曾禰・中条事務所の作品中でも代表的なものであり、興隆期の日本資本主義を象徴するものだが、これを担当していたのが高松である。蔵田が熱心に高松の手伝いをした。海上ビルの中のアーケード――これは当時としてまったく斬新なもので、それだけに大変なものだった――のタイル割りを高松の命令でやった。鉛筆ではなく烏口でやるのである。昼休みに、あるいは仕事がすんだ後のこの屋上で蔵田は高松から英語の美学書を読んでもらい、話を聞いた。ジョン・ラスキンに傾倒し、英語に堪能だった高松から噛んでふくめるように聞いた美学は、いまでも頭にしみこんでいると、蔵田の瞳は輝くのである。彼は分離派への参加の素地も、これによってできたとも語って感謝している。皇居の緑を渡る風のようにさわやかに美しい話で、語り合う師弟の姿が眼に浮かぶようである。

高松政雄(一八八五―一九三四)は置塩章・内藤多仲・土居松市・安井武雄らと同級の東大建築明治四十三年卒業。その卒業論文「建築家の修養」は伊東忠太の推せんで「建築雑誌」明治四十三年九月号から十一月号に三回にわたって発表され、建築界に清新な衝撃を与えたものである。野田俊彦の「建築非芸術論」(大正四年)とともに双璧をなす二大論文と評価する人もいるが、その内容はかなり異なるもので、ヴィンケルマンやラスキンの影響を強くうけた〝建築芸術論〟である。当時議院建築の問題に端を発した将来の様式論争が展開していたこととあわせ考える必要もあろう。彼は〝建築とはなんぞや〟、〝建築家とはなんぞや〟をもっとも真剣に考えた最初のひとである。「かくて吾人が研究の三年は亦実に吾人の煩悶の三年なりき」と大学生生活を反省し、「〝建築は科学と美術との成果也〃をもって吾意を得たるものとなさんとす」としている。彼の一年先輩の後藤慶二らとともに、まさに「白樺派」的な香り高い、しかも熱烈な思索をめぐらしていた世代を代表する建築家であった。明治もその末期に至るとたくましい野性的なこれまでの世代にかわって、誠実に悩み西欧的な自我の確立を求めて、しかもひそかに陰影の多い思索をめぐらす世代が登場してきたのである。そのロマンチックな心情は、ただ自我へ深く沈むだけで、ためらいがあり懐疑があり、後の分離派の人びとのように確信はなく、ましてや他人に働きかける外攻性は、もちろんもってはいなかった。いわば分離派という強烈な陽光が輝きだす前の、夜露がかわききらないしっとりとした薄明の世代であり思想であったが、一方に鉄骨や鉄筋コンクリート構造の急激な発展を背景とする「建築非芸術論」や建築工学論をひかえて、分離派の用語にいう過去建築圏から新建築圏へ、明治から大正への建築思想の転換の橋渡しをした功績は大きい。

やがて分離派の同人に迎えられ、さらにその〃分離派の分離派〃へと成長していった蔵田と、この高松政雄との邂逅の歴史意味は、じつに興味深いものがあろう。蔵田のいうとおり〃分離派への素地〃は、こうしてつくられたのである。

高松に会って蔵田は学問への興味をよけいに深くしたのであろう。中条精一郎に佐藤功一を紹介してもらって、早稲田大学理工学部建築学科の選科生となった。大正九年三月である。佐藤はいうまでもなく明治四十三年開設された早稲田建築学科の育ての親である。

中村鎮と「建築評論」

佐藤功一は選科生の蔵田によく目をかけてくれた。蔵田もこれに応えてよく勉強したらしい。佐藤はたびたび

〃あれを読んだか?〃と聞いては蔵田をギョッとさせたという。〃読め〃ということだからである。蔵田は佐藤功一・長野宇平治・遠藤於菟の三人を当時の代表的なゼントルマンとして推していた。しかし〃佐藤の早稲田〃で蔵田が修得したもっとも大きいものは、建築評論に対する強い関心ではなかっただろうか。

さきにふれた「建築世界」につづいて大正初年に「建築と装飾」という雑誌が東京牛込の南北社から発行されていた。建築や美術を主題とする菊判の雑誌で、〃セセッション特集号〃のようなスマートな編集のものもあり、佐藤功一・今和次郎・森口多里・黒田鵬心らの寄稿家を揃えて後進を稗益するところが大きかった。蔵田のところで拝見した同誌は、Vol. 3, No. 1が大正二年一月であったから、その創刊は明治四十四年一月と推定される。しかしやがてこれが失敗し、現代の建築社というところから「現代の建築」という名で大正三年十一月に創刊されたらしい。この間の事情は不明だが、蔵田のもとにあるその創刊号の表紙は後藤慶二のデザインによっている。南北社からは大正八年に「建築評論」が発行され約一年半継続した。この雑誌のパトロンが佐藤功一で、佐藤の弟子の中村鎮がその編集長、選科生蔵田もそれを手伝い、中村についで最後の編集長となった。建築ジャーナリズムへの眼を本格化していったことは注目される。その短命もあってか「建築評論」とそのものズバリの誌名をもったこの雑誌の存在はあまり知られていないが、〃後藤慶二追悼号〃のごときはもっとも熱のこもった傑作であろう。中村鎮はたいへん後藤慶二に傾倒していたというから、大正八年二月三十七歳の若さで亡くなった後藤を惜しむ気持は激しかったにちがいない。ちなみに、後藤は大正四年三月あの名作豊多摩監獄が竣工後、司法省に籍を置いたまま早稲田大学建築科で製図を担当しているから、佐藤功一を通じて、その愛弟子の中村鎮(大正三年卒業)と交わる機会が多かったにちがいない。

蔵田が後藤慶二と直接会ったかどうかはわからない。両者の経歴、後藤の没年などからしておそらく〃すれ違い〃であろう。もちろんその論文には啓発されるところが多かっただろう。後藤の設計で、彼の死後、大正九年に竣工した東京区裁判所は蔵田を大いに感激させたという。彼はこの建物を見てはじめて、建築の評論をやってみたくなったと語っている。たとえ〃すれ違い〃であっても後藤の影響は大きかったわけだ。

中村鎮（一八九〇―一九三三）もまた偉材であった。彼は大正三年七月早稲田の建築学科卒業、陸軍省経理部の技手になったが間もなく病気で退職、アメリカ屋技師、東京コンクリート会社技師、日本セメント工業会社技師などを経験し、その間に中村式鉄筋コンクリートブロック構造法（いわゆる〃チン・ブロック〃のニックネームをもつもの）を発明、建築生産の合理化に先鞭をつけた。大正十年の函館大火の後に、ただちに同地へ赴いて〃チン・ブロック〃による耐火建築数十戸を建てたことは、今でも同地の人びとに有名である。大正十一年には独立して建築相談所（のちに中村建築研究所と改めた）を創立して〃チン・ブロック〃の設計・施工例は百数十にのぼったといわれる。大正十五年には主唱して都市美協会を設立し、また中条精一郎がながく会頭をつとめていた国民美術協会の有力なメンバーでもあった。昭和三年には早稲田高等工学校設立とともにその講師となり、後進の教育に彼一流の情熱を傾けた。昭和七年従来から研究してきた軽量構造による住宅の生産の合理化研究のため試作住宅を建てみずから移り住んだが、昭和八年八月四十四歳で死去した。本野精吾邸（大正十三年）・佐藤功一邸（同十四年）をはじめ一般の建築にも優れた作品が多い。

こうした建築家としての生活の反面、彼はかなり積極的に若い人びとの新しい建築運動に理解を示し、あたかもそのパトロンの感があった。彼の才能を愛し、母校にひきとどめようとして果さなかった佐藤功一は、中村の葬儀に際して「君の年齢で君ぐらい、現在の建築界におけるもっとも優秀な若い学徒との交友の多い人は極めて稀であった」と悼んでいる。

ともかく早稲田における蔵田は、佐藤功一や中村鎮によって啓発されるところが大きかった。建築ジャーナリズムへの本格的な修練が行なわれたのは注目すべきであろう。彼はまた吉田享二から受けた薫陶についても語っていた。しかし選科生の彼は生えぬきの早稲田の連中から見ればあくまで〃外様〃だったようだ。彼が分離派建築会に迎えられたときも〃どうせあいつは外様だから〃という声があった。また一方では、分離派建築会で動いていると、分離派に深い同情をもった人の中にも〃あいつは早稲田だから〃とする偏見があったという。独学の蔵田の苦しみである。それほど露骨に現われないがときに鋭く発揮される蔵田のアンチ・アカデミズムの反骨精神は、こうした苦しみ悩みの中に鍛えられたものであろう。

「分離派建築会」に入る

大正十一年東京上野に平和記念東京博覧会が開催された。分離派建築会会員の作品がはじめてデモンストレートされたものとして有名である。蔵田も分離派の一員としてこれに参加した。

平和記念東京博覧会の建築は、東京府建築課を中心に準備が進められ、顧問に伊東忠太を迎え、小倉強（大正五年東大建築卒。現東北大学名誉教授）をチーフとして作業員を募集した。分離派に深い同情をよせ、つね日ごろ〃若者よたて〃と激励していた小倉のもとに堀口捨己・滝沢真弓らの分離派のメンバーや西村好時らが集まり、早稲田の選科生だった蔵田も学校をやめて参加したのである。大正十年十月から十一年九月までの彼の経歴書は平和記念東京博覧会技術員となっている。この博覧会参加を直接の契機として彼は分離派建築会最初の東大外からの会員に加えられたのである。当時の東大出の学士建築家はまるで人種が違うように見られていたから、ましてや学歴のない蔵田の参加は外部から見ればまったく驚くべきことだったにちがいない。彼は大正十年十月日本橋白木屋で開催された分離派建築会第二回作品展から出品している。「丘の上の展覧会場」・「奏楽堂」の二案がそれで、別にこの作品展を集めた「分離派建築会作品二」に〝分離派建築会に感謝す〟という彼の気持そのものズバリの題を付した論文を発表している。出品二案はおそらく平和博へのプロポーズ・デザインであろう。

平和記念東京博覧会の仕事をしていたころ蔵田は浜岡家の本家蔵田家に入籍し、蔵田周忠と名乗ることになった。これまでも便宜上蔵田と書いてきたが、正しくは浜岡周忠だったのである。

博覧会の仕事が終わると彼は関根建築事務所の技師に就職した。大正十一年十二月から十五年十二月までである。関根は彼が建築修業を開始した三橋四郎建築事務所でなにかと面倒を見てくれた先輩。三橋が亡くなった後独立し、日本橋本石町の不動貯金銀行日本橋支店の一室に設計事務所を開設していたのである。すでに分離派の会員として名声の上っていた蔵田は、かつての絵の好きな少年ドラフトマンではなかった。その表現派風な作品で所長の関根要太郎はだいぶいじめられたらしい。しかし蔵田は当時を追懐して〝関根さんは依然としてよい理解者、よい先輩だった〟と感謝している。「分離派作品集」をつくったのもこのころである。彼の建築ジャーナリストとしての才能とデザイン能力とを併せもった資質にはまことにうってつけの仕事だったように思える。

やがて分離派建築会の時代も終わりに近づいた。昭和三年九月の第七回展を最後として実質的な活動は見られなくなり、その総帥と目されていた石本喜久治がまっ先に退会してしまった。白樺派の文学者たちがたどったのと同様に、分離派に属したエリートたちは、ついにそのインテリゲンチャとしての殻を破ることなく、その反逆の姿勢を屈折させていったのである。たまたまこのエリートたちに属していた蔵田が、いち早くその「建築論」において新しい建築運動の転換期の到来を予言し、山口文象がその創宇社建築運動を通じて労働者階級への連帯意識を強めて、新しい建築運動への突破口を形成したのも、彼らふたりの〝育ち〟が的確に時代を洞察したと見てよいだろう。

昭和二年三月蔵田は東京高等工芸学校の講師となり立体デザインを担当し昭和十八年までつづけた。この間昭和五年三月から六年五月にかけて渡独、帰国すると建築設計事務所を設立して設計活動をはじめ、併せて昭和七年から武蔵工業専門学校の教授を兼ね、戦後の昭和二十六年におよんでいる。

ドイツ留学以後

蔵田がドイツへ留学したのはバウハウスを慕ったためである。彼と前後して山脇巌・迪子夫妻が渡独、バウハウスに学んだ。蔵田はしかしバウハウスには入れなかった。そこで当時はすでにバウハウスを辞してベルリンに事務所を開いていたグロピウスのアトリエの客員格となり、ほとんど仕事はしないでもっぱら見学に明け暮れていた。大正十一年に石本喜久治がきていた当時ほどでもなかったが、それでもマルクは安く勉強一筋に送ることができたのは幸いだった。故国の「国際建築」に通信をたびたび送ったが、ジードルンクがさかんに建設されていた当時である。彼のベルリン通信は日本の建築家に争って読まれたという。ブルーノ・タウトにも会った。このころタウトは〃マグデブルグ市建築課長時代に画いていた夢と幻想の一部を実現した〃といわれるベルリンのツェーレンドルフ・ジードルンクをはじめ、ノイケルンの総合学校やベルリンのブリッツのジードルンクに取りくんでいた。グロピウスのもとには昭和三年に来た山口文象が所員として働いていた。経済的には恵まれていた山脇夫妻はバウハウスで楽しげに勉強していた。巌は建築設計科でヨセフ・アルベルスに建築デザインの基礎理論を学び、ワシリー・カンディンスキーにも構成理論の教えを受けていた。迪子の方はテキスタイル（織物）デザインを学び、帰国後日本のテキスタイル・デザインの草分けとなった。

蔵田とこういう人たちとの交友は当然考えられるところだが、彼によればあまり接触はなかったという。山脇夫妻とはあまりにも生活環境が違いすぎたであろうし、社会主義運動に激しい情熱を燃やしてベルリン在住の日本の党員文化人と交流していた山口の生活にもなじめなかっただろうと推測される。昭和五年当時三十五歳の蔵田と二十八歳の山口との年齢の差もあっただろうが、気質の差もあったように思える。山口の激しさに比して、蔵田はもう少し洒脱な文化人的気質に富んでいるように思える。建築家としての活動より、むしろ日本における近代建築の啓蒙家として、優れた評論家、建築ジャーナリストとしての貢献の方を重く見られる蔵田の立場も、そうしたところによっているようだ。昭和七年に帰国した山脇夫妻や、翌八年ナチに追われるようにして帰った山口文象にさき立って、蔵田は昭和六年五月に帰国した。そうして内田邸や等々力住宅区計画にとりくんだのである。グロピウスらが試作研究を進めていたトロッケンバウ（乾式構造家屋）の方式を熱心にこの国に定着させようと努力したのもそのころである。この構造では市浦健の阿部氏邸（昭和十年）がよく知られているが、蔵田も等々力の住宅や貝島邸などに応用している。深川のアサノセメント工場におもむいてトロッケンバウ用のスレート板のジョイント部分の改良を図ったりしたが、ついに実現しなかった。

昭和十一年十二月伯爵・黒田清を会長に、堀口捨己を理事長に発足した「日本工作文化連盟」は、戦前最後の建築運動とされているが、すでにかかげる革新の旗はなく、ただようやく日本の生活にも根をおろしかけていた産業工芸の分野と建築との融合を目ざすものであった。神がかり的様相を示しはじめていた当時にあって、わずかに良識派的な抵抗の意図が見られるだけのものであったが、蔵田もこれに名を連ねていた。しかしすでに彼はその活動家ではなかった。おそらくこの会の見学会の途中であろう。三渓園への車中で、彼が〃工作文化連盟は、建築の名人会〃だと評したことが記録されている（NAU、建築運動史講座ノート、森田茂介談）。自嘲のつぶやきではなかっただろうか。

XI　A・レイモンドと彼に学んだ人びと

エトランゼとしてのレイモンド

「純粋さは創造のもっとも望ましい属性である。純粋は簡素を意味し、ものごとの核心に到達すること、あるいは力強い表現の邪魔になるすべてのものをとりのぞくことを意味する」とレイモンドは語り、さらにつづけて、「私は日本の設計哲学から得たこれらの原則を、最近手がけた仕事、名古屋の南山大学の設計において厳格に守った」といっている（レイモンド、日本建築への帰依、芸術新潮、一九六四—八）。

南山大学において日本の真の伝統にしたがって、「日本が私に教えてくれた設計の指導原理、守らねばならぬきびしい法則」である建物のヒューマン・スケール（人間的尺度）を保とうとしたレイモンドは、〝帰依〟という訳語がまさにピッタリとするほど日本建築へ深く傾倒している。彼のデザインの理論——むしろ彼の場合「哲学」といったほうがピンとくる——は、近代建築の信念に徹したものであるが、彼はそれを日本建築の伝統から学んだ、ことあるごとに強く主張してきた。

ノエミ夫人とともにレイモンドほど、この日本の自然と伝統を深く探り、建築家という職業のギリギリの対決を通して日本を知った外国人も稀であろう。その点で彼は、凡庸な日本の建築家よりはるかに「日本の建築家」である。

大正八年ライトの帝国ホテルの現場監理のため来日して以来今日まで約四十五年、その間戦争によって心ならずも不在にした約十年のブランクを差し引いても、レイモンドは約三十五年の長きにわたって「日本の建築家」であった。と同時に、国際的な視野からしても、第一線の近代建築家でもあった。

だが四十年以上も経ってなおレイモンドが日本建築への〝帰依〟を云々し、その設計哲学に日本の伝統を強く主張するのは、彼が依然として、この国の建築界にあってエトランゼ（異国者）であることの証左ではなかろうか。彼が感情をこめ、鋭く、強く、日本の自然の美しさを、伝統の美の哲学に帰依する必要を叫べば叫ぶほど、彼は純粋ではあるが、それだけエトランゼとして日本の建築家の底深い悩み、逡巡から自己疎外してゆくのである。不思議な、この国の精神的風土ではあるが、感覚的にこの事実を否定することができない。彼が純粋に建築家としてまことに当然な、だれでもが支持できる抗議文を発表したリーダーズ・ダイジェスト東京支社の取り毀し問題についても、こうした感はとくにはっきりしてくる。東京都の都市計画で緑地帯に予定されていたその敷地に、当時の総司令部とそれに追従していた日本政府の権力機構とによってあの建物が計画された経緯については、レイモンドはなにも知らなかったのである。これは浜口隆一がレイモンド自身に会ってはっきりさせている（浜口隆一『現代デザインをになう人々』、一九六二年八月、工作社）。日本文字が読めない、また読もうとしないレイモンドには、「主観的には罪はないのである。しかり、『主観的』には罪はないのである。しかしだからといって、あらゆる意味で、罪がないとはいえない」と、浜口はいいきっている。〃罪〃という表現が妥当か否かは別として、このあたりはレイモンドの弱みであり、彼が日本の建築界でエトランゼであるゆえんだ。エトランゼであればあるほど、純粋である。だがリアリティも少ない。しかしまた、こうした右顧左眄することのない主張を必要とし、内心ひそかな拍手を送るのも、この国の精神的風土である。地味、渋味、佗び、かげり、の中でレイモンドはあまりにも強く鮮烈である。

吉利支丹破天連の徒

レイモンドの事務所の方がた——ほんとうはこれは正確ないい方ではない。レイモンドはノエミ夫人とともに、二人だけで独立したアトリエをもっている。それと密接不離の関係で、同じ場所に中川軌太郎氏を社長とする株式会社レイモンド建築設計事務所がある。ふつうこれをいっしょにして〃レイモンドの事務所〃というにすぎない――とかつてレイモンドに学び、今は外に出ておられる人びとにお集まりいただいて、いろいろお話をうかがっているうちに、私はとんでもなく突飛な連想を抱いた。吉利支丹破天連（キリシタンバテレン）の徒である。そのセミナリオかコレジオ（学校）がレイモンドの事務所ではなかっただろうか。

天文十八年（一五四九年）、耶蘇会士フランシスコ・ザヴィエルの渡来にはじまる吉利支丹は、慶長十七年（一六一二年）の最初の禁教令以後、弾圧につぐ弾圧のもとにほとんど息を絶やしてしまった。なぜ禁教とされねばならなかったか正確にはわからない。ただ、その新しくもちこむキリスト教文明の普遍的な価値、すなわち自我の確立、ヒューマニズムと、それに伴う文明の様式とが、当時の日本社会にとって、あまりにも強烈な衝撃であり、ほとんどすべての既存秩序を壊滅させる危険があっただろうことは推察できる。これはあまりにも大きな歴史的事件であるが、わが国に外国の人が、とくに欧米の人が渡来して、ひとつの尖鋭な宗教なり主張を伸ばそうとするとき、大なり小なりふたつの文明の価値観・様式観の違和現象に互いに悩まされるものである。いわゆる〃バタ臭い〃ものとなったり、敬して近寄らぬものとなったりする。こうして互いにふれ合うことが少なくなる。エトランゼは最後までエトランゼに終りやすい。明治以後のキリスト教伝道もこうした〃壁〃を本質的な障害として戦ってきたものであろう。

エトランゼが日本の〃良さ〃に傾倒すればするほど、こそばゆいものが日本人の側に発生する。その緩衝作用を果すものこそ、エトランゼを囲む日本人の一群であろう。異質の価値と様式が、スムースに定着するためには、どうしても日本人による翻訳者が必要なのである。札幌農学校に招かれて来日したクラークの思想が、内村鑑三らによってその後の日本社会に幅広く定着したように。

吉利支丹破天連の徒、レイモンドの事務所の人びと、あるいはかつてそこに学んだ人びとの存在も、またこのような役割を日本の建築界に果しているのではないだろうか。それは決して突飛な、飛躍した見方ではなさそうだ。レイモンドは依然としてエトランゼであっても、彼の影響は大きい。

そうして彼をめぐる建築家の群像は、やはり日本の近代建築史にひとつの大きな山脈を形成するものである。その隆起の発端は、日本社会の複雑な人間関係とまったく別に、突如来日したひとりの外人建築家によるものだが、今日、その全貌は見事な山なみを形成している。

外人建築家中筆頭の貢献

約一〇〇年前に、世界におくれて国を開いた日本は、ほとんどあらゆる分野において外国人を招いてその指導を仰がねばならなかった。おくれたものを打ち倒しながら、近代化のジグザグ・コースを歩みはじめたのである。精神と物の両面において、ときに壊すべからざるものを壊すこともあった。農家の自然を嘆賞し、大工の技術に深く傾倒し、ときに事務所にカラカサと下駄を用意して所員に用いさせようとしたレイモンド夫妻が、古きよき日本の伝統が破壊されてゆくのを嘆くとき、近代化を指向してガムシャラな歩みをつづけてきた日本が、多くの外国人によって指導された歴史をどう見るだろうか。彼らが日本のよさを見るところに日本人みずからが乗り越えようとしている〝古い〟ものがあったら、どういうことになるのだろう。

それはともかく、幕末・明治以降わが国に来日し、尊敬すべき業績を残した外人建築家も、かなりの数にのぼる。幕末に来日して大阪の造幣寮や銀座煉瓦街の建設を指導した英人建設技師ウォートルス(T. J. Waters)をはじめとする明治初期の工部省関係の外人建築家。その中から一頭地を抜いて日本建築界最大の恩人とされる英人建築家コンドル。明治十九年設置された臨時建築局に招かれて来日し、逆に若い日本人建築家や職人をドイツへ派遣して新技術の吸収につとめさせ、ドイツ系の建築技術の日本への導入の契機をつくったエンデおよびベックマン、あるいは明治の後半神戸旧居留地で活躍した英人建築家ハンセル等々。また明治三十八年一月来日し、翌三十九年わが国で最初といわれる法人組織の建築設計事務所を設け、昭和十六年日本に帰化して、昨年五月逝去するまでに作品総数二、五〇〇件余におよんだ一粒社ヴォーリス建築事務所の一柳米来留(旧名、ウイリアム・メレル・ヴォーリズ)の名も逸することはできないだろう。

大正時代に入って帝国ホテルの仕事で、ライトが大正五年から十一年にかけてたびたび来日(もっともライトの第一回の来日は明治三十八年、このとき武田五一に会って浮世絵を贈られている)、レイモンドも大正八年暮に帝国ホテルの仕事で来日したのである。ノエミ夫人もいっしょだった。「人びとは例外なく着物をきていた。洋服をきた人なんて、まったく見当らなかった。私も妻もまるで別の遊星にとんできたような感じがしたことを、今でも忘れることができない」と彼は回想している。

さらに戦前ではドイツ表現派の建築家タウトが昭和八年から十一年にかけて滞日したことはよく知られている。日本文化に関する彼独特の観察が、知識人層に幅広い衝撃を与えたことは有名である。戦後には昭和二十六年十二月来日のノイトラをはじめ、グロピウス、コルビュジエらの巨匠の来日もあったが、もちろんごく短時日のもので、とりたてて直接の影響を云々するほどではない。むしろアメリカに戦火を避けていたレイモンドが、もっとも早く昭和二十三年来日してその設計事務所を再建したことが、もっとも実質的な内容をもっているといえよう。

こうしてみると、その滞日の長さとその作品の影響力において、明治以降今日に至る近代建築史における最大の比重をもつ建築家としては、古くはコンドル（明治十年来日、大正九年東京で死去）、新しくはレイモンドとすることができる。

来日、日本の美に傾倒

レイモンドの経歴についてはすでに発表されたものが二、三ある。たとえばレイモンド自身による「わが回想」（「建築」一九六一・一〇、渋谷盛和訳）、デザイン評論家勝見勝のレイモンド評伝（「芸術新潮」、一九五四・一一）、あるいは前掲浜口隆一のレイモンド伝などである。したがって、ここではレイモンド自身の経歴・評伝にあまり拘泥することなく、彼と日本人建築家との交流、いいかえればレイモンド山脈に主眼をおいて見ていこうと思う。

アントニン・レイモンド（Antonin Raymond）は一八八八年ボヘミヤ地方（当時はオーストリア・ハンガリーの一部、今のチェコスロバキア共和国）クラドノの農村に生まれた。チェコ工科大学の建築科に学び、文科系の学問をヨーロッパでもいちばん古いといわれるプラーグ大学で修めた。ボヘミヤの文化と産業はヨーロッパにおいても有数の歴史をもつもので、紀元前からの古いモニュメントは街に満ち、巨大な館や宮殿や、名高い橋などが市の景観を形づくり、プラーグは百を数える尖塔の教会の街としても知られていた。レイモンドはその回想の中で、この山や川や平野や町の美しい出生地に対する誇りと憧れとを述べ、彼の建築哲学形成に対して、その郷里の文化がいかに役立っているかを述べている。したがって、この国土を蹂躙したドイツ人に対する恨みは強く、「ドイツ人は感傷的で感覚が鈍いから芸術はわからない」とし、グロピウスもバウハウスも、さらにメンデルゾーンなども〝重い〞から嫌いだとする。彼にとって嫌いなものは、またダメなものでもあるようだ。

これに反してペレーやコルビュジエなどは〝軽い〞から好きだとしている。一九一〇年大学を卒業し、当時新建築運動が渦巻いていたドイツを素通りしてパリのオーギュスト・ペレーの門を叩いたのも、こうした民族的な意地もあっただろう。ペレーは鉄筋コンクリートを近代建築の重要な構造と表現の材料にまでたかめた人。レイモンドの鉄筋コンクリート構造に対する打ちこみかたは、このペレーの影響がかなり強いと思われる。たとえばペレーの代表作ル・ランシイの教会堂(一九二二年)とレイモンドが後年日本でつくった東京女子大の礼拝堂(一九三四年)とは、あまりにも生々しく似すぎている。ともあれ、鉄筋コンクリートにおいては、レイモンドは〝日本のペレー〟といってもよいほど開拓的な手法を展開している。このペレーとの出会いは意味深いものがある。

しかし、レイモンドの回想によれば大学卒業の年、すなわち一九一〇年に彼はアメリカに渡って、カス・ギルバートの設計事務所に勤めるから、ペレーのもとでの期間は、ごく短時日のものであった。ギルバートは当時ニューヨークでもっとも著名な建築家。そのころウールワースビルの設計がはじまっており、レイモンドもこれに動員された。ウールワースビルは、六十階、二三〇メートル、一九一三年竣工の摩天楼で、後にクライスラービル(一九三〇年)、エンパイヤーステートビル(一九三一年)が建つまでの間、世界最高を誇っていたものである。建築技術的な意味では創造的なものだったが、そのデザインはゴジック式を踏襲するものだったので、アメリカの自由にあこがれていたレイモンドの期待は裏切られた。ここで約五年の見習い期間をもったわけだが、その間一九一四年にイタリヤに遊び、ナポリでノエミ・ペルネッサン、すなわち現在のレイモンド夫人に会い、ニューヨークに帰る途中結婚した。彼女はフランス生まれ、十歳のとき家族とともにニューヨークに移住していた。互いに旅さきで知り合ったわけだ。ニューヨークでの生活は味気ないものだったが、一九一五年彼はフランク・ロイド・ライトに会い、招かれてウイスコンシンのタリアセンにあるライトの事務所で働くようになった。ここで「血湧き肉踊るような経験の連続」がはじまったのである。国中の反対派に立ち向かって一分の妥協もなく、超人的な勇気をもって戦っていたライトの人格に接したのは非常な刺激だったにちがいない。「ライトの事務所は米国における芸術の砂漠に湧くオアシスであった」と回想している。ここでレイモンドははじめて日本の芸術に接したのである。ライトはすでに帝国ホテルの設計にとりかかっており、タリアセンには浮世絵や屏風・掛軸・巻物・陶器などがあった。今から思うと、それらはあまりたいしたものではなかったが、はじめて接した日本の芸術から多大のインスピレーションを受けたと語っている。

タリアセンに約一年。一九一七年には独立した仕事をはじめた。ライトを慕ってタリアセンに赴いた遠藤新とはちょうどスレ違ったのではなかろうか。やがて米国の在欧情報部将校として第一次大戦に参加。祖国ボヘミヤのオーストリヤ帝国からの解放運動に参加した。この運動はチェコスロバキアの独立という形で成功した。のちに大正十五年レイモンドは在日チェコ名誉領事（昭和十二年まで）に任命されたが、やがてチェコはドイツの蹂躙するところとなり（第二次大戦）、さらにレイモンドの表現によれば「今ではチェコの独立を後悔している。チェコはソビエトの支配下におかれるくらいなら、オーストリア領になったほうがまだましだったのである」。彼の政治思想的な位置がこれで判然とする。レイモンドはアメリカ市民権をもっているが、一方〝失われた〟ボヘミヤの美しい風土に対する愛惜も深いにちがいない。体力的にも感情的にきわめて強い彼の人間性を支えるものの中に、こうした民族的悲劇に鍛えられたものがあるのではなかろうか。

帝国ホテルの設計を監理するため、レイモンドが夫人とともにはじめて来日したのは大正八年（一九一九）の暮だった。レイモンドの生涯にとって決定的な出来ごとになったのである。前記勝見氏の評伝の中で、レイモンドはその感激をつぎのように述べている。「私は世界中でいちばん美しい国へ来たと思った。お世辞でなく、心からそう思った。総合ということは、建築の根本原則のひとつだが、私は日本の風物の背後に、ひとつのすばらしい総合を見たのである。建築や風景だけでなく、日本の風物にも、非常に心をひかれた。そして人と建物のすばらしい総合、あるいは統一性が、非常に美しかった。……今にして思えば、私は日本がちょうどその美しさを失いはじめていたころ日本へやって来たように思う」。こうしたレイモンドは深い愛情をもって日本に住みつき、彼の山脈を形成しはじめるのである。

戦前のレイモンド事務所の人びと

帝国ホテルは大正八年十月起工、十一年七月に開業したが、その建築作品としての評価はともかく、ライトの日本の建築家に与えた影響も衝撃的だった。それをごく大きく分けると、ライトそのもの、ライト直系につながる人的系列と、ライトに協力するため来日したレイモンドにつながる建築家群と、このふたつの系統に分けることができる。前者には、早くからライトに師事し、大正六年タリアセンに赴き、帝国ホテルの設計にタッチして、八年帰国、引きつづいて工事監督に参画した遠藤新をはじめとして、同じく工事に関与した土浦亀城、さらに戦後ライトを慕ってタリアセンに赴いた天野太郎、遠藤新の息子の楽、などが有名である。もちろん帝国ホテルの建築を通じてライトの造形精神にふれ、有形無形の感化を受けた人は、多かったにちがいない。レイモンドのほうはこれからの主題である。

レイモンドは帝国ホテルの竣工間ぎわになって「個人的な理由」からライトのもとをさらなければならなくなった、とみずから語っている。その間の事情は不明だが、すでに大正九年、ホテルの工事中、三菱二十一号館に小事務所を設けている。ライトの事務所に働いていた人びとが二、三参加した。たとえば杉山雅則や、内山隈三らである。杉山は戦争がはげしくなってレイモンドの事務所が閉鎖されるまでその中心となった人で、事務所の後始末をして昭和十七年三菱地所に入った。チェコ名誉領事を証する天皇の署名入りの証書の保管に苦心したと語っておられた。戦前のレイモンド事務所の設計のほとんどにタッチし，氏を除いてはこの時期のレイモンドの作品は語れないといってもよいだろう。気性の激しい，自我の強いレイモンドは，所員をガミガミ叱りとばすので有名だが，氏もさんざん鍛えられたらしい。氏の図面に文句をいうレイモンドを傍らのノエミ夫人がたしなめ，むしろレイモンドのほうに誤りがあるのを指摘すると余計に大声を出す。しかしジワジワやられてついには夫人になだめられてしまう，ということもたびたびだったらしい。レイモンドと，おさえ役，なだめ役として内助の功の高い夫人のヒューマンな間柄をよく示す話だ。もっとも，東京女子大の仕事のころから，杉山氏は叱られなくなったという。すなわち氏の成長であろう。あるいはレイモンドとの呼吸がピッタリしてきたのかもしれない。OK！ OK！ ザッツオーケー，そしてニヤリだったと氏は語る。

内山隈三も帝国ホテルの現場にいた人。元気のいい，才能の豊かな人だったが昭和二年に亡くなり，レイモンドは今でもその夭折を惜しんでいる。後藤新平邸の現場に出て後藤伯にたいへん気に入られたともいう。

大正十年には事務所員も急に増えた。その中には十六歳の給仕で夜学に通っていた木村秀雄もいた。彼は現在株式会社レイモンド建築設計事務所の経理担当重役である。翌十一年には現在の社長中川軌太郎が入所している。彼は築地工手学校の卒業。司法省営繕掛で小菅刑務所の設計の仕事にしばらくタッチし，新聞広告でレイモンド事務所に入社したのである。

大正十二年関東震災の年，レイモンドの事務所は正式にレイモンド建築事務所を名乗るようになった。それとともにこの年建った「建築家の家」（自邸）も，ある意味でレイモンドのデザインの上での独立を意味するものであった。それまでのたとえば東京女子大校舎（総合計画は大正十一年）・星野製薬講堂・後藤新平邸など，ほとんどすべてライトの影響が色濃くただようものだった。レイモンドはライトを恩人とし、心酔もしていたが、反面かなり批判的な立場にも立っていたから、ライトからぬけることを必死に考えていたのだろう。そうして震災直後、麻布霊南坂アメリカ大使館の西裏に自邸を建てたとき「私は完全にライトをぬけだしていた」。いわゆるインターナショナル・スタイルの自由なマッスの構成になる鉄筋コンクリート建築であり、レイモンドの歴史にも画期的な作品で、新しい試みがいたるところに見られる。第一に、ここにおそらくわが国最初のコンクリート打放しの手法が用いられていることだ。「自然は人工よりも美しい。簡素は複雑よりも美しい。節約は浪費よりも美しい結果を生む」というう打放しコンクリートのデザイン哲学はレイモンドのものである。後の赤星邸（昭和八年）・川崎守之助邸（昭和九年）などで打放しコンクリート手法の開拓者とされているレイモンドは、すでに早く、その自邸に試みていたのである。またスチールサッシュ、ブロイヤーの有名なパイプ椅子（一九二五年）に先行した国産パイプ椅子の試作応用など、世界的な視点から見ても筋の通った第一級の作品である。物心両面においてレイモンドはこのころ独立したとみてよいだろう。いま武蔵工大教授をしている酒井勉、山下寿郎事務所の今井猛夫、沢木英雄らが入所したのは翌大正十三年であった。酒井・沢木はともに早稲田出身、これまでどちらかというと現場で修練してきた人の多いレイモンド事務所も〃大学出〃を積極的に採用するようになったのであろう。やはり変質してきたのである。

大正十五年には事務所を八重洲ビルに移転（翌年東京海上ビルへ）、レイモンドはチェコ名誉領事に任命された。昭和四年には寺島幸太郎が入所し、作品にはライジングサン石油の社宅群やソヴェト大使館がある。翌五年には前川国男・小野禎三・戸塚徳光らが加わり、レイモンド山脈も重厚さを増してきた。小野禎三は昭和五年早稲田卒、構造の人だった。沢木英雄と組んで軽井沢の多くの別荘の設計に当った。思うようにならないとイライラしてよく叱るレイモンドは、その平面が立体化する過程でよく構造家にあたり散らした。小野はその犠牲者だったが、よくレイモンド事務所の構造を支えた。

豊かな人材の中断

昭和三年東大建築を卒業した前川は、卒業式の夜日本を発ってコルビュジエのもとに赴き、昭和五年帰国するやレイモンド事務所に入った。このころレイモンド事務所はにわかに忙しく組織的にも膨脹していた。なにか、消える前のロウソクが急に明るさを増したようなところがある。ライジングサン給油所（神戸、昭和五年）、アメリカ大使館（六年）、東京ゴルフクラブ・東洋オーチスエレベーター工場（ともに七年）、フランス大使館・夏の家（軽井沢）、藤沢ゴルフクラブ（八年）、川崎守之助氏邸・福井邸・赤星鉄馬邸・東京女子大講堂およびチャペル・聖ポール教会（九年）と、日本近代建築史に著名な作品が連続して、昭和十年にはパタリと止まってしまう。いうまでもなく満州から中国へ徐々に拡大してきた戦雲の影響である。アメリカ国籍をもつレイモンドは〝敵性国人〟であった。したがって彼の経営する事務所への仕事は急激に減少した。剛毅なレイモンドも思いあまって事務所の名を変えてみてはと提案したことがあるが、そうした小細工が通用する情勢ではなかった。

しかし、その直前のレイモンド事務所は、多くの俊才を擁して意気さかんなるものがあった。昭和六年には上野の美術学校（現、芸術大学）を卒業した吉村順三が、翌七年には吉村に招かれた後輩天野正治が、八年には東大建築卒の田中誠、九年には芸大卒の石川恒雄をはじめ、いまアメリカで家具のデザイナーとして活躍しているジョージ中島、早稲田高工卒の崎谷小三郎らが加わり、活況を呈していた。こうした中で、昭和九年事務所は銀座の教文館に移った。十年には鷲塚誠一が、十一年には、現在早稲田の教授をしている南和夫が加わったが、それと交替するかのように昭和十年、前川国男が田中誠と崎谷小三郎を伴って退所し、独立の事務所を開設したのである。レイモンド事務所に田中を勧誘したのは前川だった。そこが仕事がなくなりかけて整理をしなければならなくなったので、前川はその責任感もあって田中を引きつれて、あてのない事務所設立ということになったのであろう。崎谷は前川のファンでもあった。

昭和十二年、レイモンドが大きな期待を寄せ、前川をチーフにして早くからとりかかっていたフォード自動車組立工場（横浜に建設の予定だった）が、外国資本ということで認可にならぬことがついに判明した。レイモンドの去就はこれできまったように思う。またこれより少し前、インドのポンディシェリーに建つスリ・オーロビンドの学校の寄宿舎の設計と建設の依頼を受けていた。ジョージ中島をチーフにその設計もほぼできていたので、ついにレイモンドは昭和十二年暮に日本を去ってしまったのである。再び彼ら夫妻が眼にした日本は戦火に焼け、荒れ果てた日本だった。「焼野原のまちを見たときには、私は妻といっしょに泣きました」とレイモンドは浜口隆一に語っている。

ポンディシェリーの寄宿舎は、場所こそ違えレイモンドの日本における戦前の仕事の最後を飾る傑作であろう。鉄筋コンクリートのなんたるかも知らない地元の労働者や熟生を相手に、ジョージ中島は鉄筋の曲げ方から教えなければならなかったという。こうしたもっともアジア的な生産様式のもとで、昭和十三年に完成した。写真で見るかぎりでは、私はレイモンドの作品の中でもトップに位置するものだろうと思う。

インドに約八カ月滞在して、レイモンドはアメリカに帰った。ペンシルバニヤのニューポープに農場を開いたのもこのときである。レイモンドのいなくなった事務所はしだいに閉塞状態に陥り、ついに昭和十六年に閉鎖された。しかし昭和十三年に過去の蓄積を整理した詳細図集を出版したことは、見事な処理だったと思う。この図集は、当時の日本の建築家に地味だがきわめて深い影響を与えたものである。こうした形での一種の決算を行なった人びとのまじめな努力には、深い敬意が払われるべきであろう。

昭和十五年レイモンドを慕って渡米した吉村順三がニューポープに現われ、アメリカにおけるレイモンドのグループに加わったが、彼も日米間最後の船便で帰国せざるをえなかった。

戦後のレイモンド事務所

敗戦、かつてのレイモンド事務所の人びとは鷲塚誠一の事務所（東京内幸町）に同居して再建の基礎づくりをはじめた。昭和二三年にはレイモンドもはじめて日本をおとずれ、中川・天野・石川・木村・土屋らとともにレイモンド建築設計事務所が再建された。翌二十四年にレイモンドは総司令部の招聘で日本の水力開発地点の調査を依嘱されて来日、奥只見川などを歩きまわった。その年リーダーズダイジェスト東京支社（昭和二六年竣工）の仕事がはじまった。これ以前スタンダード石油の社宅などがあるが、本格的にはこれを契機として事務所もたくましく成長することになった。京都大学の坂静雄教授門下の岡本剛が杉山雅則の紹介で入所したのもこの年である。ワイドリンガーが基本計画をたてたリーダイの構造計画を実施に移したのは岡本である。翌昭和二十五年にはリーダイの現場に事務所を移し、株式会社レイモンド建築設計事務所が設立された。いまその中心的な働き手となっている五代信作や大村六郎らの戦後派が参加したのもこの年である。翌年の入所組の中には、いま外部で活躍している増沢洵がいた。

株式会社レイモンド建築設計事務所は、現在所員約七十名、麻布に本拠を置いて活躍している。レイモンドは大株主で顧問でもあるが、やはり彼の強烈な個性の輝きは、まだまだこの事務所をおおっている。しかし将来にそなえることも忘れてはいないようだ。おそらくその山脈は消えることはないであろう。

「コンクリートがおごそかに打ちこまれた」という妙な言葉を、レイモンド事務所の人びとは、たびたび使って話された。リーダーズダイジェストの工事や、アメリカ大使館アパートのペリーハウス（昭和二十八年）・ハリスハウス（二十九年）などの工事について語るときである。いうまでもなく良質堅練りのコンクリートの慎重な打ち込みに象徴された工事の徹底した完璧さをいうのである。リーダーズダイジェストやペリーハウスの設計に、その後の日本の鉄筋コンクリート手法のすべてが見られる、とまで極論する人がいる。もちろんレイモンド事務所外部の人である。それがたとえオーバーな表現であるにしても、やはりこれらの建物の戦後建築史における重要度はきわめて高い。施工技術的に見てもベロセメントの堅練りコンクリートを、ＡＥ剤を用い日本最初のバイブレーターを応用して打ちこんだリーダーズダイジェストの工事は戦争中の施工技術の空白を一挙に埋めるものであったろう。施工の竹中工務店側の勉強するといった施工方針も、終戦直後の時点に立ってみれば、当然であっただろうが、けんきょに新技術を吸収しようとする態度である。ペリーハウスも構造・意匠・家具・カーテンすべてに、あれほど徹底的に設計し施工してもらったものはかつてなかった。コンクリート型枠も素晴らしかった、とレイモンド事務所の人びとも回想する。大林組の施工である。たしかにペリーハウスは、その後全国に建って日本住宅史上の一大変革とされる鉄筋コンクリート造アパートの、多くの点におけるプロトタイプ（祖型）となるものであった。もちろん当時の日本の建築家の置かれた状態は建築的にきわめて苦しい事情にあった。経済的にも社会的にもである。その中でアメリカ占領軍とそれに追従する日本政府との合体した権力機構の下で、ある意味でいたらざるところなき条件のもとに設計され施工されたこれらの建築である。いち早くその後の発展の方向を指向しえたのも当然といえば当然かもしれない。レイモンドをエトランゼとして隔離する一部の人の心情も、案外こんなところに発生する。

しかし、こうした好条件は往々にして誇大な様式や虚飾に走ることが多い。そうした危惧を少しも感じさせない設計は、やはり筋の通った近代建築として虚心に賞讃すべきものであろう。その後、昭和三十九年に建てられた名古屋の南山大学にいたるレイモンドおよびレイモンド事務所の創作活動については、ここでくわしくふれる必要もないだろう。南山大学も微に入り細をうがってチェックした自信作のようだ。

孤立主義者から日本の建築家へ

レイモンドは感情的にも体力的にもきわめて強い人間だ。七十七歳も決して高齢とは感じていないらしい。

その日本の風物に対する傾倒についてはたびたび述べた。日本の大工とその技術を愛し、日本の建築でいちばん好きなものはと問われて草葺きの農家と答え、終戦直後に会ったもと東久邇宮の質素な生活に涙し、伊勢の荒廃を憤って「大和魂を忘れたか」と新聞に投書するかぎりでは、いささかヒイキのヒキ倒しに当惑せざるをえないが、やはり鮮烈な人間像をもった巨匠である。わずかに引いた一本のフリーハンドの線にも〝おやじ〟が見分けられるという所員の人びとの尊敬も厚い。

激しい気性はその所員たちにもきびしい。また施主とケンカすることでも有名だ。ある意味で故国を失ったボヘミヤンのうっ積する心理も無視できないだろう。かつての小野禎三、戦後の岡本剛ら構造担当の所員はよく大声で叱られたという。だいたいレイモンドは技術系統に風当りが強いということだが、ゼイ肉を削り落とすことを徹底的にやる彼が、構造家にきびしいのは想像できる。新しいアイディアをスパッと持ち込み、「これでできるか？」「無理です」の応答のあげく突然大声をだすレイモンドは、彼の平面と構造とをやはり必死に結びつけているのだ。その考え、創作するものの野心と悩みとが分かってよい勉強になったと、岡本剛は語ってくれた。レイモンド事務所から独立したのちの構造計画者としての岡本のユニークな活躍も、こうした勉強に支えられているのではないだろうか。

ミセス・レイモンド、すなわちノエミ夫人がいなかったらレイモンドは今日の半分も伸びられなかっただろうという人がある。事務所の人の言葉だ。たしかにこれほど呼吸のあった夫婦は珍しい。彼の理論は彼女のものであり、彼女のそれは彼のものといった感じである。気性の激しい野心的なレイモンドをなだめ、すかし、その矢面に立った所員をやさしくいたわる、心のやさしい、飾り気のない、ユーモラスな人柄である。夫の仕事と気質をよくのみこんで、奥深いところで周辺を支えている日本の商家の〃おかみさん〃を連想させるところがある。もちろんノエミ夫人もデザイナーとして専門的な修練を積んだ女性である。下世話でいう〃おかみさん〃ではないが、その心温かい、世話好きの点は共通するものがあろう。レイモンドと結婚してから工芸・家具・建築などのデザインもやるようになり、先年ニューヨークの近代美術館で催されたカーテン布地のデザインの国際コンクールに入賞して名を馳せたこともある。

このレイモンドに学んだ建築家として、一般によく知られている者は、もちろん前川国男と吉村順三であろう。前川はよくいわれるようにテクノロジカル・アプローチをもって、日本の近代的な建築技術を確立するために努力してきた最大の建築家であるが、ディテールこそプロフェッショナル（職能的）な建築家の唯一の財産であり武器であるとしたレイモンドの信条を、仕事の上にもまたその不動の建築家根性の上にももっとも鮮明にしている建築家ではなかろうか。しかし聞くところによるとレイモンドは前川の最近の仕事を大げさで重すぎるとあえて批判するそうだ。ドイツを連想させる〃重さ〃というものを極力嫌悪するレイモンドである。吉村順三はレイモンドがひかれた日本的なものをはじめからそなえていたような作家である。見ようによれば吉村がレイモンドから吸収したものより、レイモンドが吉村から吸収したもののほうが多いのではないだろうか。戦後のレイモンド山脈に、とくに目立つ建築家は増沢洵である。彼がレイモンドから学んだものはなんだろうか。ただいいうることは、増沢よりレイモンドのほうが、もっと複雑で迷いが多く、振幅も大きいということだろう。

レイモンド夫妻はことあるたびに、彼の建築哲学に霊感を与えてくれたものは日本であるという。彼らが日本から学んだものと、日本の建築家が彼らから学んだものの差引勘定をする必要はないが、レイモンドをいつまでもエトランゼとして扱い、レイモンドもまたその孤立主義を固守する時代は過ぎ去ったようだ。日本の建築家としてレイモンドが評価されねばならない。株式会社レイモンド建築設計事務所も、いつまでも吉利支丹破天連の徒であるわけにはいかないだろう。

XII

日本建築界のアウトサイダー・川喜田煉七郎

アウトサイダー・川喜田煉七郎

博引旁証は日本人の特技である。衒学的といわれようがなんといおうがあらゆる資料を集めないと議論が始まらない。儒学の伝統であろうか。中ソ論争にしても、これを論じ解説する人びとの〝マルクス曰く、スターリン曰く、毛沢東曰く、その孫引き曰く〟のモザイック模様は、おそらく世界でもっとも精緻をきわめるものだろう。しかしメチャメチャに積み上げたその〝○○曰く〟のブロックの間に、あるかなきかの目地モルタルのように論者の思想がチラホラすればまだマシな方だ。ことはなにも政治論争に限らない。最新の科学・工学にしても日本の学者のほとんどは〝資料魔〟・〝文献魔〟であると評した外国人がいる。絶えず追いつかねばならない歴史的な事情、アジアをへだててヨーロッパに結びつこうとする人文地理学的な特性、もろもろの事情が、がんらい凝り性の国民性と結びついた結果ともいえよう。だから、このことはあながち非難し自虐すべきことではない。問題はいかに自分の思想を持つかであって、視野は広いほどよく、人の知恵や意見や創意に接するのは多いほどよい。たとえば建築のジャーナリズムの重要な機能も、ここにある。そうして昔から多くの建築ジャーナリストがその重要な役割を果たし、また今日でも果たしつつある。

彼らの中には純然たるジャーナリストもあれば、ジャーナリストと評論家とを兼ねる者もある。がんらい建築を学び、建築家出身のジャーナリスト兼評論家兼啓蒙家の存在も見られる。蔵田周忠などまさにその代表的な存在だった。しかし蔵田はその今日までの生涯を通じて建築界のアウトサイダーではなかった。ところが、川喜田煉七郎などは、常識的にいえば今日まったくのアウトサイダーである。頭が切れすぎたからだろうか、器用すぎたためか、あるいは文字通り日本での構成教育に殉じてしまったためか。失礼ないい方ではあるが、この〝怪人〟が、いわゆる建築へ再び回帰しなかったナゾは、日本の近代建築史の裏に潜む複雑な性格を、今後さらに究明しなければ解くことはできないようだ。

もちろんいくつかのカギはある。後にもふれるように、彼はおそらくわが国ではじめてバウハウス流の構成教育を実践した人である。またそれと併行してほとんど彼ひとりがまとめて発行しつづけた雑誌「アイ・シー・オール」によって、今日から見ても驚嘆するほど精力的な建築・家具・造型に関する啓蒙活動を展開した人である。そうして当時でも今日でも「建築は総合である」と信じ、唱えている。理論と手の先で身につけた造型とを総合して建築ができ上るという。今日ではだれもが納得する考え方だが、ついにその総合するもの、すなわち総合の理論と実技とを、彼は建築において実現しえなかったのである。かつての啓蒙と教育とのはなばなしさにくらべて、今日ではほとんど建築の世界に名を出さなくなってしまった。彼は、分析はしたが総合をしなかった。分析の面白さに魅せられてしまったのだろうか。あるいはその総合の機会を彼の前に閉ざしたものがあったのだろうか。彼もまた学閥・門閥その他のあらゆる閥から孤立した存在であった。圧迫されるところもあり、また当然ヒガミもあっただろう。とにかく彼は自ら建築界の〝あまりもの、おこぼれもの〟の店舗設計をやっていると称している。まさにアウトサイダーとされるゆえんである。

しかし当然なことながら、店舗設計がなぜアウトサイダーの仕事か、勝手にアウトサイダーにしているのは、むしろいわゆる建築界であり、世の建築ジャーナリズムではないか、という反問が用意されねばならない。虚心に受けとめねばならない反問であろう。この「建築家山脈」に川喜田煉七郎の登場を図ったのも、私自身、彼をアウトサイダーと見ながら、しかもなお内心の反問に耐えかねるものがあったからである。「建築家山脈」の広大なパースペクティブの中に、山相も地質も、特異な山なみを引く山脈をみたからである。川喜田煉七郎はその中にあってやはり突兀とした雄峰である。

ウクライナ劇場の英雄

戦後世代の建築家や学生で川喜田煉七郎の名を知っている人は、かなり少ないに違いない。昭和五年の初夏にそのプログラムが発表されたウクライナのハリコフ劇場の国際懸賞設計競技の当選十二名中の四等に入選した建築家、ということだけでも知っておれば、かなり近代建築史に詳しい方であろう。ましてや造型運動の機関誌「アイ・シー・オール」の責任編集者であったことまで知っておられる人は、よほどの勉強家といえよう。

もっとも、店舗設計の世界では彼はあたかも教祖のごとき存在である。昭和三十六年雑誌「商店建築」の執筆陣を母胎として結成された店舗設計家協会の初代会長であり、川喜田に頼めば商売繁昌疑いなしとまでいわれている。その令名はとどろいているわけだ。この協会は現在は理事長制をとっているが、川喜田はやはり最高の大御所であろう。正会員二〇〇名余、準会員合わせて三五〇名近い組織だから、彼もまた一方の雄といわざるをえない。この世界ではアウトサイダーどころではないのである。ただ、いわゆる建築の世界と店舗設計家の世界とが、現実にはかなりくい違っているために、われわれからすれば彼をアウトサイダーと見、かつて三〇年ほども前に一閃の光芒を放って流星のようによぎった存在としか意識されないのである。ともあれ、川喜田煉七郎は弱冠二十七歳でウクライナ劇場の英雄となった人物としてまず知られている。彼は一昨年東欧旅行の途次ウクライナ共和国のハリコフを訪れ、かつての栄光のあとをたしかめた。そうして同地の建築家協会の会長に迎えられて劇場の建つはずだったコムソモール広場に案内され、礎石だけに終った敷地跡で懐旧談にふけったという。その跡は、今美しい〝平和の泉〟になっていた。川喜田煉七郎の名は今でも記憶されていて、会長は昂奮して握手を求めたという。ウクライナ人としてはこの劇場計画をかなり重視していたらしい。ソヴェト革命後、古い領主たちを中心とするラダ政権の反革命軍とのたたかい、ラダ政権を尻押ししたドイツ軍による占領、さらにイギリス、フランス、ポーランドによる占領支配という具合に、帝国主義者たちの臆面もない侵略をついにはねのけて、一九二八年秋以来荒廃した国土の再建の数次の五カ年計画を実施した。とくに重工業と化学工業の発達は驚くべきものがあり、第二次五カ年計画末の一九三七年には石炭はソ連全体の五十%以上、銑鉄は約五十%、鋼鉄は五十%弱を供給するほどになった。ハリコフ劇場の国際懸賞設計競技は、この第一次五カ年計画の中途において企画されたもので、昭和五年十二月締切り、世界中の著名建築家が参加し、O・リネツキーを審査委員長とする五十数名の審査員によって審査されたものである。審査前にウクライナ各地を巡回展示し、応募案に対する大衆の意見を募ったというから、興隆期のウクライナの社会情勢を背景にその印象は強烈だったに違いない。川喜田の名が、同地の戦前からの建築家たちに記憶されていたのも当然だろう。とくにその舞台機構の革新的なアイディアは、当時ウクライナのメイエルホリドといわれていた演出家でこの審査員でもあったクルバスが、自ら川喜田に長文の手紙を送って賞讃したほどであるから、よく知られていたに違いない。

このコンペは当時日本の若い建築家が私淑してやまなかったグロピウスが八等に、世界的な劇場改革運動の第一人者ベル・ゲディスの案が十一等に、ベルリン大歌劇場で有名な表現主義の建築家ペルツィヒが等外佳作にという具合になった。日本からも山口文象案の他五、六案が応募されたというから、やはり一世を湧かした大コンペといえよう。結局このコンペは急激に襲ってきたソヴェトの社会主義レアリズムの嵐によって吹きとんで、建築としては実現しなかった。しかし今日ではこのコンペの応募案と、ソヴェト構成派の巨匠ヴェスニンの工業会館とを〝ウクライナのふたつの光る星〟と同地の建築家たちは称して、スターリン主義によって滅ぼされたかつてのウクライナの近代建築運動を偲んでいるという。
川喜田はこのコンペのために当時の美術学校の学生五、六人に手伝ってもらって、大判六五枚の図面を書き、賞金五、〇〇〇ルーブルを獲得したが、その名声とともに、またそれ以上に当時の日本官憲からにらまれる結果にもなったようだ。

彼のハリコフ劇場に対する応募案は、たしかに今日でも新鮮さを失わない。とくにその舞台機構においては、すでに今日のコマ劇場の機構を打ち出し、さらに壮大なものとしている。この公募の目的は「新しいオリジナルな明白のオーディトリアムの型」を発明することで、たんに劇的な演出に用いられるだけでなく、デモンストレーションにも、あるいはいろいろなフェストや儀式にも同時に使われる。それはドラマにも、バレーにも、アミューズメントにも、シネマにもサーカスにも、パノラマにも、競技場にも用いられる必要があった。そこで川喜田は、全席を平等なボックス・システムとし、スポーツ・スタディアムのように席をとり、劇場全体としては、前面の大衆を外から客席にスムーズに運ぶ施設と、平等の視角をもったスタディアムと大舞台と、後部のリング型の劇場労働者の生活体との合理的なタッチをもつ平面計画をとり、舞台は六本の柱によって前後に分れ、三重のコマ舞台で構成するようにした。六本の柱の間には滑り下りるカーテンまたはスクリーンをつけ、前後から光の投与や映画・スライドの映写ができるように考えた。これはグロピウスもその「トータル・テアター」において提案しているところであるが、日本でも早くから「レンサ劇」として実験されている。しかし川喜田は、さらにこれにシネマスコープ的手法を予想していたのである。今日その応募図案を見ると、夢幻的な中にきわめてメカニックなアイディアを盛りこんで、表現派の影響を脱しつつあった大正末・昭和初年の日本の近代建築家の精神構造をよく読みとることができるようだ。演劇のことについては私はまったくの素人だが、ソヴェトの演出家メイエルホリドの「肉体機械学」

（ピオメカニカ）の主張も、川喜田の中に受けとられていたのではないだろうか。日本の近代建築史における〝空想から科学〟への時代が、たしかにこのころに見られる。川喜田の当選は、決して偶然ではなかった。彼の話を聞いてそのハリコフ劇場応募案は、彼の劇場研究のかなりながい蓄積が凝縮したものであることがわかった。そして彼を劇場研究に誘いこんだ人びとの存在も明らかになった。それはまた彼の経歴の第一章を綴ることにもなる。

劇場研究の途

川喜田煉七郎は明治三十五年日本橋の米問屋の子に生まれた。中学時代に浅草千束町に移った。山口文象の育ちと同じ下町っ子で、山口の隣りの町の子である。そこから蔵前高等工業学校（東京工大の前身）の建築科に学び、大正十三年に卒業した。

川喜田によれば当時の蔵前建築科の教育はもっぱら構造学に重点が置かれていたので、気質の違う彼は相当反発を感じたらしい。反動的に作曲にこり、山田耕筰と北原白秋が共同して監修していた「詩と音楽」誌などを愛読、卒業設計には神秘主義者山田の提唱していた霊楽堂をとりあげた。これが当時の「サンデー毎日」誌に掲載され、その縁で山田耕筰のもとに出入りして作曲にはげむとともに、山田のもとに集まる〝面白いの〟ら、たとえば村山知義、石井漠らと識り合い、音楽や演劇を通じてオーディトリウムや、その舞台機構についての眼を開いていったのである。新しい演出法に対する舞台機構や舞台装置の若々しい議論も展開されたに違いない。

大正末から昭和初年にかけての芸術運動の昂揚期は、建築関係についていえば分離派建築会（大正九年）、創宇社（同十二年）、メテオール・ラトー・マヴォー（ともに大正十三年）、日本インターナショナル建築会（昭和二年）、新興建築家聯盟（同五年）等の諸団体の成立と展開にも察知されるが、他の芸術においてもより広く、より深く展開していたことは、改めて述べるまでもない。建築家との交流も密接なものがあった。そうした中から、たとえば山口文象や蔵田周忠らが育ってきたことは、すでにふれたところである。そうしてもっともっと当時の芸術運動全体の中に、その思想のルツボの中に日本の近代建築史を還元して検討し直すことが必要だと考えている。しかし、ともかく川喜田煉七郎もこうした時代に遭遇した青年だったのである。

一方、当時ライトの帝国ホテルが工事中だった。川喜田は学生アルバイトでライトの現場事務所に勤務、彼によればライトにさんざんいじめられたという。せっかく画いた図面を黙ってビリビリッと破かれることが、しばしばだった。しかしこれによってライトの良さを肌を通じて知ったと彼は誇らしげである。遠藤新にも指導を受けた。こうして劇場というものを山田耕筰を中心とする一群の音楽家・舞台芸術家たちから、建築をライトと遠藤から学んだ。

浅草の灯もまた彼の劇場への夢をはぐくんだに違いない。昭和三年九月、日本橋三越に開催された分離派第七回展に出品した川喜田の浅草改造計画は、個々の劇場まで丹念に設計し粘土模型を作成したものだったから、劇場へのアプローチはさらに進展したものと思われる。

分離派からバウハウスへ

川喜田が分離派の会友に推挙されたのは昭和二年一月日本橋白木屋で開催された分離派第六回公募展からである。霊楽堂の図面五十枚を擁して乗りこんだ川喜田のエネルギッシュな動きにはさしもの同人たちも舌を巻いたことだろう。分離派は翌年の第七回展をもって事実上の活動を停止したから、川喜田はその末期に参加したわけだ。そうしてすでに山口文象は創宇社を設立してもっと社会的な視点に立った建築運動を展開していたし、〝分離派の分離派〟蔵田周忠もまた「アルス建築講座」に寄せた「建築論」(大正十五年)によって、一応分離派のイデオロギー的発展過程を整理し、その表現主義的芸術観の清算の上に理論的・合理主義的な思考への前進を要請していた。この山口や蔵田に接することによって川喜田は、山田耕筰仕込みの神秘主義からやっと脱脚することができたと述懐している。

こうした傾向はヨーロッパでも同じだった。というよりは先行するものがあった。ギーディオンが、表現主義・神秘主義の泥沼からの〝救世主〟とたたえ、ヴェルクブンドの生きながらえた理想とよんだバウハウス(ワイマール)の設立が一九一九年、すなわち大正八年、分離派結成の前年であったのを忘れることはできない。

川喜田は分離派同人のうちいちばんたくさん本を持っていた堀口捨己の家へ仕事の手伝いに行っては早めに仕事を終え、さかんにその蔵書を読みまくった。この勉強が後の「アイ・シー・オール」の理論的な基礎になったという。また分離派の会合の席で知り合った三科の仲田定之助のライブラリーもさかんに利用した。仲田は現在昭和鉄合金の社長、大正十三年(一九二四年)ワイマールにバウハウスを訪れた最初の日本人であった。彼は翌大正十四年帰国するや雑誌「みづゑ」にバウハウスを紹介、センセーションを捲きおこした。これに応えて美校出の文部省留学生水谷武彦と三科で仲田と親しかった山脇巌・道子の夫妻がバウハウスに赴いて、その理念を造型教育に実現しようと図った。山口文象や蔵田周忠も前後してグロピウスのもとに学んだが、バウハウスの理念はこのころからさかんにわが国に紹介されるようになった。昭和六年帰国した水谷は仲田を介して川喜田を知り、水谷のアイディアで川喜田は銀座資生堂裏の山口文象設計の三喜ビルに造型教育の教室を開いた。水谷もバウハウス仕込みの基礎理論を教え、翌七年帰国した山脇道子もテキスタイル(織物)デザインの講師をつとめた。山脇巌・市浦健・橋本徹郎・宮本三郎らも同人として参加した。川喜田はその校長兼小使役で構成教育の先頭に立っていた。それはバウハウスの炬火に比べれば豆の火のようなもので不完全なものだったが、当時の卑近な官製図画工作教育に対して、はじめて実践を伴った造型教育運動であった。川喜田の努力と熱意は、その個性的な実践によって高く評価されるものである。分離派から造型教育へ、川喜田の歩んだ道には、当時の異様なまでに昂揚していた新芸術の空気の中にあって、なにかすでに教祖的なものの萌芽が見られるようだ。ともあれ、川喜田煉七郎は日本におけるバウハウス運動の輝かしい実践者である。

新建築工芸学院

昭和六年川喜田の創設した構成教育（造型教育という言葉をこのころから意識的にこう呼ぶことにしていた）の研究所は、はじめ「建築工芸研究所」と称し、後に「新建築工芸学院」と改めた。いま「アイ・シー・オール」vol. 5. No. 1, 昭和十年一月号巻末の〝新建築工芸学院一九三五年A期研究生募集〟からその要点を拾ってみよう。この期から演劇科も開設された。

〝開講一月十五日。短期間（四カ月）で最も効果的に造形と発声と身体の「運動の創作と鑑賞のコツ」を摑みとる学校。

今迄の概念的な教授法と比較にならぬ構成教育の効果は、その特殊なシステムとともに次第に一般に認識される様になって来ました。建築・工芸・図案・洋裁等を志す諸君の一度はパスしなければならない常識とまでならうとして居ります。……一週間にたった二日位の暇は誰れでも出来る筈です。めんどうな規則や試験などは勿論一切ありません。全く野天に解放された自由な研究所です。むしろ「塾」といったらいいかも知れません。

今度の学期から身体と声との新しい訓練法が構成教育の別の発展の意味で加はりました。この方へも違った意味で御出席下さい。諸君の今迄予期しなかった発見が、諸君の生活を素晴しく豊富にする筈です。形と色と音とを、手でも身体でも自由に駆使出来る人間になりましょう〟

と全体の目的をうたい、その学科の編成は、

一　構成教育科……造型の基礎訓練——そして商業美術・工芸・建築への展望的発展。

二　演　劇　科……音と声と同時に肉体の基礎的訓練——これが一と結びついて洗練された言葉と動作と・新しい演出・舞台構成へ発展する。

であり、構成教育科のシステムは、

a　物をシュパンヌンクで掴む練習、b　音の造形的な書きとり、c　一平面上の点と線の構成の練習、d　明暗（ヘルドゥンケル）で一平面を構成する練習、e色彩、f材料（マテリアル）——マテリアルツアイヒヌンク、材料を触感の順に並べる練習。色と材料と明暗の合流、g　フォトグラフ、フォトモンタージュ、h〝構成教育積木〟を用ひて立体練習、i　材料の力の練習（紙、ボール紙、ガラス、ブリキ、割箸、竹等）j　ポスター練習

となっている。講師は構成教育科が川喜田煉七郎、毎週水・金両日の夜、月謝は三円。演劇科は林和（月曜）・川喜田（木曜）の二人の講師。これもともに夜学で月謝も三円といった具合である。その教科構成はデッサウよりはむしろワイマールのバウハウスを目標にしていたようで、川喜田はただその金工科が欠けていただけだといっている。研究生は建築関係よりは小・中学校の先生など造形教育関係の教師が多く約七十%を占めていたという。建築界はむしろ冷やかな眼で見るものが多く、ウイリアム・モリスの亜流だと評する人もあった。そうしてわずか六年

の短い期間で閉鎖されたのである。

「新建築工芸学院」は当時わが国で唯一のバウハウス・システムによる造型学校であったが、その創立はバウハウス十五年の歴史のむしろ終末期に当っていた。やむを得なかったがおそきに失していた。この学院成立のころ、昭和六年一月には新興建築家連盟が弾圧の下に解散の憂き目に遭い（川喜田は石原憲治、中村鎮らとその設立準備委員のひとりであった）本家のバウハウス・デッサウもまた翌昭和七年にナチスの強圧の下に閉鎖され、さらにその翌年にはドイツ工作連盟（DWB）もついにその幕を閉じたのである。ソヴェトにおいても川喜田がその名声をとどろかせたウクライナ劇場の国際コンペを頂点として、そのロマンチックな構成主義はスターリニズムのもとに摺伏し、ソヴェトパレスの競技設計では、おそろしく古典的なヨーファン案が当選して近代建築の退潮を決定づけた、という時代であった。川喜田の努力にもかかわらず、その学院はすでに時代に見放されていたともいえよう。

それでも、この学院がわが国の造型界に及ぼした直接間接の影響は、はかり知れないほど大きい。創立後間もなくその思想は他へも伝播し、文化学院や伊東茂平研究所でも類似の造形教育がはじめられたし、戦後にわかに盛んになったいわゆる構成教育も、もとをただせば、名実ともにここから生まれたといってよいだろう。またここに学んだ研究生の中から、桑沢洋子や亀倉雄策らの戦後のデザイン界を背負う人材が巣立ち、勅使河原蒼風も一時ここに通って新しい造型の腕を磨いたといわれる。建築の専門家やその卵は少なかったが、当時のモボ・モガの夢を誘うものがあったに違いない。この三喜ビル（銀座西七丁目五の八、資生堂の横を曲り三つ目の横丁を右に、並木通りの現在東京画廊のあるビル）には、昭和初年に、この「新建築工芸学院」の他に、伊東熹朔舞台装置研究所や「テアトル・コメディ」の練習場、あるいは林和の演劇研究所があり、川喜田のはいる前には浜田増治の商業美術家協会附属研究所があったというから、有名無名の演劇人・映画人・写真家・服飾家・建築家・商業デザイナーたちの、一種のアジトの観があったに違いない「新建築工芸学院」の生徒たちは、こうした三喜ビルの空気の中で育てられたといってもよいだろう。たしかに弾圧は日ましに激しくなっていたが、またそれだけに緊張して芸術を語り合うことの多かった時代があったのである。

分析はしたが総合がない

華やかではあったが終りのアッケなかったウクライナ劇場のコンペよりも、川喜田の近代芸術運動史に占むる重さは、この「新建築工芸学院」によって倍加されるといえよう。しかし、彼はこの構成教育の実践から、建築への大きな花を開かせることをついに行なわなかった。そうして建築の世界ではアウトサイダーで終結してきたのである。疑問はこの文章の冒頭に回帰する。そうして川喜田がそれに心酔したバウハウスを中心にして眺めてみると、これに学んだ水谷武彦・山脇巌らも、ともに建築家の世界において影をひそめてしまっていることに気が付く。なにかがあっただろう。共通のマイナス因子、が神代雄一郎は「新建築」誌創刊四十周年記念特集号(一九六四・六)の「新建築四十年の再評価」と題する論文の中で、やはり同じ現象に気をとめている。コルビュジエに学んだ坂倉準三や前川国男の戦後の隆盛にくらべて、バウハウスに学んだ人びとの淋しさである。彼はその一方だけについて見解を述べている。すなわちコルビュジエに学んだ人びとの隆盛の理由は語らずに、ただバウハウスの造型教育に実は建築教育はなかったのだというのである。バウハウスの同心円状に画かれた教程図を見ると、たしかに中央に「バウ」と書かれているが、その教育は行なわれなかったのであると見ている。傾聴すべき見解である。川喜田も建築は総合であるとしきりに説く。そうして分析する。たとえば、彼の先駆的な業績として再評価しなければならない人体模型を用いた家具の研究など、科学的・合理的な理論を展開する。そうして手の先で、身体で造型する訓練の必要も説いてきた。しかしそれを総合することはどうだっただろう。個々の要素、個々の感覚に分解し、分析され訓練されたものの総合、それは単にn個の要素の組み合わせではない。プラスアルファが必要である。そのプラスアルファ、バウハウスの同心円教程図の周辺のリングを構成する諸教程が、中心の「バウ」に結実するためのもの、それはついにバウハウスにおいても、また川喜田においても教えられなかったし、実践されなかったアルファであったようだ。川喜田の悲劇がここにある。

川喜田はその霊楽堂からバウハウスに範をとった構成教育にいたるまでの精神の遍歴を自ら記している（川喜田・高篠薫一郎共著、世界の旅ショーウインドー、K・Tデザインセンター、一九六二・一二、一五六頁）。少しながいが、そのころの建築家・デザイナーの心の姿勢を知るために便である。引用させていただく。

〝ともかく、一九二〇年から三五年頃までのほぼ十五年間、日本の建築と造型とデザインは、戦後解放される一つの準備活動の時期を経験したのである。今までのあまりに技巧的な分析——総合のない分析の後進性に、初めて一つの批判を加えて活動を始めたのである。

建築も造型も内容的にも一つの方向にむかって整備を熱中し始めたのである。目的とか機能とかいう面で、専門的にリアルにそれをつきつめようとすると同時に、建築をセンターとする造型が、教育することを活動の中心としてようやく打って出てきたのである。アレキサンダー・クラインの解剖や、ノイフェルトの人間を中心としたモジュール的研究が、日本の建築や造型をあくまで機能的につきつめようとするのと並行して、人間それ自身の総合的経験を通して広く文明批評をし、総合的な活動にはいるために、バウハウスの影響のごときものを身につけ始めたのである。一方イデオロギーが始めて建築や造型の上にも批判の目を養成し始めると同時に、ウイリアム・モリスにかえり、ヴァン・デ・ベルトの考え方にもどって、国立「バウハウス・ワイマール」を初めから勉強してゆく気にもなっていたのである。ブルーノ・タウトの「フリューリヒト」や「アルプス建築」の思想にクロポトキンを見出し、アドルフ・ベーネの目的建築の三段論法の中に「アウフヘーベンしてゆく社会と建築」の姿をかいま見、マーツアやブハーリンに形式批判の要点を学ぶ——等々の仕事を自分自身で掘り下げると同時に、今までのクラフト的な方法でなく、手を総合的に通してヒューマニズムの人間像をとらえてゆくやり方を学びとっていったのである。ともかく当時建築の若い学徒や同志やデザイナーが、まじめになって仕込こみ、またふみしめ、あるいは経験していったものは、たしかに宝石のような価値があった〟

「建築・工芸・アイ・シー・オール」

「アイ・シー・オール」は、正確には「建築工芸アイ・シー・オール」という誌名をもち、昭和六年一月創刊の月刊誌である。発行所は当時建築関係図書の出版で有名な市谷台町の洪洋社。川喜田煉七郎の責任構成で、ちょうど六年続いた。「新建築工芸学院」とまったく併行した時期で、その機関誌としての性格も持っていたようである。各号四十〜七十ページ、A五判の小雑誌だが号ページと連載記事の通しページとを上下にふり分けて、ユニークな編集の雑誌である。川喜田は洪洋社が大正十三年に創刊した「建築新潮」の編集を手伝っていたが、同社が広告用小雑誌として計画したものを、そっくり任してもらって、がんらい付録である記事の方を拡大してしまったものである。洪洋社からの編集料は月に三十円、これで写真代から足代まですべてを賄わなければならなかったので、なにもかも節約して、ひとりで書き・訳し・編集し・校正してしまった。川喜田の同人雑誌のような存在になったのも無理はない。しかしまたそれだけに、まことにユニークな内容をもっていて、今見ても面白い。とにかく圧倒的なエネルギーである。資料は仲田定之助のライブラリーに負っているところが多いと川喜田は語っている。

ジャーナリストとして、また鋭い感覚の啓蒙家としての川喜田煉七郎の面目は、この雑誌に躍如としている。人をひきつける説得の巧みさ、具体性、写真や図を最大限に利用する視覚的・造型的な手腕、それを要所要所で理論的に権威づける方式、〝精神の造型家〟としての川喜田のうまさである。家具あり、台所あり、商店の店舗設計あり、ニュース的記事あり、構成教育の作品の展示あり、盛りだくさんだが、たとえば、連載されたプラッツの「近代建築史」(G. A. Platz: Die Baukunst der neuesten Zeit. Berlin. 1927)の記述など、当時はもちろん今日でも十分に役立つ仕事である。連載されたものを全部合わせれば五〇〇頁を超す大部の労作である。たとえば、「アイ・シー・オール」vol. 5, No. 10(昭和十年十月)は、その「近代建築史」第六講のアメリカ建築第一号となっており、ほとんど七十頁にわたってプラッツの叙述を川喜田の訳述で編成し直した内容が紹介されている。その最初に彼は、徹底して内容を判らせるために、プラッツを横の糸とし、訳注を縦の糸として構成し直したことをことわっている。たとえばアメリカの都市計画を述べるに当っては石原憲治が「万有科学大系」に発表した都市計画の論文や、内藤亮一が「建築と社会」に発表したアメリカ都市の高さ制限規定に関する論文を援用するなど、なかなか精緻なもので、彼の勉強ぶりとすぐれた構成力をしみじみ感じることができる。当時の学者や建築家にも大いに珍重されただろうことは疑いない。

彼は同じくこの「近代建築史」の序文で「虎の巻をかくして物を云う態度も気に入りませんので……」ともらしている。あらゆる閥から外れていた彼は、虎の巻をかくして偉そうなことをいう一部の人びとに猛烈な反抗心を燃やしていたようだ。〝こんちくしょう〟という調子で、その虎の巻を訳して神通力を失わせてやろうという気持だったと述べている。プラッツの訳述も、また仲田定之助と共同して、「建築新潮」に連載したアドルフ・ベーネの「現代の目的建築」(A. Behne: moderne Zweckbau)の訳業をはじめ、驚嘆するほど多くの著作も、こうした反抗の根性に支えられていたのも事実だろう。「アイ・シー・オール」の広告欄には、このようにして彼の手になった近代建築の紹介本の名が目白押しに並んでいて壮観である。たとえばその「新興のオランダ建築」など、デ・スティール派の再評価がさかんになった今日、改めて読み直すべき内容を含んでいる。

しかも、こうした近代建築史関係の著作とならんで商店建築に関するものが顔を出していることも注目される。その大きな貢献にもかかわらず、なぜか建築界のアウトサイダーの道を歩み（あるいは歩まされ）はじめていた川喜田が、〝おあまり〟の商店建築に傾斜してゆくのが眼に見えるようだ。そうしてこの輝かしい構成教育の実践者、建築ジャーナリスト、啓蒙家は、店舗設計の〝教祖〟に変貌していったのである。日本近代建築史のひとつのナゾである。

一九三三年CIAMはその第四回総会のテーマに「機能都市」をとりあげた。川喜田も仲間とともに身ゼニをきって東京市の再開発計画図を作成したが、総会々場がモスクワに決定するや否や〝爆撃の参考資料になる〟という馬鹿げた口実で一切の活動を禁止されてしまった。〝黒い建築家〟がそれを強要しにきたという。誰れだったのかと尋ねても、川喜田はついにその名を明さなかった。ナゾを解く鍵のひとつは、案外こんなところにもあるのではなかろうか。

回帰するか

戦時中の川喜田は、テーラーの科学的管理法や能率研究で有名な上野陽一博士のもとで、能率研究とその軍需生産への応用に働いた。家具の研究に発した人体研究、動作研究の蓄積が思わぬところで役立ったのである。彼は海軍の各地の飛行機工場を廻って、組立て作業のタクトシステムを指導したり、戦闘機の組立て方式の合理化を図ったりしていた。胴体を半分に割って組立てるという大胆な方式を提案して成功したとも語った。建築への総合を目ざして、ついにその方式を実践しえなかった彼が、戦時下の軍用機生産にその試みを成功させたことはなかなか意味深いものがある。飛行機と建築との違い、それはバウハウス・システムとそれにプラス・アルファしたものとの違いではなかっただろうか。

現在の彼は、店舗設計家協会の大立物である。しかし店舗の設計から一歩出て、経営コンサルトの仕事に情熱をそそいでいるようだ。構成教育の中で鍛えた人体研究は、今や経営研究へ発展している。突飛なようでいて、よく考えてみるときわめてスムースな当然のなりゆきのようでもある。企業の複雑な実態をヴィジュアルに分析し、手を通じて実態に迫り、それを説得力のある型に構成する仕事は、彼のながい経歴とその蓄積に対して実にピッタリとしているではないだろうか。そうした意味では彼はまさに第一人者である。このような人材が育った建築の世界の広さと自由さとを誇ってもよいのではなかろうか。建築家の業務も計画者的方向に大きく転換しようとしている。川喜田煉七郎と相まみえる日もそう遠くはなさそうだ。その時こそ川喜田煉七郎はわれわれのインサイダーとなるだろう。

さいきん川喜田は日本建築学会の劇場建築委員会に出て、旧知の佐藤武夫や図師嘉彦に久しぶりに会ったと喜んでいた。ともに劇場建築の権威者たちである。霊楽堂、ウクライナ劇場以来の川喜田の劇場建築に燃やしつづけてきた情熱が、ふたたび明るい焔をあげるかもしれない。

XIII 造家学会から日本建築センターへ

無数の組織

組織づくりが好きで、またその運営が一番下手なのが日本人だといわれる。好きなのはすぐベタベタ癒着したがる粘土性の人間・社会関係の歴史と特徴を反映したものであるし、下手なのは、それにもかかわらずほんとうの民主主義を十分に体得していないためでもあろう。

好きなのに下手だという一見撞着する現象の中に、自然的・直接的に打算なしで結合するゲマインシャフト型の組織になれてきた日本人社会の後遺症的な特質が、その団体に加わってえられる利益が成員の関心の中心になって結合されるゲゼルシャフトの内部にまでもちこまれているという日本における組織の特性をみるのである。いってみればひとりの、あるいは数人のボスを主なる嶺として形成された日本建築家山脈もまた、こうした矛盾と前近代的な人間関係を、かなり強固な山脈形成の原因としてもっている。粘土性社会の中においてのみ山脈は形成される。砂のような人間関係では山なみの盛り上りは不可能だからである。

幕末・明治以降急速に近代化を追求してきた日本の社会にあっては、建築の世界においても、この山脈の功績をまったく無視することはできない。たとえば学問や建築設計の世界における学燈ともいうべきものもあり、密着した人間関係によってはじめて受けつがれ発展させられるものもある。と同時に学閥とか門閥とかいうものが、組織を大きく歪ませることもある。

ところで、日本建築家山脈は、ここにいう組織をはなれた場での建築家のある種の結びつきにピントを合わせて組みたててきた。もちろん同潤会や東京市建築課、あるいは大蔵省や逓信営繕といった組織の建築家もとりあげてきたが、主眼はあくまで個人の建築家の群像に置いたつもりである。たまたまその組織という便宜的な場においての人間の並び方を見たにすぎない。しかし一方、日本建築界には学会とか協会、あるいは某々会など、きわめて多くの団体、すなわち組織がある。その数はたいへん多い。たとえば日本建築学会名簿に登載されている関係団体の数は、関連学会や建築士会・建設業会・建築士事務所協会の都道府県のものまで数えると、北は北海道から南は鹿児島まで三〇〇近い数にのぼる。東京都だけでも一三〇を越している。これに官公庁の組織を加えればおそらく数百にのぼるだろうが、ここでは考察の対象外に置くことにしよう。

全国で三〇〇に近い建築関係団体が、それぞれの組織をもっているわけで、この組織に属する建築家の数も厖大なものがある。しかもこの組織に関与する仕方には、千差万別のものがある。たとえば日本建築家協会のように、きわめて職能的な性格の強いものから、日本建築学会や日本建築協会のように、それぞれ別な職能をもった人びとが、職能をはなれた資格で参加している組織もある。しかしよくリストを見ると後者のふたつの組織のように職能をはなれた組織は意外に少ない。建築界では、関連する他の学会を除けば、このふたつだけといってもよさそうである。それだけに、ことあるごとに日本建築学会と日本建築協会の存在は大きく評価されるのであろう。たとえば今日ある意味で建築界の注目を集めている「建築士制度」の再検討問題についても、日本建築学会が、それぞれの利益代表という場とは無縁に厳正中立な立場から見解を発表することが期待されている、といった類いである。

造家学会——早熟な組織——

日本建築学会は明治十九年四月九日造家学会として誕生して以来、日本建築界における組織の太宗としての役目を果してきた。組織の系統樹を想定すれば、さしずめその根幹として画かれるものであろう。その幹から多くの枝が分かれて今日の建築界の諸組織がつくられている。だからいわゆる建築家と名のつく人びとのおそらく大多数はそれぞれ別な職能的団体に属しながらも、一方日本建築学会の組織に属し、あるいは属したことのある人びとであろう。もっとも昭和三十九年十二月末現在の一級建築士登録者数は四五、〇五九、同じく二級一六六、〇二三、計二一一、〇八二名（ただし死亡者も含む）であり、日本建築学会の正会員は約二〇、〇〇〇名であるから、建築士ということで考えれば約十人に一人しか学会に加入していないことになる。この限りにおいては日本建築学会はあくまで建築界の上部構造であり、いわゆるアカデミーたるゆえんでもあるが、その会員構成はかならずしも学者や研究者によって占められているものではない。正会員の約二十七％が建設業に職場を有する人であり、ついで二十六％が官公庁・公社・公団の職員、十九・四％が建築設計事務所、十五％が民間会社の営繕や材料メーカーなどに属し、学校の教師は六・八％にすぎない。この複雑な、しかも分裂した会員構成は日本の他の学会にも通ずるところであろうが、それはまた建築界における最古の団体として、大同団結主義をとってきた日本建築学会の歴史を反映したものである。

わが国にはじめて建築家の団体として生まれたのが造家学会である。造家学会以前の工学関係の団体は、工部大学校卒業生によって明治十二年に創立された工学会（今日の日本工学会、ただし今日では学会単位の加盟制度になっている）と、明治十八年創立の日本鉱業会のふたつがあるだけだった。だから造家学会は、かなり早熟な誕生をしたことになる。工学会が創立されたのは、工部大学校から最初の卒業生二十三名（うち造家学科は辰野・片山・曽禰・佐立の四名）が世に出たときである。学校での英人教師たちも会員になってもらったが、主体は二十三名の卒業生である。しかもそのうち、十一名は卒業と同時に海外留学を命ぜられているから、実人員は十名そこそこというわけだ。これで学会をつくったのだから驚くほかはない。同窓会のようなものである。しかし明治十四年からは立派な機関誌「工学叢誌」（のちに工学会誌）を発行している。その内容も土木・機械・電信・応用化学・造家・

鉱山・冶金と多彩であり、豊富で、まぎれもなく学会であった。この工学会が明治から大正へかけて日本の工学関係諸学会誕生の母胎となった功績は、きわめて高く評価されるが、このうちからもっとも早く独立したのが日本鉱業会であり、つづいて明治十九年の造家学会というわけである。造家学会創立の年には、日本の近代建築史に大きな画期となるふたつの事件が起こっている。ひとつは三月一日の帝国大学の設立で、工部大学校はその帝国大学工科大学となり、造家学科もここに置かれた。そうして工部大学校時代のコンドルを中心とする教育から、辰野金吾を中心とする小島憲之や曽禰達蔵らによる教育へ移った。すなわち、日本人による日本人建築家の教育・養成の時代へ入ったのである。もうひとつは二月十七日に内閣に臨時建築局が設けられたことである。これは明治二十三年に予定された憲法施行・国会開設に備えて、議院（国会議事堂）をはじめとする中央官衙を日比谷に建設することを目的とするものであった。種々の政治的な理由もあって、ドイツの建築技術を導入したので、これまでのウォートルスやコンドルによるイギリス系の支配に強力な対抗勢力が出現したわけである。しかもその中から妻木頼黄を中心とする営繕官僚が育って、日本の建築家山脈中に巨大な存在を誇るようになったのである。このふたつの事件に加えて造家学会の成立、この三つが明治十九年に踵を接して行なわれたことは、偶然にしても興味あるところだ。幕末から明治における西欧建築の導入期が一応終了して、本格的な学習期にはいったとみることもできよう。

造家学会の設立の動機は、このころすでに工学会の会員も増加して、専門分科ごとに独立の学会結成の気運があった、という公式的な理由も考えられる。しかし明治十九年三月二十日、発起人二十六名による造家学会設立の決議文には、つぎのような工学会と間もなく生まれるべき造家学会との関係に、ある種の緊迫した事情があったのではないかと推測されるような一項が、しかも冒頭に掲げられている。すなわち「一、工学会ヨリ独立シテ造家学協会ナルモノヲ設立スルコト。但工学会中ニ造家学ノセクションヲ設ケルコトアラバ、本会員ノ総集会ヲ開キテ、其ノセクションニ合併スルハ否トシテ議決スルコト」。母胎の工学会内部に造家学会の分化独立に反対する動きがあり、それに対する自衛の措置が、こうしたいささか不隠当な決議文となったのではないだろうか。さすがに四月九日の創立委員会で決定した規約には、このような言はみられない。そうして会名は造家学会、会の目的は「全国同業者ノ協力一致ヲ図リ兼ネテ造家学ノ進歩ヲ期望ス」となったのである。

造家から建築へ

ここで注目されるのは、創立当時の規約はイギリス建築士会（R・I・B・A）およびアメリカ建築士会（A・I・A）のそれに則って立案されたものだということである。もしそれが事実であれば、造家学会はやはりアーキテクトの組織を目指したものであるが、じっさいの規約には会員として「正会員ハ和洋ニ論ナク一方或ハ双方ノ建築ニ満二年半従事セシモノトス」として「会員二名以上ノ紹介ヲ以テ申込ムヘシ」としているにすぎない。しかも創立当時の役員会や例会を、しばしば当時最大・最新の建設業者清水組の三代当主清水満之助の邸宅を借りて行なっている。大同団結主義があったのは当然だが、一方では、もともと西欧的な意味でのアーキテクトなどほとんど（創立当時は皆無といってよい）存在しなかったから、それをしもおして組織をつくるとしたら、当然こうなるべきものでもあったのである。組織づくりの好きな国民といわざるをえない。もちろん、欧米の学問や技術を導入して、急速に近代化を図らねばならなかった歴史的な事情を考えると、たとえ時期尚早であってもその組織・制度も写さねばならなかったし、またそれを、やはり当時の日本の実情に合うものにしようとすれば、こういう形になるのは当然であろう。そうして、その成果は高く評価されるのである。しかし一面、早くからまとまっていた建築教育制度と相まって、アカデミーの組織だけが先行していたために、たとえば、明治末年における鉄筋コンクリートや鉄骨構造の導入初期において、建築界以外の場で明治三十四年創業の八幡製鉄所工場や、軍工廠など巨大な鉄骨構造の建設に、機械などの出身者がエンジニヤ・アーキテクトとして活躍していたのを、まったく対岸の火事として見ていたきらいがある。イギリスやフランスの産業革命期に、エンジニヤ・アーキテクトと従来の建築家とのはげしい対立、相克のなかから、近代建築の思想と実質とが逞しく育ってきたことと比較して、組織だけがいち早く先行して、他を関心外のこととした弊害を思わざるをえない。

それでも西欧建築の学習の結果、建築はたんに技術的な造家ではない。もっと芸術的な要素が濃いという主張（これの急先峰は伊東忠太だった）が見られるようになって、明治三十年五月に、建築学会と改められ（さらに戦後の昭和二十二年現在の日本建築学会と改称）、明治四十一年には「建築師報酬規程」（Fee Schedule）が公表された。このころになって、ようやく民間に設計事務所を設ける建築家の数も増してきたのである。そうして同時に、このころから建築の様式についての論議が活発に展開され「我国将来の建築様式を如何にすべきや」が、建築界の関心をさらうのである。

そうして皮肉なことには、このころ鉄筋コンクリートと鉄骨構造が、新しい技術として、この様式論争を吹きとばすような勢いをもって建築界に流れこみ、一面ようやくアーキテクトの組織らしくなりつつあった建築学会は、にわかに変質を始めるのである。それはひと言にいえば、建築の工学的側面の強調であり、構造学の支配下におかれるようになったともいえよう。大正四年に「建築雑誌」に発表された野田俊彦の「建築非芸術論」が、そのすべてを象徴している。そうしてその中心的人物は、すでに明治四十四年留学先のドイツから「建築雑誌」に投稿して、「日本の建築家は須く科学を基本とせる技術家であるべきことは明瞭である」と断言した佐野利器にほかならない。

佐野利器に対して生まれたふたつの組織

強烈な自我と個性をもった合理主義者・佐野利器は、大正初年における建築界に星雲の爆発を誘発した人物である。彼を中心として構成される建築家山脈と、彼がその構造学をもって君臨した東京帝国大学建築学科の出身者の風の息のように交互する芸術家組、工学者組という卒業年次ごとのグループの特質については、まえにふれた。とにかく、佐野利器は、日本の建築界に最大の影響力をもった人物である。

建築界の組織にも、佐野の出現と彼の建築学会における実質的な支配に対する反作用が起こった。日本建築士会と関西建築協会の設立である。前者は現在の日本建築家協会の遠い前身であり、後者は今日の日本建築協会の前身である。明治四十四年大手の建設業者が横河民輔をまとめ役として設立した建築業協会（今日もさかんに活動している）を除けば、建築学会一本でまとまっていた日本の建築界の組織も、このふたつの団体の誕生によって明らかにその独占が破れたのである。分派行動が開始された。それはまさに〝分派〟とよぶにふさわしいほど建築学会、じつは佐野利器に対抗する意識を鮮明に抱いていたのである。建築学会は大正七年に「建築師報酬規程」を廃止した。

第一次大戦のころから、日本経済の拡大とともに民間に建築設計事務所を設ける建築家の数も追い追いに増加してきた。建築学会の無原則な大同団結主義にあきたらない彼らは、独自の団体結成に動いてきた。佐野利器によって代表される工学主義・技術主義に対する強い反発もあったはずである。彼らは大正三年六月全国建築士会を結成し、翌年日本建築士会と改めた。もちろんわが国最初のプロフェッショナル（職能的）アーキテクトの団体で、辰野金吾や曾禰達蔵も参加していたが、その中心人物は中条精一郎だった。

設立当初から建築士法の制定を主要目的として、大正十四年には議会に「建築士法」案を提出し、猛烈な運動を展開しその後も執拗に実現を評みたが、戦前においてはついに陽の目を見なかった。その反対勢力の中心と目されるのが佐野利器であった。

また関西に中心を置く日本建築協会も大正十四年、日本建築士会の同調よびかけに対して、会頭片岡安が代表して「未ダ其必要ノ時期ニ到達セザルモノ」として否定の返事を寄せている。聞くところによれば、やはりアンチ佐野をもって結成された日本建築協会ではあるが、こちらは建築学会の縮刷版のごとき会員構成をもっていた。大林組の大林賢四郎らを当初からの会員とし、竹中の竹中藤右衛門、大林の白杉亀造・清水組大阪支店長の徳政金吾・鴻池組の鴻池忠三郎・銭高組の銭高善造らを終身賛助員としていた同協会が、設計業務の独占を主眼とした「建築士法」案に賛成の意を表するはずがなかったのである。

日本建築士会は昭和二年七月から機関誌「日本建築士」を公刊し、同年末の会員録によれば正会員一二〇名、客員（大学・高工の教師および官吏建築家）二十六名となっている。客員の中には佐野利器の名も見られるのは、奇異の感を抱くものであるが、主義は主義、義理は義理というものであろうか。日本型の筋の通し方である。さらに昭和十三年の名簿を見ると正会員一四二名、客員五十四名で、客員は倍増しているが、正会員は十年以上も経過しながら二十二名の増加にすぎない。「建築士法」制定運動に敗れた後の同会の苦難な歩みが偲ばれるのである。客員の中からは佐野利器の名が消えている。彼は昭和四年十二月から七年七月まで清水組副社長の職にあったから、そのときに名を外し、以後そのままになったのだろう。

日本建築士会から日本建築家協会へ

大東亜戦勃発の年、昭和十六年二月、〃時局に対応するため〃建築聯合協議委員会なるものが結成されているが、その構成団体は建築学会・日本建築協会・日本建築士会・建築業協会の四団体であった。そうしておそらく、これが当時における建築界の団体のすべてであったともいえるのではないだろうか。

日本建築士会は、さらに戦局の緊迫した昭和十九年三月二十三日に日本建築設計監理統制組合へと変質した。これはいうまでもなく政府が民間の建築家を国防計画に動員するためのもので、日本建築士会に一定の規模と資格をもつ建築事務所単位による再編成を要求したからである。しかし極度に生産事情が窮迫し、ドロ縄式の軍事施設が建設されるなかにあって、建築家のまともな働き場所を発見するのは困難であった。このころの仕事については多くの建築家は黙して語らない。語ることもないだろうが、東京市の「防火改修」に飛び歩き、その汗とホコリの結晶をいろいろな名目でまきあげられ、役人や一部幹部の〝酒色のカテ〟にされたと述懐する老建築家の話を聞いたことがある。ことの真疑はともかくとして当時の飢餓感は日本の建築家の心の中に今日でも根強く生きつづけているにちがいない。

敗戦。昭和二十二年二月統制組合の主要メンバーは組合を解散するとともに、日本建築設計監理協会を設立し、ようやく盛んになってきた占領軍工事の設計監理に多忙な日を送るようになった。事務所単位の会員制度で(当初約七十名)、昭和二十五年一月には機関誌「設計と監理」を創刊している。一応その残骸だけはあった日本建築士会も昭和二十六年に解散した。

昭和二十五年五月「建築士法」が制定されると、建築界の組織図は大変動をきたした。同法第二十二条によって都道府県単位の建築士会とその全国的な連絡機関である日本建築士会連合会成立の根拠があたえられたからである。たとえば東京都の東京建築士会は昭和二十七年二月に発足し、同年七月には日本建築士会連合会ができ、機関誌「建築士」を発行するようになった。

「建築士法」に多大の不満を抱いていた日本建築設計監理協会は、昭和三十年ハーグに開かれた国際建築家連盟(UIA, Union Internationale des Architects)第四回大会に代表を送って加盟を認められた。しかし、事務所会員制度による性格の狭さを指摘され改組を〝誓った〟。その結果翌三十一年十月に従来の協会を解散し、個人会員による社団法人日本建築家協会を設立し、今日に至るのである。三十二年九月一日には「日本建築家協会ニュース」を創刊し、翌昭和三十三年十月には〝憲章〟を採択している。日本における純粋なアーキテクトの唯一の組織として、日本の建築界を代表してＵＩＡに加盟しているという誇りに満ちたものである。

この憲章採択の一ヵ月まえに日本建築学会が臨時総会を開いて定款を改正し、建築に関する学術・技術・芸術の〝研究団体〟としての性格を明らかにし、他の職能団体の成長を妨げることのないようにしたことは注目される。日本の建築界の大同団結主義は解体したのである。この直接の契機となったと思われるものが、昭和三十二年九月に登録受付を開始したカナダ・トロント市庁舎の建築国際設計競技である。この応募資格には応募者の国籍における建築家を国際的に代表する機関の会員であることが証明されねばならなかった。ＵＩＡに加盟し名目的には日本の建築家を代表する機関である日本建築家協会は、その独占を主張したが、改組約一年、会員二〇〇名をわずかに超す組織であってみれば、その主張の空しさはだれの目にも明らかであった。それは事実上若い建築家の応募をシャットアウトするにひとしかった。当時すでに正会員だけでも一五、〇〇〇名に近い日本建築学会にサインを求める応募希望者も多かった。さらに法的に「建築士」とされている建築士会にそれを求める人もあった。錯綜する建築家の定義と、その組織の権威とが、はしなくも一大混乱を捲き起こしたのである。

事態は例によって妥協で収まった。しかしこの苦い経験によってえたものも大きかった。日本建築学会が、研究者の交流の場としての性格を明らかにし、その連鎖反応として建築界の各団体が、多少なりともその職能的な旗色を鮮明にしたからである。このころから若い建築家の集まりであった五期会会員の日本建築家協会への積極的な入会も目だち、昭和四十年三月十五日現在の会員数は六五七名に達している。しかしまだエリートの組織であることには間違いない。

日本建築協会

佐野利器の強烈な個性が、直接かあるいは間接に作用して形成に役立ったと思われるものに日本建築協会がある。武士の家に生まれ東大建築学科に入学はしたが、色や形を云々するのは女子供のすることと考え、煩悶のあげく耐震構造学に男子一生の生き甲斐を発見した佐野である。硬い国士の精神と同時に、士農工商意識が濃厚にあったに違いない。後に渋沢栄一に強くすすめられ、その〝何でもやってやろう〟主義で清水組の副社長に迎えられたことはあっても、建設業者、当時でいう請負いに対するエリート意識は辰野金吾以来のものをもちつづけていたと考えられる。それに建築家はすべからく技術者であるべきだとする鮮明な建築非芸術論を標榜していた。反発が起こるのは当然である。反作用が対極にひとつの組織として結集するのも理解できる。一〇〇パーセント佐野への反作用とはいえないにしても、商人の町大阪に大正六年関西建築協会が誕生したのもまた佐野の影響であったと説く人がいる。私にも納得のゆく見方である。そうしてその人は佐野ともっともはげしくやり合って反作用の凝結の中心になったのが竹腰健造であるとする。渡辺節（明治四十一年東大卒）・長谷部鋭吉（四十二）・安井武雄（四十三）・波江悌夫（四十三）・置塩章（四十三）らの東大から関西へ爆発的な形で送りこまれた建築家群の終りに、明治四十五年東大建築を卒業、大阪の住友臨時建築部に迎えられた建築家である。その前に明治三十年ころ第一回の関西への送りこみがあり野口孫市（明治二十七）・片岡安（三十）・日高胖（三十三）らがいたし、武田五一（三十）も明治三十六年から京都に定着したことは、さきに述べたところである。商人の町大阪で、東京よりもっと自由な市民的な建築家の社会を形成した人びとである。エリート意識の強い佐野の士魂に対して、自由な市民としての闊達さがあり、建築の経済的社会的な側面への展望もきく人びとであったことが上記の顔ぶれからもすぐに想像がつく。後に述べるように日本建築協会の発起人や参会者、あるいは初期の役員の名前の中には不思議に竹腰健造の名は一度も見られない。むしろ片岡安や武田五一、あるいは熱心に働いていた波江悌夫の名がとくに眼につくだけである。しかし、かならずしも竹腰健造の動きだけを追求する必要はないだろう。上記の人びとすべてを寄せ集めて、ある抽象的な人格をつくりあげて見ると、それはおよそアンチ佐野的な建築家像になるからである。

第一回に関西へ送りこまれた建築家たちを中心にして、早くから〝オキナ会〟という親睦団体がつくられていたが、彼らを中心としてより大きな団体結成の気運が生じた。大正六年三月十七日発起人会が開催された。そうして三月三十日には創立総会が大阪ホテルで行なわれ、関西建築協会が結成されたのである。その機関誌「関西建築協会雑誌」創刊号（大正六年九月刊）は、この間の事情をつぎのごとき文によって報じている。

「関西建築家の有志は大正六年二月以来春夢閑眠漸く醒めて各々期する処ありしが、談ずれば斯界の前途を語らざるなし。さればにや片岡・波江両氏の名によりて一片の檄文飛ぶこと五十二枚、期せずして北区魚岩楼に会する建築学会正員の関西在住者実に三十有九名。要は関西の建築家の団結を謀り、相互の意志を疏通して建築界の向上発展を期するに在り。依って五名の委員を挙げて創立案を委嘱するに至れり」。

これが三月十七日の発起人会であり、委員には片岡安・武田五一・波江悌夫・池田実・設楽貞夫があげられた。当初の会名案は関西建築倶楽部であって、会員は「当分建築学会正員の関西在住者を以て組織する」としながらも、アカデミーとはまったく違った雰囲気を蔵していたことがその会名案からも想像できる。

創立総会は片岡安を座長として開催され、ここに「関西建築協会」が正式に発足したのである。三十余名の参会者の顔ぶれを見ると池田実・伊部貞吉・長谷部鋭吉・徳永庸・大林賢四郎・置塩章・片岡安・葛野壮一郎・田中豊輔・武田五一・宗兵蔵・波江悌夫・松本禹象・藤井厚二・木子七郎・設楽貞夫・本野精吾・瀬戸文吾・日高胖らの名が見られる。いずれも関西の建築家の世界を育てた人びとである。「我国建築界の堅実なる発展を期する」という目的をかかげ、理事長に片岡安、理事に武田五一・池田実・葛野壮一郎・宗兵蔵を選出している。六月には当時岡田信一郎のコンペ当選案に基づいて工事中の大阪公会堂建設事務所楼上に特別委員会を開き、第一次着手の研究問題として次の五項目を選定している。一、現行大阪府建築取締規則の改正　二、仕様書及契約書案　三、下級民住宅問題　四、建築に関係ある時事問題　五、建築に関する迷信及伝説の調査。

建築を社会的な関係において捉えていることがよくわかる。その初期の会誌を見てもとくに住宅の合理化や啓蒙的な記事が多く、建築学会とかなり肌合いが違っている。こうした市民社会に発展のエネルギーを求める関西の建築界の中から、大正十四年吉岡保五郎の主宰する雑誌「新建築」が生まれたのも、むべなるかなというべきであろう。

またこの協会は当初からたとえば大林の副社長となった大林賢四郎（東大明治四十四年卒）や常務の松本禹象らの正会員をはじめ、地元竹中の竹中藤右衛門や鴻池・銭高の代表者、あるいは清水・大倉土木の支店長など関西建設業界のトップクラスを会員として網羅し、職能建築家の組織をつよく主張していた日本建築士会とまったく違った和やかな社交的・サロン的雰囲気をもっていたことも注目される。それは今日でも強調されているところである。そうして他の団体や政府から諮問されると〝意見が多種多様で取りまとめが困難につき今しばらく回答は保留したい〟ということにもなる。

関西建築協会は大正八年一月に今日の日本建築協会と改称し、機関誌名もまた「建築と社会」に改められた。今日個人正会員約三、五〇〇名。私は日本建築学会の二、三の委員会に顔を出しているが、なにか全国的な事業を構想すると、かならず関西が、そうして日本建築協会が文字通り〝気になる〟ことが多い。仲のよい分家のようでもあり、そうしてしかも気を使うところも多い。というのがそれぞれの組織の事務局のいつわらざる心境であろう。

共通の広場を求めて

昨年十一月上旬に第一回日本建築祭が、オリンピックの昂奮の冷めやらぬ代々木総合体育館を主会場にして行なわれた。その実施団体は日本建築学会・日本建築家協会・全日本建築士会・全国建設業協会・日本建築士会連合会・日本建築協会・全国建築士事務所協会連合会・建築業協会の八団体である。

全日本建築士会は昭和二十七年にできた全国土建労働組合総連合（土建総連）を母胎として昭和三十三年九月に結成されたもの。正会員は建築士(主体は二級建築士)、準会員は〝建築士になろうとする者〟で会員数約七、二〇〇。昭和三十二年五月建築士法の一部が改正されて、約六万名が無試験で二級建築士となった。多くの人からこれは日本の建築士、ひいては建築家の社会的地位をいっそう混乱させたものだと非難されるところだが、一方の見方からすれば、フォアマン的な立場の建築関係技術者の社会的な地位を向上させ、その職業と技術に対する自信と誇りを与えたものともされる。全日本建築士会はこの精神に支えられている組織のようである。

全国建設業協会は都道府県の建設業協会の連合体として昭和二十三年三月結成されたもの。建築業協会は、大手業者だけ二十数社による組織で、さきにも述べたようにすでに明治四十四年に設立されたもの。当初はさらに、かぎられた数社の社長のサロンであったが、最近では三十社にもなろうとし、その参加会社は、全国の耐火構造建築物の総工事量の七十%余を占めるほどの実力をもつものである。竹中藤右衛門が理事長だった昭和三十五年から「建築業協会賞」を制定して、今日ではかなり権威の高いものとなっている。

全国建築士事務所協会連合会は中でももっとも若い組織で、昭和三十七年九月に設立されたもの。全国約一、六〇〇の建築士事務所（その中には、いわゆる代願屋とよばれてきた建築代理士事務所もかなり多いという）の団体である。今日われわれの頭を悩ましている「建築士法」改正問題の火元はこの団体にあるといわれている。とにかく日本建築家協会のようなある種のエリート建築家による職能団体に対して、比較にならぬほどアクの強い政治力のある強大な敵国として立ちふさがっている観がある。不謹慎な第三者の立場からすれば、まことに面白い攻防場面が期待されるところだが、もちろん社会にとっても、建築界にとっても大きくプラスするような収束の方式を考えなければならないところである。

これらの八団体をみると、日本建築学会と日本建築協会以外は、みんないわゆる職能団体である。かつて造家学会一本ですべてが処理されていた時代から見ると隔世の感がある。しかし同時にそれらの団体をふくめて、もっと幅の広い、共通の広場となるべき組織が待望される時代でもあるといえよう。日本建築学会はすでにその役でもないし、かえってもっとアカデミーとしての性格を鮮明にすることが望まれている。日本建築協会はあまりにもサロン的・地域的でありすぎる。かつて造家学会がR・I・B・AやA・I・Aの規約を参考にしながら、日本独自の組織をつくっていったように、建築界の在り方を規制する社会的・内部的要請の、しかも今日でのそれに対応する組織が要望されるのである。これに応えるべくして生まれたのが昭和三十九年十一月設立の株式会社日本建築センターということができよう。

日本建築センター

昭和三十七年三月建設省は学識経験者二十一名による建築生産近代化促進委員会を設けたが、この委員会は翌三十八年三月六項目の勧告を建設大臣に対して行なった。そのひとつに建築界の諸団体のもっている機能一切を連帯させる建築センターを設けるべきだとの項目があった。委員の前川国男らが強力に支持したものである。こうした動きの中から、不動産業界の江戸英雄（三井不動産社長）、建設業界の清水康雄（清水建設社長）と、建築界全体の前向きの良識派といわれる伊藤滋の三名が準備委員に選ばれた。伊藤を世話役として三十八年八月二十一日の第一回会合以来着々と準備が進み、三十九年十一月に株式会社日本建築センターが誕生したのである。その設立趣意書によれば民間出資金十四億、政府補助一〇〇万円の三ヵ年間の継続ということになっているが、現在払込済の資本は民間の約六十の会社団体から集めた三・五億、うち二億を晴海に設けるセンター・ビルの土地購入に廻したから、もちろん本格的な事業の開始はこれからであろう。とくに公共的な性格の強い事業部門（たとえば総合試験所など）は、この会社と政府の共同出資による特殊法人に移管することも考えられている。ともかく、その設立趣意・事業目標・事業内容は、いちいちもっともである。そうしておそらく建築界もすべて賛成の側にまわるであろう。しかしすべてに賛成は、またすべてに消極的でもある。たとえ舌足らずであっても、また反対派が生ずる危険があっても、もっと明確なフィロソフィー（哲学）を打ち出すべきであろう。重点が必要である。

その趣意書は大蔵省への予算説明のためか、総花的であるが、設立の必要性として、A、建築産業の振興が社会・経済におよぼす効果、B、建築産業の特殊性からくるセンター建立の必要性、のふたつをあげ、それぞれ数項目を説明している。しかし、とくにわれわれを強くうつものは、Bの中に含まれている情報蒐集処理と、建築技術各分野の専門化・高度化・細分化の傾向に対応する強力な連絡・協力機関の設置という二項であろう。平凡なようでいて、だからこそ他の職能団体や学会では対応できないテーマである。

ところで建築センターというものは、すでに十年以上もの歴史を有するオランダ・ロッテルダムのバウツェントラムをはじめ世界に一二〇近くある。そのうち三十二が国際建築センター機構（U・I・C・B）に加盟している。加盟の条件のひとつとして二年間の活動実績が必要だから、生まれたばかりの日本建築センターはもちろん未加盟である。いま、この加盟三十二センターのアクティビティ（事業種類）を見ると、常設展示場と情報サービス機構はすべてのセンターにある。すなわち三十二があげられ、ついで訪問・宣伝の二十九、出版の二十七、ライブラリーの二十五、フィルムサービスの八、教育機関をもつもの八、研究機関をもつもの四、となっていて、建築センターなるものの国際的なイメージがやや明らかになってくる。しかし、われわれが日本建築センターに期待するものは、日本の建築界の諸組織に共通してあらわれてきた職能的、あるいは技術的な専門化、細分化のためにそれぞれの間に、逆に大きく口をあけてきた空白を埋める作業であろう。学問でいえば、土質工学輿り建築構造学また黄金時代を迎えて、しかもなおありふれた鉄筋コンクリートのアパートが足の裏を見せて倒壊する、といったその空白のスキ間、いわゆる境界領域を埋める作業である。それぞれの学説をたて、それぞれの職能を盾にしてカンカンガクガクたる議論を展開しながらも、いっこうにまとまらぬ〝高度化され、専門化された〟組織に連帯性をもたせ、社会に対する窓口を開設する仕事である。かつては英雄時代のボスがその役割を果していた。いわゆるツルの一声というやつである。

独自の長期構想も

この民主的に、セチ辛くなった時代に、すでにボスはその生存の基盤を失って死に絶えている。建築家山脈も終りに近づくわけだが、それはともかくとして、日本建築センターの役割りを理解し、それに期待を寄せるとしたら、われわれは、情報の時代、あるいは第三次産業革命の時代という今日の特質に、よく頭を馴らしてとり組まねばならないだろう。その情報自体も、今日では建築関係だけでも厖大な量にのぼり、個人はもとよりかなりの規模の組織でも、その蒐集処理には、まったくお手あげの状態である。それを整理し、少なくとも第一次的処理を行なって建築界にインフォーム（広報）する機関の出現は、早くから待たれていたところである。これも日本建築センターの重要な任務であることは論を俟たない。世界各国の建築センターは民間資金のウエイトの大きいところは、建材その他の常設展示や啓蒙などに経営的な重点がおかれ、政府公共の出資の多いところは研究的な性格が強いといわれる。日本建築センターが、そのどちらの性格を強めて行くかは予想できないが、産業的・経済的メリットのない分野についても、長期的な対策をもってもらいたいものである。都市問題とか環境保全、あるいは公害問題など、生産社会の経済的メリットにひかれがちな工学・技術の研究テーマとしては、完全にソッポを向かれる問題である。しかしなおそれにとり組み、長期的な研究計画を樹てなければいけないと考え、新しい工学の社会的な使命だと苦慮している研究者も多い。こうした問題に対する積極的な姿勢も、既存の団体や組織のカラを打ち破って生まれた建築センターの時代的な特長を形づくるものではないだろうか。

〃建築センターとかいうものができたそうだ。判ったようで判らない〃というのが、今日の建築界の大部分の評価であろう。情報の渦の中で、逆に疎外され孤立している現代人の声でもある。広い経験と視野をもって、建築界の組織づくりの舵とり役として定評のある伊藤滋を社長に、もと大成建設の技術研究所長で、超高層問題の取りまとめ役として活躍した三浦忠夫を専務取締役として配し、またもと住宅金融公庫監事の村井進を常務取締役としてスタートしたこの組織の歴史的意義は大きいと思う。愛知県建築課長を退いて参加した松岡春樹の抱負も大きい。

昔から建築界には多くのボスが輩出した。巨人たちである。そうして、このいわゆる粘土型の社会にあって日本建築家山脈を構成し、その主峰の座を占めた人びとである。その巨人たちによって組織がつくられ、また変質され、その反作用もまた対極に組織を形成してきた。多くの団体や学会・協会がその山脈と密接な関係をもって配置されてきた。しかし、今やその山脈も平地になだらかに消え、あるいは断崖となって海中に没してしまった。人びとが形づくる建築界の地図も、平坦なものとなってきた。この状況の中に、新しい連帯機構として生まれてきたものが日本建築センターである。それはもう山脈を形づくることのない、砂のような建築界が生んだまったく次元の違った組織となるであろう。明治から百年といい、あるいは戦後二十年という。いま新しく展開しはじめている建築界の位相は、果してそのどちらを起点にするものであろうか。おそらくそれは、明治百年のそれであろう。やはり百年近い年輪を重ねなければならなかったものである。

XIV 未来を語るために

未来を語る人がいなくなった

〝未来のはなしをする人がいなくなった。とりわけ革命家が革命を語らなくなった。わずかに都市計画や国土開発の専門家が、日本という国の物理的配置について未来像をえがき、ＳＦ作家が百年後の世界のイメージをつくっているだけで、あとは、もう、わけがわからない。政治や経済の問題は、わけがわからない、では済まないから、どうにか『長期計画』やら、なんやらをつくっていらっしゃるが、政治家の胸中を去来するのは、たかだか、ここ二、三年、どうやってお茶をにごしてゆくか、というだけの話であって、半世紀くらい先を見据えての思索などこれっぱかしもない〟と、ある社会学者は日本社会の現実を指摘している。（加藤秀俊、高密度社会の探究、中央公論一九六五・四）

そうして彼は、なぜ未来を考えることをひとはしなくなったのか、と自問し、それはたぶん、日本社会の組織化が進行して、「現代」が一つの「完成品」になってしまったからだろう、と自答している。彼にとっては現代の日本は、明治以後今日まで約一世紀をかけて組立ての終った機械にたとえられる。現代の「政治」というのは機械の維持管理作業であるにすぎない。明治の人が偉大に見え、現代人が矮小に見えるのは、前者が額に汗して機械を組立てた組立て工であり、後者が完成した機械の油差し、せいぜいよくても修理工であるという事情による。つぎつぎと新しい部品をつないで、完成に邁進する組立て工は、確固たる未来像を持っているのが当然である。でなければ組立て作業は不可能だ。しかし油差しや修理工には、未来が考えにくい。父祖の組立ててくれたその機械がいつまで動いていてくれるか、いつ爆発してダメになるか判らなくとも、油を差していれば、どうにか動いている。強いて考える必要もないからである。そうして人口の高密度化・分業などの組織の高密度化・通信運輸などの高密度化のために、ビッシリつまっている社会で、われわれは必然的に修理工か油差しの役割りを負わざるをえない。しかし、組立て工の時代のはなばなしさや威風堂々たるものはなくとも、修理工や油差しの着実な作業に未来を賭けると断言している。

それに未来をかけるかどうかは別として、今日の社会が、きわめて高密度なものになり、そうかんたんに未来が語れなくなっているのは事実であろう。おそろしく分業化し専門化した、息つく場所もないような高密度の社会では、人と人との関係も、人と社会との関係も粘土のように癒着して、ハメをはずした思想など、なかなかに息を吐く場所もない。リアルであればあるほど、組立て工式の未来は語られることが少なく、油差しの調整作業が大部分を占める。

道路一本通すにも、気が遠くなるほど複雑多岐な手続きが必要である。建設投資額の過半は補償などの手続きのために消えてしまう。原野にスイスイと建設するような具合にはいかない。新都市の建設などにいたっては、まったく不可能に近い。ただお茶をにごすに利用されている面もある。シャンディガールやブラジリヤの建設のようなわけにはいかない。過密都市対策や地価問題などにも同様のことがいえる。とにかく、ものすごく高い密度に癒着しているのが現代社会の特徴である。とくに日本はその意味で、世界最高の密度を持っている国ではなかろうか。そうして日本の建築家も、まさにこの社会に生きているのである。当然その生き方が問題になる。

高密度社会の建築家

未来を考えぬ建築家は、建築家ではない。だが、未来を語ることはたいへん難しくなっていることは事実だ。そうして、建築家を含めた建築界の密度も、またきわめて高密度になっている。建築士の数も異常に多いし（一級約

四五、〇〇〇、二級一六六、〇〇〇）その建築士事務所の数も、一級・二級合わせれば三四、〇〇〇を越している。またその専門化・分業化による組織上の密度も、ますます高くなってきつつある。法制上の資格においても、建築士の他に、例えば技術士・土地家屋調査士・電気工事士・電気工事主任技術者・ガス工事主任技術者・不動産鑑定士・測量士・宅地建物取引員・建設コンサルタント・建設業法上の主任技術者・技能士などの建築関係の各種資格法による専門化が行なわれ、消防設備士（都条例）・設備士（空気調和衛生工学会による民間規定）などの条例や有力な民間学会による規定もある。さらに消防設備士（消防庁）・衛生設備士（厚生省）の立法化も考えられているという。また法制化していなくても建築の構造・計画・材料その他について、学問分野別の専門家が存在し、都市計画、コストプランニング、造園、インテリヤ、あるいは見積り・仕様・管理をはじめ、ドラフトなどの設計・管理の業務にも専門分化がみられ、設計方法論やそのマネージメントの専門家まで出現し、その組織の分化は、果てるところを知らないようである。

広い意味での建築産業の構成も、その中における建築設計・管理の機構も、それぞれ日本社会の高密度化の進行に対応して、その密度を高めてきたものである。そうして、今日細く分化しているものも、もとを正せば、ほとんどは、かつての大建築家や巨匠が一身に備えていた能力であった。

この激しい分化と組織密度の増大、情報のもの凄い量の中にあって、では、建築家とはなにか。彼もまた、その高密度の組織のなかに、粘土のように癒着して、未来を語ることなく修理工の仕事の一部を担当する存在なのか、ただ矮小な社会の油差しなのか、建築設計管理の組織の中にある他の専門家とまったく同列の一専門家なのか、疑問は当然に発生してくる。

設計組織の巨大化を云々し、その中での建築創造のあり方に関する意見や、組織の巨大化そのものに対する批判などを聞く。そうして人間疎外の克服のチャンピオンたることが建築家に要求される。しかし考えてみると、組織の巨大化は、社会の高密度化に伴う当然の現象である。それがたとえ、建築家の主宰する設計事務所であっても、建設業の設計部であっても、さらに、そのアンチテーゼとして提示される〝純粋さ〟・〝人間らしさ〟・〝建築家らしさ〟を誇る小規模の設計事務所——ここで人間性回復の仕事がされる可能性が多いと説く論者もある——であっても、見かけの組織が大きいか小さいかの問題に終始するだけで、その中にある建築家の上記のような疑問に答えることはできない。ただ設計事務所の規模が小さいというだけでは、この場合意味をなさない。マクロな視点から見れば、それもまた建築界の、ひいては日本社会の高密度の組織に、まったく同じようにして組みこまれているものである。事務所外のどこかで、専門家のチェックを受けなければならないからである。ことに法的な規制のある問題では、その専門家が、設計組織の内部にあるか、あるいは外部にあるかは問題でない。建築家とはなにか、未来を語るべき職能とはなにかは、彼が他人からサラリーをもらっているとかいないとか、という見方と違った次元で、まず本質的な検討が必要なのである。

このような観点からすると、私は、建築家の組立て工の時代は終ったと考える。彼は修理工である。社会の調整者である。粘土のように固まった高密度社会の中にあって、わずかなスキ間を発見し、そのスキ間に位置して、全体の組織のスムーズな回転を図るべき役割りを背負っていると考える。これは対社会においても、対建築界の関係においても同様である。

華やかで威風堂々として、スキ間だらけの社会の中で、悠々と組立て作業のできた過去の建築家と存在の次元が変ってきた。かつての建築家たちは腕力にまかせ、建築の設計から施工の実際の技術についてまで、だれよりも自分がよく知っているという（また事実そうであった）自信と、それに裏付けされた権威とを持って設計・管理の仕事をしていた。建築家たちの、その周りの建築界はスキ間だらけであった。彼はオールマイティーであった。好みのままに建物を組立てることができた。したがって荒っぽかったが、堂々としていた。

しかし今日では、そうはいかない。一見して矮少である。息づまるほど複雑・多岐な組織のチェックを受けねばならない。設計組織論のもつ危険性は、建築家を、その機能を、専門技術者・専門分野のひとつとして巻き込み、埋没させてしまうところにある。その場所には、スキ間は、ほとんどないからである。彼は、その組織を自ら分離して、ひとつ上の次元にスキ間を発見し、そこにおいて修理工、すなわち調整者としての立場を発見すべきである。またそのスキ間をつくり出す才能も要求される。たとえば都市の再開発の仕事のように、スキ間がなければ社会の組織を操作することも、建築の空間を設定することも不可能だからである。

次元が変った建築家の存在形態

〃昔の建築家は、こわかった。ずいぶん無理もいったが尊敬もされた。たとえば辰野さんや妻木さんのように……〃と、古老の話は、きまったように展開してゆく。オールマイティーの時代の建築家の典型例である。今日のように細分化した精密な学問や理論は、もちろんなかったが、彼らはエリートであり、稀少価値があり、組立て作業をするだけの十分なスキ間を身の周りに持っていた。その広漠たるスキ間に形成されたのが、日本建築家山脈の主峰をなす建築家たちの人間像である。辰野金吾や妻木頼黄らの時代には、天地創造のころのように、わずかな峰が点在するにすぎなかった。しかし、やがてその峰は連峰となり、山脈となって縦横に日本の建築界を覆うようになった。それは水面に、はり渡ってゆく氷の結晶の成長にもたとえることができよう。山脈が、あるいは結晶が進行するにしたがって、スキ間は、ますます狭く、小さくなってゆく。群を抜いた大きな山や、傍若無人な山容が出現する可能性は、ますます少なく、平均化の現象が支配する。その結果として、良きにつけ悪しきにつけてボスの存在が不可能になってきた。

辰野金吾・妻木頼黄・佐野利器らは、文字通り日本建築界のボスであった、内田祥三もまた、ボスであった、と過去形で表現されよう。ボスがボスであるためには、その周辺に粘着する粘土性の人間関係が必要である。高密度の社会にこそ、こうした見方からすれば、学閥・門閥あらゆる型のボスが発生するはずである。だが、じっさいは高密度化の進行につれてボスの姿は消えてしまう。なぜだろう。それは、あまりにスキ間がなさすぎるためではないだろうか。ある核を中心にして雪だるまのように粘着する人間関係は、じつは、雪だるまが転がる空間があってはじめて可能なのである。いろいろの組織に属する人びとの上を転がって、それを粘着してゆかなければ、雪だるまのボスは大きくなり得ない。ボス的人間の縦横の回転作用を可能にするだけのスキ間が、今日の社会には見当らなくなったのである。政治家も、学者も、経済人もすべてが小物になった。矮小化したという嘆きが、しばしば聞かれるゆえんである。建築家もこの例外ではあり得ない。いわば英雄時代は終ったのである。腕力の勝負ではなく、五手・十手先まで読む知恵が高密度社会での問題解決のカギであり、建築家の建築家たることを保証する資格になるのではないだろうか。ボスをめぐる生身の人間の関係ではなくて、抽象化され、非人格化され、専門化された組織を、いかに有機的に結合し、いかに効果的に支配してゆくかが、これからの建築家の能力を計る目安にされるだろう。

生身の人間の場合には、どうしても感情的に、人間的に癒着してしまう。その中からボスが生まれ、山脈が形成される。しかし組織化の進行した社会では、組織同士が、粘土のように密着しながらも、それは機能として密着するもので、人間としてのものではない。だからその組織を、いかに厖大な量を、いかに密接に操作しても、それは押しボタンの数として認識されるものにすぎない。彼の周りに結びつく人間の数ではない。

日本の建築家山脈が、あまりにも縦横に発達しすぎて、ついに全体がひとつの高原状になってしまった今日、そこにおける建築家の存在形態は、まったく次元を異にし、質を変えてきたのである。

新しい建築家像

建築家の仕事は、歴史的にみると分化作用の連続である。もともと棟梁とか巨匠とかいわれる人びとが、その一身に備えていた知恵のうちから、つぎつぎと建築に関する学問が分化し、独自の発展をとげるようになった。材料の知識・構造に関する強度やバランスの知識・計画に関する知識など、かつての建築家や棟梁の身体から、むしりとるようにして独自の学問体系を樹立してきたものである。建築学と総称されるものが、それである。

しかし、それによって建築家の身体は、やせ細ってしまっただろうか。決してそうは思えない。彼に要求されるもの、彼が社会の中で果すべき役割りは、つぎつぎと増殖されてゆくものである。それは体系化し、客観化して他人に教育したり、それだけを抽出して研究できるものではない。そうなれば学問であって、建築家の身体から離れて、独自の発達を始めるものである。建築家の内部にとどまる限りのものは、学問以前のものであり、〝術〟と称してよいものかもしれない。建築家の存在意義とか役割り、彼の身を細めることのないものは、このような〝術〟であって、社会の発展とともに増大してゆくものである。

学問や、客観化される技術は、彼の周囲の組織の中で十分に、専門的に処理できる問題であって、建築家は、基本的にその組織をいかに能率よく、有効に操作するか、をその職能としてもっているものである。組織は手段であって、建築家はその組織に埋没すべきものではない。機能としてはあくまで組織の外にあって、その組織の総合力を、社会の調整作用に、いかに有効に作用させるか、を目的とすべき存在である。

建築士法改正の機運の高くなっている今日、建築の技術者制度についての再検討も平行してさかんに行なわれている。構造や設備や、あるいは監理の技術などについて、従来のバク然とした建築士の枠内から、それぞれ独立した職能として分化成立させるべきだとの意見も強い。性急な意見はさし控えるべきだが、全体の印象はやはり時代の必然のように思える。これらの関連する技術は、建築家の職能と違って、それぞれすでに独自の体系をもち、独自の発展の可能性を持っているもので、いつまでもバク然とした枠内に閉じこめておくことは不可能であり、また不幸であると考えられるからである。こうして、従来、なんとなく建築家の仕事の中に包含されていたものが、今日大きく分化し、自立する気配を見せている。まさに歴史的な段階にさしかかっている。

当然、建築家の仕事のあり方、なにをするのが建築家か、という問題にとりくまねばならない。職能の整理・再編成と、新しい建築家像が描かれねばならなくなっている。そうして、おそらくその建築家像は、スキ間の多かった時代の組立て工ではなく、わずかなスキ間を発見し、あるいはつくり出して、そこに位置して社会調整者、環境の再編成者としての機能を要求されている修理工・油差しの作業をする人であろう。噛み合って回転している複雑な分業組織という歯車の、とり換えや、新しい組合せ作業、あるいは、その円滑な回転を図る作業が、新しい時代の建築家の仕事である。ときによっては資本主義社会の生産機構や、その性急な欲求と正面衝突することもありうる。過密都市対策の問題や、公害問題など、とくにそうした危険をはらむものである。たとえば隅田川などの河川汚濁対策なども当然こうした問題のひとつであろう。ながい眼でみれば、もちろん生産社会にもプラスするものであるが、タイミングの問題がむずかしい。とくに、世界に冠たる高密度社会である日本においては、社会調整者の存在と、その積極的な活躍が、強く期待されるものである。

もちろん、いわゆる学識経験者の参加も期待されるが、その学識や経験を、自由なアイディアをもって総合し、プログラムに編成しなければならない。こういう問題にこそ建築家の能力が発揮されるべきもので、またそうした訓練と才能を備えた人間は、このせち辛い社会では、他の職種にほとんど期待することができないのである。大げさに言えば、人類の期待を、もっとも重く背負いこんでいる選ばれた人間が、建築家であり、またそうでなければならない。

あるいは、それは政治の問題といわれるかも知れない。しかし、こう高密度に組織化され、専門化された社会でしかも日々厖大な情報が交錯する中にあって、社会の環境や造型に関する問題を調整する具体的な計画は、やはり訓練され、科学や技術あるいは人間心理その他に関する基本的な知識を有する専門家（この場合建築家）に、委ねる以外に方法はない。政治のかけ引きや、直感や腹芸によって解決された時代は、すでに過去のものである。スキ間の多かった時代のものである。心ある政治家もまた、それを十分に心得ているはずである。圧力団体よりは説得力のあるアイディアの方が、より強く彼らを動かす時代に入りつつある。

粘土型のしかも高密度の社会が完成するに従って、建築家の姿も変りつつある。彼に対する期待も変りつつある。建築家は建築家同士で山脈を構成するよりは、建築家と他の学識経験者、あるいは市民と新しい連けいを保って、まったく異質なグループを構成するようになろう。科学や技術などの、今まで建築家を含めての設計組織とよばれてきたものの、専門化された部分は、その機能において、別な体系に属するものになろう。建築家が今まで通り、その設計組織の一環となり、それに埋没している限りにおいては、この新しい社会に対応することはできそうもない。

実現しつつある都市再開発や超高層建築の例を見ると、不十分ながらも、この新しい意味での建築家が、いかなる機能をもって動いているか、動かざるを得なくなっているかを、実例をもって見ることができるはずである。

そうして古い建築家像に執着している人が、いかにみじめな立場に追いやられているかも見ることができよう。もちろん、一級・二級合わせて二十一万を超える日本の建築士が、すべてこうした新しいタイプの建築家になりうるとはいえない。だからこそ、その中に、もっと細分化された、専門分化された技術者の制度を設けるべきだとの声も強いのである。そうして、その中から、その専門を乗りこえて成長した大智の人をこそ、建築家というべきだと主張するのである。したがって、かならずしもいわゆる建築家を意識して育ち、育てられた人というわけでもない。

過去においては、そのような人はいた。たとえば、この山脈に登場した佐野利器・内田祥三・内藤多仲らの建築家である。

書き落とした山脈

長い期間にわたった日本建築家山脈の執筆を通じて、たくさんの方がたに、たいへんお世話になった。ご多忙の時間をさいて、心よく教えて下さった方、熱心にお読み下さって誤りや思い違いを親切に指摘して下さった方、こうした温かい人びとの愛情に支えられて、どうやら、まったくどうやら責を果すことができた。この場を借りて心から御礼を申し上げる次第である。

また、なかには、このような山脈的観点に反対の意見をよせられた方もある。それは学閥の歴史であり、ボスの歴史だからといわれるのである。もっともなご意見であるが、しかし反面、学閥やボスの存在も事実として認めなければならない。そうして、少なくともその山脈によって、戦前までの日本の建築界の上部構造は規制されてきていたからである。その事実を抜きにしては、日本の近代建築史を語ることはできない。

もちろん、この山脈に登場した建築家の数より、何万、何十万倍もの多くの建築家によって、実際の日本の近代建築が形成・発展させられてきたのも事実である。その役割りは大きい。そうして、じじつ、もっととりあげて論じてみたかった建築家も、数多く存在することにも気付いていた。それらは、それぞれ孤立した存在で、山脈などを構成するものではないが、日本の近代建築の発展史に欠かすことのできない人びとである。

たとえば、わが国に近代的意味での建築家誕生前の建築家たちがいる。本格的な第一代の建築家辰野金吾たちが実際の建築活動を展開したのは、明治十年代の終りごろからである。それ以前、すなわち明治維新から明治十年代末までの、日本における近代建築創始期を担当した建築家たちの存在を見落とすことはできない。

その、建築家以前の建築家は、次の四つのグループに分けて考えられる。すなわち、

一、外国人の建築家や技術者たち。政府に招かれて来日した人や、横浜・神戸などの居留地の建築工事を目あてに来日した人びとが主体である。しかし鉄道をはじめ新しい産業技術の指導に来て、専門外の建築にまで手を伸ばした技術者も多い。また居留地、とくに横浜には中国人の大工・指物職・ペンキ職などが、かなりたくさんきていた。

二、もともと大工の出身で、維新以後、工部省その他の官庁営繕機関に奉職した人びと。そこで外人建築家の仕事を実地に習い覚え、やがて技術官僚として、自ら西洋風の建築を設計指導した人たちである。大蔵省から工部省に移って、開成学校（明治六年）や江戸橋の駅逓寮（同）などを設計した林忠恕はその代表的な人物であろう。その他朝倉清一・大島盈株などもよく知られている。彼らは営繕官僚第一号である。また明治二年に設置された北海道の開拓使営繕にあって、豊平館（札幌、明治十三年）などに活躍した岩瀬隆弘や安達喜幸らの存在も、最近の研究によってクローズアップされている。

三、民間の大工棟梁として、明治初期の官公庁建築、あるいは居留地の工事などを請負い施工して新しい技術に習熟するとともに、むしろそれ以上に、新時代の建築業者として成長した人びと。築地ホテル館(明治元年)・第一国立銀行・三井組バンクなどで、文明開花期を象徴した清水喜助(二代)をはじめ、鹿島・竹中・大林などの祖は、このグループに属する。

四、地方の大工棟梁で、しかも新しい建築の時代を敏感に察知し、居留地などに建ちつつあった西洋建築の意匠や技術を巧みにとりいれて、小学校や地方の官公署の建物に独自の洋風を盛りこんだ人びと。松本の開智小学校(明治九年)の棟梁立石清重をはじめ、各地に有名な棟梁がいた。その作品は、いわゆる〝擬洋風〟の意匠であるが、文明開化の烈しい意欲にあふれたものが多く、最近高く評価されるようになった。

これら明治初期の建築家グループも、日本の近代建築史を語るとき、落とすことのできない重要な存在であろう。あるいは、大正中期以後の新建築運動の華やかさの蔭に、そのコスモポリタニズムに、ひそかに対抗していた建築家も存在した。〝ひそかに〟という表現は、あるいは当らないかも知れない。むしろ昭和に入って激しくなったナショナリズムに乗って、むしろ時流の表面に立っていたかも知れない。しかし、戦後に体系化された日本の近代建築史においては、それは日蔭の存在として、無視され、非難され、あるいは揶揄されてきた存在である。その極端なものは、帝冠式とよばれた上野の博物館のようなものもあるが、総じていわゆる折衷主義の様式をもった建築の設計に、日本人らしい美的な感性の見事さを結果させた人びとが多い。あるいは岡田信一郎の東京歌舞伎座や赤坂虎屋のように、鉄骨や鉄筋コンクリートの構造で、しかも日本的な造型の創出に苦心していた人もある。むしろ、その時代にあっては、こちらの方が歴史の主役だったかも知れないが、従来の建築史では、まったく無視されてきた。それらの人びとについてもとりあげるべきだったが、山脈として、群として処理することができなかった。

これは、最初の意気込みに反して大きな失敗だった。より多く建てられ、より強く当時の建築界を支配しながら、しかも歴史の中には具体的にとりこまれていないものを、事実として再発見し、新しい歴史にとりくもうとしていたからである。そうして、それによって〝国の歩み〟という戦後の史観と同じような意味で、〝建築の歩み〟の主要な流れとしようと考えていたからである。

こうした問題のむずかしさをしみじみ味わったわけであるが、同時に、会って話をうかがうべき人びとが、一様にかくれてしまっておられることにも奇異の感を抱いた。帝冠式の大家にお会いして下さるように願ったが、遠慮して出てこられなかった。私には、はげしく攻撃され非難された痛手が、まだ回復しておられないのではないかと思われた。

私は敗戦後、つい最近にいたるまでの、日本の建築思想界にあった、はげしい教条主義を、ここで強く批判したい気持である。新しく建設されている宮殿の日本風の屋根、各地に建てられている神社や仏寺の鉄骨や鉄筋コンクリートの和風、オリンピック施設の一部に見られる日本様式など、それが、ことなげに実現している今日、戦前の帝冠式に対するつい先日までの激しい非難・攻撃と、どういう関係を見出しているのか、不審はつのるばかりである。いや、様式の問題ではない。その時代に便乗したか否かの問題だ。建築家の精神・心構えを詰問したのであるといわれるかも知れない。しかし、それならそれで反問すべき問題はいくらでもある。がんらい、戦前から戦後へかけての日本人の精神の問題を問いただす権利は、ごく一部の人を除いて、本質的には戦後派だけが留保しているものである。

さいきんでは、ヴェトナム問題を直接の契機として、本質的に怒るということの必要が痛感されてきた。これもいわば高密度社会の中で、しかも疎外されている人びとの果敢な抵抗でもある。この抵抗の精神が、いつの日か、かならず建築界の戦犯問題をとりあげるだろう。権利は保留されているのである。決して放棄されたものではない。建築家山脈において、空白になり、私が失敗だったと認めている部分に、この問題がからんでいることを、私自身確認しておきたいと思っている。

終りにあたって

明治百年も間近である。日本の建築も、この間にはげしく変化した。西欧化と近代化が交錯しながらも百年を経過しようとしている。こと建築に関しては、どうしても明治百年であって、戦後二十年ではない。やはり連続がある。否定を繰り返しながらも、連続している。そうでなければ戦前の近代建築運動など、まったく無意味になってしまう。

日本の建築家についても同様なことがいえよう。多くの書き落としはあっても、山脈は連続して百年を迎えた。しかし、これからは、もう今までのような山脈は続かないし、見られないだろう。西欧の建築を目標として、西欧の建築家を学んで最近にまで至ったが、もう新しい独自の建築家像をうち樹てるべき段階に達した。

今日の日本は、地球上で高密度化が最高に進んだ社会である。〝西欧先進国に学べ〟、という立場は、もうすでに通用しない。〝先進国〟がいずれ経験するであろう諸問題に、日本はすでに逢着している。

建築家像についても、もう先進国は〝先進国〟でなくなっているのである。高密度社会の中から発想された日本の建築家のアイディアが、一部ではあるが、かつての〝先進国〟において高く評価され、学ばれている事実もみられる。

日本の近代建築史の「古事記」に挑戦するつもりで始めた連載であるが、果して有効に戦えたどうかは、われながらあやしい。ただ人間の、建築家の不在な近代建築史の中に、少しでも人間臭さを持ちこむことができたとすれば、最初の意図の一端は果せたと考えている。それも個人の建築家の伝記ではなくて、集団の建築家の動きを追うことによって、この国の近代建築史の特色を、少しでも浮き上がらせることができたとすれば、非力な筆者にとっては望外の幸い、としなければなるまい。「日本建築家山脈」も、この新しい建築家の時代に敬意を表して、ここで終るべきであると考える。新しい形で未来を語るために……。

あとがき

この〈日本建築家山脈〉は、昭和三十九年一月号から四十年六月号にかけて、月刊雑誌『新建築』に同じ名前で連載されたものに加筆し、一部を割愛し、現在の時点において再構成しなおしたものである。

連載の当時は息つぐ間もない強行軍だったが、『新建築』編集部（馬場璋造・上田迪男・林哲也氏ら）の協力のもとに、どうやら歩き通すことができた。今回こうして出版するために骨を折って下さった鹿島研究所出版会の二瓶壌二氏も、当時は『新建築』編集部におられ、氏は毎号の〈山脈〉探険のよき作戦参謀だった。いわば、私と編集者との協同の作品だったと言うことができよう。

新建築社主の吉岡保五郎翁と、直接翁を補佐する吉田義男氏が、この連載に陰に陽に払って下さった配慮はきわめて大きい。日本の建築ジャーナリズムの草分けである吉岡翁の蒔いて来られた種の収穫をしているような思いをしたことも再三ならずあった。私のような若輩が、そう簡単にお会いしてお話をうかがうことができないと思われるような初対面の方々も、ずい分無理をされて、しかも心よく会って話をして下さったが、それも吉岡翁の陰徳のおかげだったと思われる。

考えてみると、日本の建築ジャーナリズムの齢も、もう五十歳を超すのではないだろうか。華々しく展開してきた日本の近代建築とその建築家の歴史は、かなり詳細に語られてきた。この本もその一部を担うものだと自負するものだが、その陰にある建築ジャーナリズムの歴史にも、もう少しスポットが当てられてもよいように思う。永い編集者生活を送ってこられた吉岡翁のおかげをこうむりながら〈建築家山脈〉の探険行を終って、今さらのようにその思いを深めた。それは秘境の植物相の調査を終えてみて、動物についてもやらねばならないという後悔と期待の入りまじった複雑な心境を味わっている探険家の気持に通ずるものであろう。

ともかく、連載中にもいろいろ反響が高く、励ましの声や、誤りを指摘して下さる御手紙にかこまれて、苦しいがやり甲斐のある仕事だった。お忙しい時間をさいて、いろいろと話をして下さった諸先生方の、提供して下さった厖大な資料を正しく充分に活用しえなかったことは、たいへん心残りでもあり、また申し訳ないことだが、それでも精一杯やったつもりである。この機会にお詫びと御礼とをあわせて申し上げたい。

それをこの一冊の本にまとめて出版するに当っては、新建築社と発行を企画して下さった鹿島研究所出版会の大勢の方々のおかげによるもので、御礼を申し上げる。

なお再編集や校正などについては二瓶壌二氏や鹿島研究所出版会の方々、カバーデザイン・装幀には金山常吉氏の協力を得たことを記しておきたい。

昭和四十年十月

村松貞次郎

著者紹介

村松貞次郎（むらまつ・ていじろう）

建築史家。一九二四年静岡県生まれ。第八高等学校を経て、四八年東京大学第二工学部建築学科卒業。五三年東京大学大学院博士課程修了、東京大学工学部助手。六一年東京大学生産技術研究所助教授、工学博士。七四年東京大学生産技術研究所教授。八五年法政大学工学部教授、東京大学名誉教授。日本建築学会副会長、文化財保護審議会専門委員、法務省旧庁舎再利用検討委員会委員長、迎賓館赤坂離宮顧問などのほか、博物館明治村館長を務める。九五年「日本近代建築史研究による建築学発展への貢献」で日本建築学会大賞受賞。一九九七年逝去。

編著書に『日本建築技術史』、『大工道具の歴史』（毎日出版文化賞）、『道具曼荼羅』（正・続）、『近代日本建築学発達史』（共編著）、『日本近代建築総覧』（共編著）、『日本の建築［明治大正昭和］』（共編著）など多数。

本書は、当社刊行『日本建築家山脈』（一九六五年）を
復刻出版したものです。

日本建築家山脈（復刻版）

発行　二〇〇五年九月三〇日©
著者　村松貞次郎
発行者　鹿島光一
発行所　鹿島出版会
一〇〇—六〇〇六　東京都千代田区霞が関三—二—五
霞が関ビル六階
電話〇三—五五一〇—五四〇〇
振替〇〇一六〇—二—一八〇八八三

ISBN 4-306-04455-6 C3052 Printed in Japan
印刷　三美印刷　製本　牧製本
本書の内容に関するご意見・ご感想は左記までお寄せください。
URL: http://www.kajima-publishing.co.jp
e-mail: info@kajima-publishing.co.jp